**Cúmulo jurídico
superveniente**

Cúmulo jurídico superveniente

NOÇÕES FUNDAMENTAIS

2016

Tiago Caiado Milheiro

CÚMULO JURÍDICO SUPERVENIENTE – NOÇÕES FUNDAMENTAIS
AUTOR
Tiago Caiado Milheiro
EDITOR
EDIÇÕES ALMEDINA, S.A.
Rua Fernandes Tomás, nºˢ 76, 78 e 80
3000-167 Coimbra
Tel.: 239 851 904 · Fax: 239 851 901
www.almedina.net · editora@almedina.net
DESIGN DE CAPA
FBA.
PRÉ-IMPRESSÃO
EDIÇÕES ALMEDINA, S.A.
IMPRESSÃO E ACABAMENTO
ARTIPOL - ARTES TIPOGRÁFICAS, LDA

Maio, 2016
DEPÓSITO LEGAL
411377/16

Os dados e as opiniões inseridos na presente publicação são da exclusiva responsabilidade do(s) seu(s) autor(es).
Toda a reprodução desta obra, por fotocópia ou outro qualquer processo, sem prévia autorização escrita do Editor, é ilícita e passível de procedimento judicial contra o infrator.

 GRUPOALMEDINA

Biblioteca Nacional de Portugal – Catalogação na Publicação

MILHEIRO, TIAGO CAIADO

Cúmulo jurídico superveniente : noções
fundamentais. – (Casa do juiz)
ISBN 978-972-40-6548-9

CDU 343

ABREVIATURAS

Ac.	Acórdão
CC	Código Civil
CE	Código de Estrada
CJ	Colectânea de Jurisprudência
Cons.	Conselheiro
CP	Código Penal
CPP	Código de Processo Penal
Des.	Desembargador
EP	Estabelecimento prisional
LTE	Lei Tutelar Educativa
CRP	Constituição da República Portuguesa
DAR	Diário da Assembleia da República
DR	Diário da República
MP	Ministério Público
Rel.	Relator
RC	Relação de Coimbra
RE	Relação de Évora
RG	Relação de Guimarães
RL	Relação de Lisboa
RLJ	Revista de Legislação e de Jurisprudência
RP	Relação do Porto
RPCC	Revista Portuguesa de Ciência Criminal
RMP	Revista do Ministério Público
STJ	Supremo Tribunal de Justiça
TC	Tribunal Constitucional

I. Cúmulo jurídico por *conhecimento superveniente de um concurso de crimes*. Intróito

§ 1. O cúmulo jurídico por conhecimento superveniente de um concurso crimes é uma matéria de extrema relevância, já que se decide qual a pena *final e definitiva*, depois da realização de dois ou mais julgamentos parcelares. Apelidamos de cúmulo jurídico *superveniente* todas as situações em que, por vicissitudes várias, os crimes em concurso efetivo não são acusados e julgados simultaneamente, mas *dispersam-se* por vários processos, pelo que, após o trânsito em julgado das penas parcelares, *impõe-se* a realização de um cúmulo jurídico para determinar uma pena única. Socorrendo-nos da definição legal, existirá lugar a um cúmulo jurídico superveniente[1], nos termos do artigo 78.º, n.ºs 1 e 2, do Código Penal, na redação da Lei n.º 59/2007, de 4 de Setembro, *"se, depois de uma condenação transitada em julgado, se mostrar que o agente praticou, anteriormente àquela condenação, outro ou outros crimes"*, caso em que o legislador equipara esse conhecimento superveniente a um conhecimento contemporâneo da condenação, determinando a aplicação das regras do cúmulo jurídico do art. 77.º do Código Penal.

A importância prática é incontornável[2]. Trata-se do "fim da linha". Um julgamento global do percurso criminal do agente, devidamente

---

[1] Como bem se salienta no ac. da RP, Relator Des. Cravo Roxo, processo n.º 0843029, de 14.07.2008, consultado em www.dgsi.pt *"o que é superveniente é o conhecimento dos pressupostos do cúmulo."*

[2] A. foi julgado em três processos diversos. Apurando-se *posteriormente* que todos os crimes pelos quais foi condenado estão em concurso e deverão ser julgados conjuntamente e aglutinados numa pena única, significa que as penas parcelares irão perder a sua autonomia. O facto de existir uma reponderação da pena permitirá aos intervenientes processuais esgrimir

interligado com a sua personalidade, para obter uma *pena justa*. Estamos perante um *julgamento síntese* da atividade criminal do arguido que, através de um juízo atualístico e perante uma moldura abstrata da pena única bastante "elástica", permite dosear e *"encontrar" a* medida sancionatória ajustada e proporcional à ilicitude e culpa global para salvaguarda das necessidades preventivas.

A importância de tal "operação" jurídica e as inúmeras questões que vão sendo discutidas na doutrina e jurisprudência sobre esta temática motivou o presente escrito, onde se procurará dar resposta às principais controvérsias no domínio do direito penal e processual penal.

Não se pretende transformar este trabalho numa monografia, pelo que se procurará uma tentativa de equilíbrio entre a componente teórica e a prática, de molde a não perder o seu intuito de "instrumento de trabalho" para aqueles que têm que lidar e enfrentar na vida prática tais questões.

Esperemos que o desiderato seja alcançado.

II. O sistema de cúmulo jurídico e a acumulação material de penas

§ 2. Nos sistemas de acumulação material de penas a determinação da medida da pena global corresponde ao adicionamento de cada uma das penas individuais, sucessivamente cumpridas se tiverem a mesma natureza, ou simultaneamente, se tal for materialmente possível.[3] Vigora uma perspetiva retributiva da pena: o condenado deve expiar todos os seus crimes e responder pelo "mal" de todos eles sem qualquer tipo de "afrouxamento" da medida de pena global. É incompatível com o nosso sistema jurídico[4], já que facilmente as penas aplicadas poderiam ultrapassar a culpa do agente,

---

novamente argumentos para que o Tribunal decida definitivamente a reação punitiva adequada. Nesta perspetiva todas as penas parcelares correspondem a julgamentos provisórios, relegando-se o julgamento final para esta fase, o que demonstra cabalmente a sua relevância prática.

[3] DIAS, Figueiredo, Direito Penal Português, As consequências jurídicas do crime, reimpressão, Coimbra Editora, pág. 279.

[4] O cúmulo material de penas nunca foi acolhido por nenhum dos códigos penais precedentes (cfr. FERREIRA, Cavaleiro de, Lições de Direito Penal, II, 2010, p. 156). Vigora entre nós o sistema da pena conjunta, obtida através de cúmulo jurídico, desde a reforma judiciária de 1837, embora primeiro assentando no princípio da absorção, passando a partir dela no CP de 1852 e 1886 a fundar-se no princípio da agravação ou exasperação (DIAS, Figueiredo,

excederem as necessidades preventivas, bem como, ao invés de socializarem o arguido, potenciarem a sua desinserção na sociedade.

No nosso ordenamento jurídico, quer nos casos em que os crimes em concurso são *ab initio* julgados conjuntamente, quer nas situações em que os mesmos são julgados parcelarmente, realiza-se sempre a *final* um cúmulo jurídico, contemporâneo, ou superveniente. Existindo um concurso real ou efetivo de crimes deve ser realizado o cúmulo jurídico, mesmo que conhecido supervenientemente, como resulta linearmente do facto do art. 78º do Código Penal mandar aplicar as regras do art. 77º – regras da punição do concurso – ao conhecimento superveniente do concurso, desde que os crimes sejam praticados antes da primeira condenação transitada em julgado.

Para realizar o cúmulo jurídico apura-se uma moldura abstrata global por todos os crimes praticados, num intervalo que se situa entre a medida da pena mais gravosa e o somatório das demais (sem nunca poder ultrapassar os vinte e cinco anos) e nessa moldura aplica-se uma pena única ajustada às necessidades de prevenção e personalidade do arguido, nos termos dos art.os 77.os 1 e 2 do CP. É um sistema misto de pena conjunta *"erigido não de conformidade com o sistema de absorção pura por aplicação da pena concreta mais grave, nem de acordo com o princípio da exasperação ou agravação, que agrega a si a punição do concurso com a moldura do crime mais grave, agravada pelo concurso de crimes"*[5].

O cúmulo jurídico está indissociavelmente ligado aos fins das penas consagrado no nosso direito, que visam ressocializar o arguido, acreditando na recuperação do mesmo, para que adira e respeite os normativos legais e se ajuste às regras de convivência em sociedade. A realização do cúmulo jurídico é reflexo de um sistema como o português, em que vigora o princípio da culpa, da proporcionalidade, e também da humanidade das penas[6].

No que se reporta concretamente ao cúmulo jurídico por conhecimento superveniente de crimes, em virtude de terem sido julgados separadamente

---

Direito Penal Português, As consequências jurídicas do crime, reimpressão, Coimbra Editora, páginas 283 e 284).

[5] Ac. do STJ, Relator Juiz Conselheiro Armindo Monteiro, processo n.º 900/05.1PRLSB.L1.S1, de 3.10.2012, consultado em www.dgsi.pt.

[6] O limite de 25 anos para a pena única, independentemente do número e *quantum* das penas parcelares (que podem cada uma delas ter sido fixadas em 25 anos), é o exemplo claro e evidente de um ordenamento jurídico humanista e que acredita na ressocialização do agente.

em vários processos, é imposto desde logo pelo princípio da igualdade[7]. É esse sem dúvida um dos objetivos do art. 78.º do Código Penal. Meras razões formais, processuais, de deficiente funcionamento do sistema, ou motivo imputável ao próprio arguido, nunca poderão determinar um tratamento desigual nas consequências jurídicas do crime. Não necessariamente para beneficiar o arguido, mas para *"proceder à reposição da situação de igualdade entre arguido com conduta ilícita global conhecida logo num mesmo (único) processo e arguido cujo ilícito global sofre a fragmentarização (...) por vários processos"*[8].

III. Concurso e sucessão de crimes

§ 3. O concurso efetivo de crimes pode determinar um concurso de penas ou uma sucessão de penas[9].

A pluridade de infrações conduz a um concurso de penas quando as diversas infrações tiverem sido cometidas antes do trânsito em julgado da condenação por qualquer delas. Neste caso realiza-se o cúmulo jurídico e determina-se a pena única.

Existirá uma sucessão de penas quando há uma pluralidade de crimes, mas um dos crimes foi cometido depois do trânsito em julgado da condenação de qualquer um dos outros. Aqui as penas são cumpridas sucessivamente, em separado e de forma autónoma. *"Para efeito de realização do cúmulo, há que correlacionar a data da prática dos factos com o trânsito em julgado das decisões condenatórias, ou seja, a prática de crimes depois da decisão condenatória transitada afasta a unificação, formando-se outras penas autónomas e porventura outros cúmulos de execução sucessiva."*[10]

---

[7] Se A e B praticaram ambos dois crimes iguais, no mesmo dia, e A. é acusado e julgado desde logo pelos dois crimes, sendo condenado numa pena única, seria uma flagrante desigualdade não cumular juridicamente as penas aplicadas a B, só porque foi julgado isoladamente por cada um dos crimes em dois processos distintos.

[8] Ac. da RE, Relatora Des. Ana Barata Brito, processo n.º 1464/08.0TBPTM.E1, de 15.10.2013, consultado em www.dgsi.pt.

[9] Apesar da controvérsia terminológica, seguimos a nomenclatura de FERREIRA, Cavaleiro de, quanto ao "concurso de penas" – v. Lições de Direito Penal, II, 2010, pp. 155 e ss.

[10] Ac do STJ, Relator Cons. Pires da Graça, processo n.º 21/06.0GCVFX-A.S1, 28.11.2012, www.dgsi.pt.

Assim, se A mata B e rouba C, antes da condenação transitada em julgada por qualquer um dos crimes, será determinada uma pena única através da realização de um cúmulo jurídico. Já se A roubar C, depois de ter sido condenado por matar B, por decisão transitada em julgado, então deverá cumprir sucessivamente a pena que lhe foi aplicada.

Estaremos perante uma situação de sucessão de crimes que conduz a uma sucessão de penas, mesmo que o crime seja praticado na pendência de uma pena suspensa, ou durante uma saída precária[11], ausência ilegítima do estabelecimento prisional[12], ou durante a liberdade condicional[13], já que não existe nestes casos um conhecimento superveniente de crimes, mas sim a prática de crimes após condenações anteriores transitadas em julgado.

IV. Pressupostos para aplicação de uma pena única no caso de conhecimento superveniente de crimes

§ 4. Para que se se aplique uma pena única no caso de conhecimento superveniente de crimes, é necessário que o agente a) tenha praticado dois ou mais crimes em concurso efetivo[14]; b) todos esses crimes tenham sido objeto de condenações (em penas singulares ou penas únicas) transitadas

---

[11] Foi a situação analisada no ac. da RP, Relator Des. Fernando Frois, processo n.º 9640512, de 5.06.1996, consultado em www.dgsi.pt: *"Estando o arguido a cumprir pena de prisão em que fora condenado e tendo cometido novo crime durante uma saída precária pelo qual veio também a ser condenado por decisão transitada em julgado, não se está perante concurso de infracções, mas antes perante sucessão de crimes".*

[12] Ac. da RL, Rel. Des. Nuno Gomes da Silva, proc. n.º 0009629, 21.11.2002, consultado em www.dgsi.pt: *"Não se verifica concurso superveniente de infracções quando o arguido em situação de ausência ilegítima do estabelecimento prisional onde estava em cumprimento de uma pena única resultante de anterior cúmulo jurídico comete outro ou outros crimes pelos quais vem a ser condenado".*

[13] No crime cometido durante a liberdade condicional não há cúmulo jurídico porque existe condenação anterior (aquela em que está em liberdade condicional) – ac. STJ 1992, CJ 1992, III, 21.

[14] Por contraposição a concurso aparente. Abrange-se as situações em que por várias ações ou omissões o agente pratica diversos crimes (concurso real), ou essa pluridade criminosa advém de um única ação ou omissão (concurso ideal), bem como quando a sua conduta preenche várias vezes o mesmo tipo legal (concurso homogéneo), ou subsume-se em vários (concurso heterógeneo).

em julgado[15] e que c) tenham sido executados antes de transitar em julgado a condenação por qualquer deles.

Significa pois que é o trânsito em julgado da 1.ª condenação que delimita e estabece o "marco" entre a unificação das condutas e a sucessão de crimes. Assim, os crimes praticados antes da 1.ª condenação transitada em julgado são cumulados juridicamente (e unificados através da aplicação de uma pena única), mas a pena do crime que tiver sido perpetrado depois, deverá ser cumprida autónoma e sucessivamente. A existência de mais do que um crime praticado após aquele 1.ª condenação transitada em julgado dará lugar à formação de outra pena única. Nestes casos estamos perante penas singulares ou únicas sucessivas, *"eventualmente considerando-se a agravante da reincidência, se se verificarem os respectivos pressupostos do art. 75.º do CP"*[16].

Exemplicando: Se A matou B em 15 de Janeiro de 2015, roubou C em 20 de Janeiro de 2015 e agrediu D em 6 de Abril de 2015, e foi julgado pelo homício e roubo, cuja condenação transitou em Março de 2015, então apenas serão englobados no cúmulo jurídico estas penas parcelares, que darão lugar a uma pena única. A pena pelo crime de ofensas corporais nunca poderá ser cumulada juridicamente com as demais, sendo cumprida autónoma e sucessivamente.

§ 5. Existem posições doutrinárias e jurisprudenciais no sentido de que o momento temporal relevante para que se aplique uma pena única é a data da (primeira) condenação (transitada em julgado) e não a data do (primeiro) trânsito em julgado[17], por corresponder ao momento em que

---

[15] A Lei nº 59/2007 veio alterar o art. 78º do CP, substituindo no seu nº 2 a expressão "é ainda" por "só é". Assim, a determinação superveniente da pena única do concurso passou a ocorrer apenas relativamente a crimes cuja condenação transitou em julgado, visando afastar a interpretação que na prática era feita pelos tribunais de aproveitar a sentença do tribunal da última condenação para realizar os cúmulos jurídicos que se impusessem com penas aplicadas em outros processos."O cúmulo jurídico só pode, agora, ter lugar após trânsito em julgado (também) da última condenação", pelo que se proceder de forma diferente, o tribunal conhece *"de questão de que não podia tomar conhecimento, sendo a sentença nesta parte nula (art. 379º, nº1, al.c) do CPP)"* (ac. da RE, Relatora Des. Ana Barata Brito, 358/08.3PAENT.E1, 25.10.2011, RE, consultado em www.dgsi.pt).

[16] COSTA, Rodrigues, *"O Cúmulo Jurídico Na Doutrina e na Jurisprudência do STJ"*.

[17] Neste mesmo sentido, considerando que a data que delimita a situação de concurso é a da decisão de condenação, DIAS, Jorge de Figueiredo, «Direito Penal Português – As

o tribunal, caso os crimes tivessem sido julgados num único processo, ainda teria podido condenar numa pena conjunta, o que não sucede com os praticados após a condenação e até ao trânsito em julgado. Argumenta-se ainda que se criaria um espaço de impunidade, já que a condenação em si já corresponde a uma censura sobre a conduta do arguido, podendo decorrer vários anos até aquela transitar em julgado. Sustenta-se tratar-se da única interpretação coerente com o direito adjetivo já que a norma do n.º 2 do artigo 471.º do CPP atribui competência ao tribunal da última condenação para o conhecimento superveniente do concurso.

Contudo, a posição maioritária na jurisprudência dos Tribunais Superiores[18], e também defendida por parte da doutrina[19], é a que delimita como momento relevante para a realização do cúmulo jurídico a prática de crimes antes da *data do trânsito em julgado da primeira condenação*.

§ 6. Afigura-se-nos ser esta última a interpretação correta. Na verdade, literalmente, o legislador ao erigir como pressuposto que o crime tenha sido praticado *"antes de transitar em julgado a condenação"*[20], significa que quis estabelecer um limite instransponível, até ao qual as condutas podem ser analisadas globalmente e no qual se justifica a aplicação de uma pena

---

Consequências Jurídicas do Crime», Aequitas, Lisboa, 1993, p. 293, ANTUNES, Maria João, «Consequências Jurídicas do Crime», Coimbra Editora, 2013, p. 59 e RAPOSO, Vera Lúcia, Revista Portuguesa de Ciência Criminal, ano 13, n.º 4, Outubro/Dezembro de 2003, a págs. 583 a 599. Na jurisprudência vejam-se os acórdãos do STJ, Relator Cons. Sousa Fontes, proc n.º 693/09.3GBFND.C2.S1, de 27.02.2013, da RL, Relator Des. Carlos Rodrigues de Almeida, proc. n.º 235/09.0PTSNT-3, de 9.03.2011, RP, Relator Des Jorge Arcanjo, processo n.º 0210423, de 19.02.2003, Relator Des. Ricardo Costa e Silva, processo n.º 60/11.9SFPRT-A.P1, de 25 de Setembro de 2013, e Relatora Des. Isabel Pais Martins, processo n.º 0642313, 25.10.2006, todos consultados em www.dgsi.pt.

[18] Ac do STJ, Juiz Cons. Henriques Gaspar, proc. n.º 09P0606, 14.09.2009, Ac do STJ, Relator Juiz Cons. Raul Borges, proc n.º 76/06.7JBLSB.S1, de 12.07.2012, Ac. da R.G, Relator Des. Jorge Teixeira, proc. n.º 2/04.8GDFNF-A.G1, de 31-01-2011, RE, Relator Juiz Des. Fernando Ribeiro Cardoso, processo n.º 44/13.2YREVR, de 30-04-2013, RC, Relator Des. Fernando Chaves, proc. n.º 57/09.9GCPBL.C1, 27 de Fevereiro de 2013, todos consultados em www.dgsi.pt.

[19] No sentido de que o momento temporal decisivo para demarcar uma situação de concurso de crimes é o trânsito em julgado da primeira decisão, SILVA, Germano Marques da (Direito Penal Português, Parte Geral II, Editorial Verbo, 1998, p. 313.) e MESQUITA, Paulo Dá (O Concurso de Penas, Coimbra Editora, 1997, pp. 41 e ss..

[20] Constante do n.º 1 do art. 77.º do Código Penal, aplicável ao conhecimento superveniente por via do art. 78.º do CP.

única. Aliás, o facto de ter passado a exigir com a reforma de 2007 que a realização do cúmulo jurídico de crimes que estão em concurso, e que não foram englobados num único processo, dependa do *trânsito em julgado* de todas as condenações, mais uma vez aponta no sentido do legislador pretender consagrar o *trânsito* como a linha delimitadora, até à qual é possível aplicar uma pena única.

§ 7. Em termos de *coerência sistemática* é a interpretação mais ajustada. O instituto da reincindência[21] opera *após* o trânsito em julgado de crimes anteriormente cometidos, considerando-se aquele o "marco" a partir do qual se entendeu censurar e sancionar mais gravemente a conduta do agente, que se mostrou indiferente à pena. Significa pois que os crimes praticados *anteriormente* a esse trânsito em julgado estarão sob a alçada da pena única. Ou seja, o legislador pretendeu unificar até ao trânsito em julgado. Se assim não fosse, aquele que praticasse os crimes após a condenação e antes do trânsito em julgado, por um lado, não seria aos "olhos da lei" um reincidente. Mas por outro lado, não obstante, veria arredada a possibilidade da sua conduta ser analisada conjuntamente com outros crimes que praticou antes desse trânsito em julgado."*Verificada a reincidência, não pode haver lugar para a pena única, e o limite de exclusão, ou de separação, é o trânsito em julgado de uma condenação, que não pode também, por isso, ser senão aquela que delimita o espaço temporal ad quem da prática dos crimes que impõem a fixação de uma pena única.*"[22] Ou seja, o momento temporal a partir do qual pode operar a reincidência é também o momento temporal que separa o concurso e sucessão de penas, o que corresponde, justamente, ao trânsito em julgado da 1.ª condenação dos crimes em concurso.

§ 8. Igualmente o trânsito em julgado introduz *certeza jurídica* na realização dos cúmulos jurídicos e definição dos crimes que estão em concurso. Do mesmo modo, é a única interpretação que é *compatível com o princípio da presunção de inocência até ao trânsito em julgado*. Até lá não se pode afirmar que o agente demonstrou uma atitude mais desconforme e se revelou

---

[21] O art. 75.º, n.º 1, do CP dispõe, para o que releva, que a punição como reincidente ocorrerá quando alguém cometer um crime de determinada natureza depois de ter sido condenado, por sentença transitada em julgado, por outro crime com certos requisitos de gravidade.
[22] Ac do STJ, Relator Juiz Cons Henriques Gaspar, proc.n.º 09P0606, 14.09.2009, consultado em www.dgsi.pt.

indiferente à condenação, dando início a um novo ciclo criminoso. Só a *"partir desta data, em função dessa condenação transitada deixam de valer discursos desculpabilizantes das condutas posteriores, pois que o(a) arguido(a) (...) não pode invocar ignorância acerca do funcionamento da justiça penal, e porque lhe foi dirigida uma solene advertência, teria de agir em termos conformes com o direito, "cortando" com as anteriores condutas. Persistindo, se se mostrarem preenchidos os demais requisitos, o(a) arguido(a) poderá inclusive ser considerado(a) reincidente"*[23].

§ 9. Por fim, inexiste qualquer violação ao princípio da igualdade, já que, independentemente de ter sido aplicada uma pena única anterior pelo tribunal da condenação, o facto do período de tempo que medeia a última condenação até ao trânsito em julgado ser "contabilizado" para efeitos de formação da pena única, caso seja cometido um ou mais crimes, é aplicável a todos os agentes que estejam nas mesmas condições.

Se A foi julgado num só processo por furto e ofensas corporais e condenado numa pena única, praticando posteriormente à condenação e antes do trânsito em julgado um crime de ameaças, verá as suas penas cumuladas juridicamente. O mesmo sucederá se tivesse sido condenado pelos crimes de furto e ofensas corporais em processos diferentes.

§ 10. O Tribunal Constitucional, no acórdão n.º 212/02, de 22 de Maio de 2002, processo n.º 243/2002, publicado in DR, II, n.º 147, de 28-06-2002, pronunciou-se no sentido de que a interpretação normativa atribuída ao artigo 77.º, n.º 1, do Código Penal, considerando como momento decisivo para a aplicabilidade da figura do cúmulo jurídico o trânsito em julgado da decisão condenatória, não ofende os princípios da dignidade da pessoa humana, do Estado de direito, da tipicidade, da culpa e da inexistência de penas de duração perpétua ou indefinida, consagrados nos artigos 1.º, 2.º, 20.º, 29.º, n.º 1 e 30.º da Constituição da República Portuguesa e no artigo 6.º da Convenção Europeia dos Direitos do Homem.

Encontra-se pendente recurso para uniformização de jurisprudência nesta matéria (Proc.º 330/13.1 PJPRT-A.P1-A.S1), tendo o Ministério Público sugerido fixar jurisprudência no seguinte sentido: «O momento temporal a ter em conta para a verificação dos pressupostos do concurso

---

[23] Ac. do STJ, Relator Cons. Raúl Borges, processo n.º 316/07.5GBSTS.S1, de 29.03.2012, consultado em www.dgsi.pt.

superveniente de crimes é o trânsito em julgado da primeira condenação por qualquer dos crimes em concurso»[24].

§ 11. É de enorme relevância prática a definição do momento temporal até ao qual os crimes podem ser englobados num cúmulo jurídico, determinando a aplicação de uma pena única, independentemente do que é mais "benéfico ou prejudicial para o condenado".
Exemplo: A cometeu um crime de homicídio em 15 de Janeiro de 2015. Foi condenado em 15 de Maio de 2015. O acórdão transitou em 15 de Junho de 2015. Em 30 de Maio de 2015 A comete um crime de roubo. Caso se entenda que o momento temporal até o qual pode ser realizado o cúmulo jurídico é o da data da condenação, então A. teria que cumprir as penas sucessivamente. Se o marco for o trânsito em julgado então ambas as penas vão ser cumuladas juridicamente, aplicando-se uma pena única. Tal será favorável se houver condenações, por exemplo, em penas de prisão efetiva, já que em princípio, a unificação da pena será mais favorável do que a acumulação material. Mas se as condenações tiverem sido em pena de prisão suspensa, e o cúmulo jurídico determina o cumprimento de uma pena de prisão efetiva, então neste caso seria mais favorável ao agente que se fixasse a data da condenação como o momento relevante até ao qual se pode formar um cúmulo jurídico.

§ 12. O trânsito em julgado que delimita as penas que podem ser cumuladas juridicamente daquelas outras que terão que ser cumpridas sucessivamente é o da 1.ª condenação dos crimes em concurso[25]. "*A primeira*

---

[24] Entretanto, quando o presente livro estava em vias de publicação, foi uniformizada jurisprudência pelo STJ (Rel. Cons. Souto de Moura) nos seguintes termos: *O momento temporal a ter em conta para a verificação dos pressupostos do concurso superveniente de crimes é o do trânsito em julgado da primeira condenação por qualquer dos crimes em concurso.*

[25] A norma do artigo 77.º, n.º 1, 1.ª parte, do Código Penal, ao preceituar: «quando alguém tiver praticado vários crimes antes de transitar em julgado a condenação por qualquer deles» (...), admite vários sentidos. "Qualquer deles» pode traduzir, com efeito, uma indiferenciação, no sentido de *indiferença de pressuposto, da ordem de factores arbitrária, em aproximação semântica a «qualquer um». Mas também pode significar, no imediato plano literal, a primeira ocorrência: o trânsito em julgado da condenação por «qualquer deles» pode significar que este momento relevante (o trânsito da condenação) se verifica logo que haja uma condenação transitada por um dos crimes*" (Ac do STJ, Relator Cons. Henriques Gaspar, processo n.º 287/12.6TCLSB.L1.S1, de 14.03.2013, consultado em www.dgsi.pt). Por uma questão de objetividade, certeza jurídica (mas também porque todos os crimes praticados

decisão transitada será assim o elemento aglutinador de todos os crimes que estejam em relação de concurso, englobando as respectivas penas em cúmulo, demarcando as fronteiras do círculo de condenações objecto de unificação"[26] *"Esta data marca o fim de um ciclo e o início de um novo período de consideração de relação de concurso para efeito de fixação de pena única. A partir de então, havendo novos crimes cometidos desde tal data, desde que estejam em relação de concurso, terá de ser elaborado com as novas penas um outro cúmulo e assim sucessivamente. A partir desta barreira inultrapassável afastada fica a unificação, formando-se outras penas autónomas, de execução sucessiva, que poderão integrar outros cúmulos."*[27]

V. Cúmulo por arrastamento

§ 13. Durante muitos anos foi admitido pela jurisprudência os cúmulos por arrastamento o que começou a ser infletido na década de 90 do século XX, sendo que atualmente está completamente afastada essa "tese". Significava que muitas penas eram englobadas no cúmulo jurídico, apesar dos crimes não serem anteriores ao trânsito em julgado da 1.ª condenação, pelo facto de terem sido praticados antes do trânsito em julgado das condenações dos crimes perpetrados até àquele momento temporal. Ou seja, existiam crimes que eram "arrastados" para a realização de um cúmulo jurídico, apesar de não terem sido praticados anteriormente à 1.ª condenação transitada em julgado. O seguinte exemplo permite percecionar o que se designa de cúmulo por arrastamento.

Alberto roubou Beatriz em 15 de Janeiro de 2015, 1 de Fevereiro de 2015 e 15 de Junho de 2015.

Foi julgado em três processos distintos (A, B e C), tendo sido condenado em 2, 3 e 3 anos e seis meses de prisão, respectivamente. No processo A a condenação transitou a 15 de Fevereiro de 2015, no processo B em 30 de Junho de 2015 e no processo C em 15 de Setembro de 2015.

Nos termos já expendidos, "marcando" a 1.ª condenação transitada em julgado o limite até ao qual podem ser cumuladas juridicamente as penas,

---

após o 1.º trânsito em julgado, já não podem ser cumulados juridicamente com os praticados anteriormente), é esta última interpretação a correcta.

[26] Ac. do STJ, Rel. Raúl Borges, 316/07.5GBSTS.S1, 29.03.2012, consultado em www.dgsi.pt.
[27] Ac. do STJ, Rel. Raúl Borges, 316/07.5GBSTS.S1, 29.03.2012, consultado em www.dgsi.pt.

significa que relativamente aos processos A e B devia ser aplicada uma pena única, e a pena do processo C ser executada autónoma e sucessivamente.

A tese do cúmulo por arrastamento admitia o cúmulo jurídico de todas as penas, já que o facto da pena aplicada no processo C ser anterior ao trânsito em julgado da condenação do processo B "arrastaria" também aquela pena para a realização de um cúmulo jurídico global.

§ 14. Esta tese do cúmulo por arrastamento mereceu duras críticas da doutrina.Vera Lúcia Raposo afirmou que o cúmulo por arrastamento aniquilava a teleologia e coerência internas do ordenamento jurídico-penal ao dissolver a diferença entre as figuras do concurso de crimes e da reincidência[28]. Paulo Dá Mesquita alertou que o sistema de cúmulo jurídico das penas deve ser aplicado apenas nos casos de concurso de penas e já não nos de sucessão de penas, e que a generalização de tal sistema em todos os casos de pluralidade de penas pervertia o sistema penal, dando-se carta-branca a determinados agentes para a prática de novos crimes. Assinala que a designada teoria do cúmulo por arrastamento parte de postulados errados e é teleologicamente infundada, pois ignora a relevância da condenação transitada em julgado como solene advertência ao arguido, não se podendo confundir, por ser questão diferente, a possibilidade de uma sucessão de penas conjuntas[29]. A mesma posição expressa Germano Marques da Silva[30].

§ 15. A jurisprudência neste momento é unânime na rejeição do cúmulo por arrastamento[31]. O trânsito em julgado constitui uma barreira incontornável que firma a divisão entre os ciclos criminosos do agente. Os crimes praticados após o referido trânsito não poderão integrar um cúmulo jurídico, pois a) Desconsideraria a solene censura que constitui o trânsito de uma decisão condenatória; b) Esbatia a diferença entre os institutos

---

[28] RAPOSO, Vera Lúcia, Revista Portuguesa de Ciência Criminal, ano 13, n.º 4, Outubro/Dezembro de 2003, pág. 592.
[29] MESQUITA, Paulo Dá, Concurso de Penas, Coimbra Editora, 1997, págs. 57 e ss. Salientando ainda o Autor (obra citada, pág. 69) que um arguido após condenação transitada em julgado com a pena máxima de 25 anos se veria na possibilidade de praticar os crimes que entendesse, o "sistema «premiaria» a prática de mais um crime" e poderia gerar situações de desigualdade.
[30] Direito Penal Português, Parte Geral, volume II, Editorial Verbo, 1998, pág. 313.
[31] Neste sentido citam-se, entre muitos outros, o Ac do STJ, Rel. Cons. Souto de Moura, de 10.09.2009, processo n.º 458/08.0 GAVGS.C1-A.S, 5ª SECÇÃO, consultado em www.dgsi.pt

do cúmulo jurídico e da reincindência, com pressupostos e finalidades distintas; c) Seria contrário à própria realização do cúmulo jurídico, que visa uma análise global da factualidade, até ser solenemente advertido, já que partir de tal momento, *"já não pode invocar o estatuto de homem fiel ao direito"*[32]. Em suma, *"as penas dos crimes cometidos depois de uma condenação transitada em julgado não podem cumular-se com as penas dos crimes cometidos anteriormente a essa condenação"*[33], caso contrário efetiva-se um cúmulo por arrastamento que, por ser proibido por lei, *"importa a nulidade da decisão recorrida por excesso de pronúncia – art. 379.º, n.º 1, al. c), do CPP"*[34].

§ 16. A existência de um cúmulo por arrastamento é uma questão prévia que oficiosamente o tribunal de recurso tem que analisar. *"Nestes casos, passa a ser objecto do recurso, constituindo um prius, a indagação da necessidade e mesmo da legalidade de proceder a tal cúmulo jurídico nos moldes em que o foi, o que pressupõe por seu turno, análise da questão de saber se os crimes dos processos englobados se encontram ou não em relação de concurso real ou efectivo, estando no fundo em causa a legalidade do estabelecimento ou da fixação de uma única pena, tal como o foi, ou se diversamente, como no caso se imporá, de mais do que uma pena conjunta, a executar, sucessivamente."*[35]

§ 17 Existindo cúmulo jurídico por arrastamento o tribunal superior deverá "desfazê-lo" e realizar um cúmulo que respeite o art. 78.º do CP, ou seja, cumulando juridicamente todas as penas relativas a crimes praticados até à primeira decisão condenatória transitada em julgado e assim sucessivamente.

No caso de não ter sido interposto recurso pelo MP no que concerne à realização do cúmulo jurídico por arrastamento, nem tampouco ter interposto recurso para agravação da pena, então a dissolução do cúmulo jurídico por arrastamento e o seu desmembramento em várias penas conjuntas a

---

[32] Ac. do STJ, Relator Cons. Raúl Borges, processo n.º 34/05.9PAVNG.S1, de 18.01.2012, consultado em www.dgsi.pt.

[33] Ac do STJ, Relator Cons. Pires da Graça, processo n.º 1213/09.SPBOER.S1, de 5.12.2012, consultado em www.dgsi.pt.

[34] Ac do STJ, Relator Cons. Pires da Graça, processo n.º 21/06.0GCVFX-A.S1, de 28.11.2012, consultado em www.dgsi.pt.

[35] Ac do STJ, Relator Cons.Raúl Borges, proc. n.º 1145/01.5PBGMR.S2, de 23.02.2011, consultado em www.dgsi.pt.

cumprir sucessivamente, nunca pode ser mais gravoso para o arguido, face à proibição da "reformatio in pejus", prevista no art. 409.º, n.º 1 do CPP[36].

O limite será sempre a pena única do cúmulo por arrastamento aplicada na primeira instância[37].

VI. Execução sucessiva de penas singulares e únicas. Crimes exauridos, permanentes e continuados

§ 18. O art.77.º, n.º 1, do Código Penal, estatui que «Quando alguém tiver praticado vários crimes antes de transitar em julgado a condenação por qualquer deles, é condenado numa única pena. (...)». Por sua vez, o art. 78.º, do mesmo Código, na redação que lhe foi dada pela Lei n.º 59/2007, dispõe, designadamente, o seguinte: «1. Se, depois de uma condenação transitada em julgado, se mostrar que o agente praticou, anteriormente àquela condenação, outro ou outros crimes, são aplicáveis as regras do artigo anterior, sendo a pena que já tiver sido cumprida descontada no cumprimento da pena única aplicada ao concurso de crimes. 2. O disposto no número anterior só é aplicável relativamente aos crimes cuja condenação transitou em julgado.».

---

[36] "Interposto recurso da decisão final somente pelo arguido, pelo Ministério Público, no exclusivo daquele, ou pelo arguido e pelo Ministério Público no exclusivo interesse do primeiro, o tribunal superior não pode modificar, na sua espécie ou medida, as sanções constantes da decisão recorrida, em prejuízo de qualquer dos arguidos, ainda que não recorrentes"(...) "Nesta ordem de ideias, afigura-se-nos que o princípio da proibição da «reformatio in pejus» não obsta, em princípio, a que o Tribunal «ad quem» proceda à dissolução do «cúmulo por arrastamento» elaborado pela primeira instância em dois cúmulos parciais, desde que o somatório das duas penas conjuntas, que dessa operação resultem e que o arguido terá de cumprir sucessivamente, não ultrapasse a medida da pena global aplicada pelo Tribunal «a quo». De resto, não vislumbramos que a cisão de uma pena única em duas de cumprimento sucessivo, de quantitativo total não superior possa de alguma forma redundar em agravamento da situação jurídico-penal do condenado, morment em matéria de concessão da liberdade condicional, tendo em conta o que a esse respeito dispõe o art. 63º do CP, no sentido de equiparar as duas situações" (Ac da R.E., processo n.º 204/08.8GBTVR. E1, 5 de Fevereiro de 2013, consultado em www.dgsi.pt).

[37] Conforme se salienta no ac do STJ, Relator Cons. Simas Santos, proc. 08P3975, consultado em www.dgsi.pt: "importa ter em conta que é igualmente jurisprudência do Supremo Tribunal de Justiça que, tornando-se necessário "desfazer" o cúmulo por arrastamento, indevidamente efectuado, há que ter em conta, se o recurso tiver sido interposto só pela defesa ou pelo Ministério Público no exclusivo interesse da defesa, a proibição da reformatio in pejus, ou seja, a pena única do cúmulo é o limite a ser respeitado pelos cúmulos que vierem a ser feitos.No caso de um cúmulo por arrastamento em que em decisão do tribunal superior se entenda dever existir uma execução sucessiva tal não pode execeder a pena única aplicada em homenagem à proibição do reformatio in pejus".

Os artigos 77.º e 78.º do Código Penal têm de ser interpretados conjugadamente. O cúmulo jurídico por conhecimento superveniente de concurso de crimes a que alude o artigo 78.º do Código Penal tem como pressuposto a existência de uma situação de concurso de crimes, a qual apenas se verifica *"quando alguém tiver praticado vários crimes antes de transitar em julgado a condenação por qualquer deles"*.

O trânsito em julgado é uma barreira que delimita os crimes que irão integrar o cúmulo jurídico superveniente. Até ao trânsito em julgado de uma decisão condenatória o arguido, atento o princípio da presunção de inocência, considera-se inocente, pelo que não pode ser ficcionado durante esse período de tempo que já existe uma censura solene por parte de um tribunal.

A partir do trânsito em julgado o agente que pratica um crime revela-se indiferente a uma decisão condenatória definitiva, não passível de recurso. É um ponto de possível *turn-over*, em que o agente poderá reflectir e repensar a conduta anterior, mantê-la ou alterá-la, submeter-se ao Direito ou continuar a desrespeitá-lo[38]. Perante a pena que lhe foi aplicada, exequível em virtude do trânsito, o agente pode escolher dois caminhos: o do respeito pelo ordenamento jurídico, ou continuar com uma atitude anti-jurídica. Neste último caso, todos os crimes que praticar serão posteriores a uma condenação consolidada, revelador que a pena parcelar, ou única, anteriormente aplicada, não surtiu os seus efeitos, pelo que se *reinicia um novo ciclo criminoso* do agente que pode inclusive determinar a agravação das penas a aplicar, caso se verifiquem os pressupostos do instituto da reincidência[39].

§ 19. Num determinado período temporal o arguido pode praticar vários crimes, mas a partir do momento em que transita em julgado uma decisão condenatória todos os outros crimes que pratique *posteriormente* correspondem a um *novo ciclo*, iniciado a partir do momento em que se *cristalizou* no

---

[38] *"Concretizada a admonição na condenação transitada, encerrado um ciclo de vida, impõe-se que o arguido a interiorize, repense e analise de forma crítica o seu comportamento anterior, e projecte o futuro em moldes mais conformes com o direito, de tal modo que, a sucumbir, iniciando um ciclo novo, reincidirá"* (Acórdão do STJ, Relator Cons. Raul Borges, processo n.º 34/05.9PAVNG.S1, de 18.01.2012., consultado em www.dgsi.pt).

[39] *"A partir desta data, em função dessa condenação transitada deixam de valer discursos desculpabilizantes das condutas posteriores (...) se se mostrarem preenchidos os demais requisitos, o arguido poderá, inclusive, ser considerado reincidente"* (Ac. do STJ, Relator Cons. Raul Borges, proc n.º 328/06.6GTLRA.S1, de 17.12.2009, consultado em www.dgsi.pt).

ordenamento jurídico a censura inerente à decisão condenatória através do trânsito em julgado. O trânsito em julgado funciona como *delimitador*[40] *dos ciclos criminosos que deverão ser cumulados juridicamente*, determinando que se analise a conduta criminosa e personalidade do agente por cada *pedaço da vida criminosa até a uma solene advertência* definitiva do tribunal no sentido de alterar a sua conduta. Ou seja, se durante a atividade delituosa do agente tiverem existido condenações transitadas em julgado estas funcionam como "muro" excludente do concurso de crimes praticados *posteriormente* a tal trânsito, conduzindo à unificação dos ciclos atendíveis para realização do cúmulo jurídico, e impondo que se fixe uma pena única por cada um desses ciclos criminosos[41].

§ 20. A partir da advertência solene o agente pode reponderar criticamente a sua conduta. Sabe que existe uma decisão judicial exequível na ordem jurídica que censura a sua atuação por determinados factos criminosos. Não invertendo o comportamento, voltando a delinquir, abre-se um novo ciclo e assim sucessivamente. O trânsito em julgado *"determina, simultaneamente, o fecho, o encerramento de um ciclo, e o ponto de partida para uma nova fase, para o encetar de um outro/novo agrupamento de infrações, interligadas/conexionadas por um elo de contemporaneidade, e o início de um outro/novo ciclo de actividade delitiva, em que o prevaricador – sucumbindo, na sequência de uma intervenção/solene advertência do sistema de justiça punitivo, que se revelará, na presença da repetição, como ineficaz – não poderá invocar o estatuto de homem fiel ao direito"*[42].

---

[40] "O trânsito em julgado obstará a que com essa infracção ou outras cometidas até esse trânsito, se cumulem infracções que venham a ser praticadas em momento posterior a esse mesmo trânsito, que funcionará assim como barreira excludente, não permitindo o ingresso no círculo dos crimes em concurso, dos crimes cometidos após aquele limite" (Ac. do STJ, Relator Cons. Raul Borges, proc n.º 328/06.6GTLRA.S1, de 17.12.2009, consultado em www.dgsi.pt).

[41] (...) "Depois do primeiro concurso poderá ocorrer nova situação de concurso subsequente ao primeiro e consequente necessidade de realização de outro cúmulo que nada tem a ver com o primeiro. Deverão ser realizados tantos cúmulos quantas as situações de concurso. (...)Dito de outro modo, quando a "carreira criminosa" do arguido se fez em diversas etapas interrompidas por condenações transitadas em julgado, havendo, por isso, penas que devem ser cumpridas isoladamente e outras que devem determinar a aplicação de uma única pena, deverão ser realizados tantos cúmulos jurídicos quantas as situações de efectivo concurso" (Ac. da RP, Relator Des. António Gama, processo n.º 988/04.2PRPRT.P2, de 27 de Outubro de 2010, consultado em www.dgsi.pt).

[42] Acórdão do STJ, Relator Cons. Raúl Borges, processo n.º 34/05.9PAVNG.S1, de 18.01.2012, consultado em www.dgsi.pt

§ 21. Em suma, a realização dos cúmulos jurídicos pelo *conhecimento superveniente de concurso de crimes* são realizados por cada ciclo de infrações, a que corresponde a determinação de várias penas conjuntas (por cada ciclo), a cumprir autonomamente e sucessivamente. São os primeiros trânsitos em julgado das decisões condenatórias de cada ciclo criminoso que delimitam os crimes que podem ser englobados no cúmulo jurídico superveniente[43]. Assim, todos os crimes praticados antes da primeira decisão transitada em julgado são cumulados juridicamente, estabelecendo-se uma pena única. Seguidamente aglutinam-se os crimes praticados posteriormente ao trânsito, atendendo à decisão condenatória que primeiramente transitou em julgado, e assim sucessivamente[44]. *Quando haja crimes cometidos antes e depois do trânsito em julgado de decisões integrantes do cúmulo, importa formar um primeiro cúmulo tomando por referência a primeira decisão transitada em julgado e os crimes cometidos em data anterior àquele trânsito, sendo que os crimes praticados em data posterior devem ser por sua vez aglutinados com referência à primeira das condenações que entre eles haja transitado em julgado, bem como aos factos cometidos antes de tal trânsito praticados, e assim sucessivamente quanto aos demais crimes, se os houver, formando-se tantas penas autónomas de execução sucessiva quanto os cúmulos a efetuar nesses termos*".[45]

---

[43] *"O trânsito em julgado da primeira das condenações é o pressuposto temporal do concurso de penas, o que se compreende, porque só depois do trânsito a condenação adquire a sua função de solene advertência ao arguido. O trânsito em julgado da primeira condenação é o momento determinante em que se fixa a data a partir da qual os crimes não estão em concurso com os anteriores para efeitos de cúmulo jurídico"* (Ac. da RC. Relator Des. Orlando Gonçalves, proc. n.º 1732/09.3PCCBR.C1, de 16.10.2013, consultado em www.dgsi.pt).

[44] *"A primeira decisão transitada* é, assim, o elemento aglutinador de todos os crimes que estejam em relação de concurso, demarcando as fronteiras do círculo *de condenações objecto de unificação"* (...) *"Esta data marca ainda o fim de um ciclo e o início de um novo período de consideração de relação de concurso para efeito de fixação de pena única. A partir de então, havendo novos crimes cometidos desde tal data, conquanto que estejam em relação de concurso, terá de ser elaborado com as novas penas um outro cúmulo, e assim, sucessivamente"* (Ac. do STJ, Relator Cons. Raul Borges, proc n.º 328/06.6GTL-RA.S1, de 17.12.2009, consultado em www.dgsi.pt).

[45] Ac. da RG, Relator Des. Paulo Silva, processo n.º 633/10.7PBGMR.G1, de 22.10.2012, consultado em www.dgsi.pt. No mesmo sentido, Paulo Pinto de Albuquerque, Comentário do Código Penal, 2.ª edição actualizada, 2010, pág. 288, ao dizer que no conhecimento superveniente do concurso de vários crimes novos, sendo uns cometidos antes da anterior condenação e outros depois da anterior condenação, o tribunal deve proceder a dois cúmulos distintos: um referente a todos os crimes cometidos antes da anterior condenação e outro referente a todos os crimes cometidos depois da anterior condenação.

Exemplo:

A matou B em 15 de Janeiro de 2015, tendo sido condenado no processo X, a 8 anos de prisão, transitada em julgado em 15 de Fevereiro de 2015.
A roubou C em 31 de Janeiro de 2015, tendo sido condenado no processo Y, a 5 anos de prisão, transitada em julgado em 1 de Março de 2015.
A agrediu D em 20 de Fevereiro de 2015, tendo sido condenado no processo W, a 3 anos de prisão, transitada em julgado em 20 de Março de 2015.
A ameaçou E em 15 de Março de 2015, tendo sido condenado no processo Z, a 2 anos de prisão, transitada em julgado em 15 de Abril de 2015.
A burlou F em 14 de Abril de 2015, tendo sido condenado no processo ZZ, a 2 anos de prisão, transitada em julgado em 15 de Abril de 2015.

Assim, toma-se como "referência" a 1.ª condenação transitada em julgado (15 de Fevereiro de 2015), determinando uma pena única para os crimes praticados antes desse primeiro trânsito (penas aplicadas nos processo X e Y). Seguidamente a "referência" será o 1.ª trânsito em julgado dos crimes em concurso (20 de Março de 2015), determinando uma pena única para os crimes praticados antes desse primeiro trânsito (penas aplicadas no processo W e Z). Ficaria excluída do cúmulo a pena aplicada no processo ZZ.
Em suma, o arguido cumpriria sucessivamente a pena única resultante do cúmulo das penas aplicadas nos processos X e Y, seguido do cumprimento da pena única resultante do cúmulo jurídico das penas aplicadas nos processos W e Z e por fim cumpriria sucessivante a pena singular aplicada no processo Z.

§ 22. As várias penas únicas formadas (e as penas singulares não englobadas no cúmulo jurídico) devem ser cumpridas autonomamente. Admitir-se o cúmulo jurídico e o estabelecimento de uma pena única para efeitos do cumprimento seria dar guarida ao cúmulo por arrastamento, há muito já afastado pela nossa jurisprudência[46]. A decisão que

---

[46] "*Se os crimes agora conhecidos forem vários, tendo uns ocorrido antes de condenação anterior e outros depois dela, o tribunal proferirá duas penas conjuntas*" (...) "*dando lugar a cúmulos separados e a pena executada separada e sucessivamente*" (Ac. do STJ, Relator Cons. Armindo Monteiro, processo n.º900/05.1PRLSB.L1.S1, de 3.10.2012, STJ, consultado em www.dgsi.pt.

não proceder à realização dos cúmulos jurídicos sucessivos e determinação das penas únicas distintas a cumprir autónoma e sucessivamente padece de nulidade[47].

§ 23. Pelo facto de se tratar de cúmulos jurídicos distintos a que correspondem avaliações autónomas (de acordo com os factos e personalidade do agente), não se impõe a comparação das penas únicas sucessivas, nem sequer que tenham que ser gradativas[48]. Não obstante, deve considerar-se para a medida da pena única (caso as penas parcelares já não tenham sido agravadas em função da reincidência), o comportamento anterior do agente, nomeadamente, *o início de um novo ciclo criminoso, após uma anterior condenação transitada em julgado.*

§ 24. Consubstanciando cúmulos jurídicos separados e independentes entre si as penas únicas de cada um desses cúmulos são autónomas, devendo ser executadas separada e sucessivamente, competindo a liquidação ao MP, e a homologação ao Tribunal de condenação (e não ao TEP)[49]. Mesmo que os crimes praticados após o trânsito em julgado da condenação o tenham sido durante a execução da pena anterior, as penas são autonomizadas[50].

---

[47] "Enferma de nulidade, o acórdão em que se procede à realização de cúmulo por arrastamento (...) havendo de revogar-se, por violação do disposto nos arts. 77.º, n.º 1 e 78.º, n.º 1, do CP" (Ac. do STJ, Relator Cons. Raul Borges, proc n.º 328/06.6GTLRA.S1, de 17.12.2009, consultado em www.dgsi.pt).

[48] "*Sendo (...) legalmente irrelevante, que em caso de vários cúmulos, nomeadamente de execução sucessiva, houvesse de comparar-se entre eles a medida concreta das penas únicas de cada um, como que se estabelecesse uma influência gradativa da pena única de anterior cúmulo na formação da pena conjunta de cúmulo posterior*" (Ac. do STJ, Relator Cons. Armindo Monteiro, processo n.º 303/06.0GEVFX.L1.S1, de 19.09.2012, ac. do STJ, consultado em www.dgsi.pt).

[49] "*Mesmo em caso de execução sucessiva de penas de prisão, compete ao MP junto do tribunal da condenação a contagem da pena de prisão aplicada ao condenado e ao juiz do processo a respetiva homologação, em conformidade com o disposto no art. 477.º do CPP*" (Ac. da RE, Relator Des. Fernando Ribeiro Cardoso, processo n.º 144/13.9YREVR., de 28 de Janeiro de 2014, consultado em www.dgsi.pt).

[50] ALBUQUERQUE, Paulo Pinto de, Comentário do Código Penal, 2.ª edição actualizada, 2010, pág. 288, a fls. 286, nota 3.

§ 25. Nos crimes exauridos, como seja o crime de tráfico de estupefacientes, atende-se à data da cessação da consumação[51], pelo que este crime integrará o cúmulo jurídico caso *o último ato* seja anterior ao trânsito em julgado da primeira condenação, caso contrário, ou seja, se for posterior ao trânsito em julgado, não será englobado no cúmulo jurídico.

No crime exaurido os múltiplos atos reconduzem-se e unificam-se num só crime, cujo período temporal se medeia entre o início da execução dos atos típicos e o seu término. Significa isto que se durante a execução do crime se interpõe o trânsito em julgado de uma condenação tal não tem o condão de dividir o crime em dois. Este mantém-se unificado, continua a ser executado, praticado, prolongando-se e estendendo-se para além do trânsito, pelo que não deve ser cumulado juridicamente com os crimes praticados antes daquele. A parcela da atividade praticada antes do trânsito em julgado não pode ser autonomizada, porque se trata de um só crime. Para além disso as razões subjacentes ao cúmulo não se verificam, já que não obstante o trânsito, e a solene advertência que o mesmo significa, o agente *continuou* a sua actividade criminosa.

Assim, no crime exaurido, que se iniciou antes do trânsito em julgado da condenação por outro crime, mas que se prolonga para além do mesmo, existe uma situação de sucessão de crimes, cujas penas devem ser cumpridas de forma autónoma e sucessiva[52].

Exemplo:

A roubou B em 15.01.2015, sendo condenado a 4 anos de prisão por decisão transitada em julgado em 15.02.2015.

---

[51] Neste sentido Ac da RG, Relator Des. Jorge Alberto Teixeira, processo n.º 2/04.8GDFNF-A.G1, de 3.1.2011, consultado em www.dgsi.pt. Igualmente Ac. da RP, Relator Des. Custódio Silva, processo n.º 0641003, de 5.04.2006, consultado em www.dgsi.pt : *"Se o agente praticou um crime de tráfico de droga, concretizado e actividade que se desenvolveu ao longo de vários meses, e se uma parte dessa actividade ocorreu antes e a outra parte depois do trânsito em julgado da sentença que o condenou pelo cometimento de outro crime, este a aquele não estão numa situação de concurso. (...)"*.

[52] *"E não se objecte que (...) se está a desvalorizar a actividade (essa, criminosa) do arguido desenvolvido antes de se ter verificado o trânsito em julgado daquela primeira condenação. É que (...) a mesma não se pode (...) ser autonomizada (...). Ademais (...) um arguido que prossegue uma actividade criminosa, que iniciara anteriormente (a uma condenação, definitiva, por transitada em julgado, por prática de crime)"* demonstra *"uma atitude pessoal contrária ou indiferente às normas jurídico-penais. (...)* (Ac. da RP, Relator Des. Custódio Silva, processo n.º 0641003, 5.04.2006, consultado em www.dgsi.pt).

A cometeu um crime de tráfico de estupefacientes, praticado entre 1.01.2015 e 25.02.2015, tendo sido condenado em 30.04.2015 a 6 anos de prisão, por decisão transitada a 30.05.2015.

Não existe concurso de crimes, já que o último ato de tráfico ocorreu após o trânsito em julgado da condenação pelo crime de roubo. Há uma sucessão de crimes, pelo que as penas de 4 e 6 anos de prisão são autónomas, devendo ser cumpridas sucessivamente.

§ 26. Igual doutrina é aplicável aos crimes permanentes[53], já que o facto criminoso só cessa após o término do último ato delituoso, razão pelo qual, se no decurso desta atividade criminosa unificada num só crime tiver transitado em julgado, uma ou várias condenações, o momento temporal a atender é o da cessação criminosa. É essa data que releva para efeito de aferir se existe concurso com outros crimes[54].

Se assim não se entendesse determinaria que não obstante o agente ter mantido a sua atuação anti-jurídica após o trânsito em julgado de uma condenação, desrespeitando a solene advertência que lhe foi feita, e mantendo-se indiferente, o seu comportamento criminoso seria englobado com outros crimes praticados antes daquele trânsito, subvertendo a intenção do legislador que, como escrevemos, visa analisar cada ciclo criminoso e avaliar o comportamento e personalidade nesses período[55].

---

[53] Bem como todos os outros crimes em que a conduta delituosa se estende no tempo, mas que é unificada e perspetivada como um só crime (crime de trato sucessivo, reiterado, etc.).
[54] Conforme se realça no ac da RG, Relator Des. Jorge Alberto Teixeira, processo n.º 2/04.8GDFNF-A.G1, de 3.1.2011, consultado em www.dgsi.pt, *"para o efeito da punição do concurso de crimes, quando estão em causa crimes permanentes, o momento temporalmente relevante para se aferir da verificação dos respectivos pressupostos é o da data da cessação da consumação destes (...) prolongando-se o estado anti-jurídico (...) para além do trânsito em julgado da primeira decisão condenatória, parece-nos de todo evidente que inexiste qualquer relação de concurso entre os crimes"*.
[55] Ac. da RG, relator Jorge Alberto Teixeira, 2/04.8GDFNF-A.G1, 3.1.2011, www.dgsi.pt "Destarte, conforme se defende e, em nosso entender, corretamente, no despacho recorrido, "para efeito da punição do concurso de crimes, quando estão em causa crimes permanentes, o momento temporalmente relevante para aferir dos respectivos pressupostos – art.os 77.º, n.º 1, e 78.º, n.º 1, do Código Penal – é o da data da cessação da consumação destes, sob pena de, assim não se fazendo, poderem ser cumuladas penas referentes a factos parcialmente praticados após a solene advertência ao arguido que constitui o trânsito em julgado da primeira condenação, subvertendo-se a lógica inerente ao regime plasmado nos art.os 77.º a 79.º do Código Penal".

Exemplo:

A roubou B em 15.01.2015, sendo condenado a 4 anos de prisão por decisão transitada em julgado em 15.02.2015.

A cometeu um crime de sequestro, cuja privação da liberdade se iniciou em 1.01.2015 e terminou em 15 de Março de 2015, tendo sido condenado em 30.04.2015 a 6 anos de prisão, por decisão transitada a 30.05.2015.

Não existe concurso de crimes, já que o último ato da privação da liberdade ocorreu após o trânsito em julgado da condenação pelo crime de roubo. Há uma sucessão de crimes, pelo que as penas de 4 e 6 anos de prisão são autónomas, devendo ser cumpridas sucessivamente.

§ 27. O mesmo sucederá no que se reporta aos crimes continuados, devendo atender-se para efeitos de cúmulo jurídico superveniente à prática do último ato criminoso integrado na continuação[56]. Caso o mesmo tenha sido posterior ao trânsito em julgado da anterior condenação será excluído, existindo lugar ao cumprimento de penas sucessivas e autónomas relativas ao cúmulo jurídico dos crimes praticados antes do trânsito, e aqueles que foram praticados posteriormente. Já será de integrar no cúmulo jurídico superveniente os crimes continuados cujo último ato seja anterior ao trânsito em julgado.

Exemplo:

A burlou B em 15.01.2015 e 20.01.2015, sendo condenado, em cúmulo jurídico na pena única de 4 anos de prisão por decisão transitada em julgado em 15.02.2015.

A cometeu um crime de abuso de confiança fiscal na forma continuada, entre 1.01.2015 e 15 de Março de 2015, tendo sido condenado em 30.04.2015 a 2 anos de prisão, por decisão transitada a 30.05.2015.

Não existe concurso de crimes, já que o último ato da continuação criminosa ocorreu após o trânsito em julgado da condenação pelos crimes de burla. Há uma sucessão de crimes, pelo que as penas de 4 e 2 anos de prisão são autónomas, devendo ser cumpridas sucessivamente. Já integraria

---

[56] *"No crime continuado apenas com a prática do ultimo acto parcial se verifica a consumação"* (ac. da RP, Rel. Des. Eduarda Lobo, proc. n.º 201/10.3TAPVZ.P1, 26.11.2014, consultado em www.dgsi.pt).

o cúmulo jurídico caso o último ato delituoso do crime continuado fosse anterior a 15.02.2015.

§ 28. Aquando do cúmulo jurídico, por conhecimento superveniente do concurso de crimes, o objeto de atuação do tribunal de cúmulo está delimitado por lei: deverá atender aos factos criminosos, qualificações jurídicas e penas parcelares (para definir a moldura abstrata), julgadas e decididas nos diversos processos que foram englobados no cúmulo jurídico. Mesmo quando haja necessidade de cumular juridicamente crimes exauridos, permanentes e continuados.

Ou seja, tratando-se de englobar decisões transitadas em julgado, os factos, as penas e a qualificação jurídica encontram-se a coberto do caso julgado[57]. O tribunal de cúmulo tem a sua competência delimitada pelos artigos 77.º, 78.º do Código Penal e 471.º do CPP. Significa que o julgamento tem apenas por finalidade decidir de uma pena única, tomando em consideração as penas parcelares dos vários processos que irão ser englobados, bem como os factos e qualificação jurídica ali julgados definitivamente. Excedendo esta competência (alterando a qualificação jurídica, factos e penas parcelares), a decisão será nula por excesso de pronúncia e violação do caso julgado.

§ 29. Nos casos em que o arguido pretende invocar o princípio do *ne bis in idem*, alegando que se trata de uma unidade criminosa, que o facto é integrante do crime exaurido, permanente ou continuado julgado em outro processo, terá que fazê-lo no tribunal da condenação, *atempadamente*. Não tendo sido a questão suscitada, preclude-se com o trânsito em julgado, não podendo ser conhecida, por extemporânea, aquando da realização do cúmulo jurídico em virtude de conhecimento superveniente do concurso de crimes.

Exemplo:

No processo X, A foi acusado e julgado por um crime de tráfico, um crime de sequestro e um crime de abuso de confiança fiscal na forma continuada, que se "desenrolaram" entre 15.01.2015 e 15.02.2015.

---

[57] Apenas podendo ser modificáveis nas situações excecionais do recurso de revisão.

Posteriormente, no processo Y, após o trânsito em julgado da pena única aplicada no processo X, A é acusado e julgado por um crime de tráfico, um crime de sequestro e um crime de abuso de confiança fiscal na forma continuada, que se "desenrolaram" entre 16.02.2015 e 15.03.2015. É neste processo que deve invocar o caso julgado, ou que a conduta integra a continuação do crime de abuso de confiança fiscal pelo qual já tinha sido julgado.

§ 30. No caso dos crimes continuados deverá o arguido invocar no *processo posterior* que os factos pelos quais está a ser julgado se englobam na continuidade de um outro crime pelo qual *foi* julgado. Esse julgamento deverá ser sempre realizado pois só perante os factos provados e qualificação jurídica é que será possível equacionar se existe continuação criminosa[58]. Desde a reforma de 2007 (cfr. art. 79.º do CP) deve atender-se à moldura abstrata. Concluindo-se pela existência de crime continuado ou a) a pena abstratamente aplicável é igual, caso em que a pena anterior se mantém imutável (apenas se reconhece tal, não se fixando pena), ou b) é superior, e nesse caso deverá determinar-se uma nova pena (que englobará as condutas anteriores que integram a continuação criminosa, descontando-se a pena já cumprida)[59].

Se os factos ainda não tiverem sido julgados, se estiverem ambos os processos *pendentes*, é conveniente a apensação dos processos, para que o Ministério Público, o Juiz de instrução criminal ou o Juiz de julgamento (no despacho de acusação, de pronúncia ou sentença/acórdão, respectivamente), decidam se existe uma continuação criminosa, apreciando a factualidade na sua globalidade. Decidindo-se que se tratam de múltiplas ações ou omissões e não de um crime continuado, a qualificação jurídica

---

[58] "*Só se saberá que uma certa conduta integra efectivamente uma continuação criminosa se a mesma passar pelo crivo de um julgamento, retirando-se após ele, todas as consequências emergentes de uma unidade criminosa, caso a mesma se verifique*" (Ac. da RG, Relator Des. Anselmo Lopes, proc. n.º 1598/04-2, de 22.11.2004, consultado em www.dgsi.pt).

[59] Como escreveu GONÇALVES, Maia, em anotação ao art. 79.º do CP (Código Penal Português, Anotado e Comentado, Almedina, 18ª edição, 2007 (adaptado à recente revisão). p. 314 e 315) "*O n.º 2 foi introduzido pela Lei n.º 59/2007, de 04/09.*" (...) "*Sendo descobertas posteriormente à condenação algumas condutas que se integram na continuação criminosa, paralelamente ao que sucede com o concurso de crimes, deve proceder-se a Julgamento no que concerne a essas condutas, a fim de as integrar na continuação e ser reformulada a pena*".

transita em julgado, não podendo ser reequacionada, aquando de um cúmulo jurídico por conhecimento superveniente do concurso de crimes[60].

§ 31. Também nos crimes exauridos ou permanentes o arguido terá que alegar e invocar a questão *atempadamente* para demonstrar que se trata de uma *unidade criminosa*. Deverá requerer a apensação dos processos em fase de inquérito, instrução ou julgamento, ou caso tenha sido julgado, pugnar pela absolvição com fundamento no *ne bis in idem*, pois que se não o fizer, e transitar em julgado a condenação, então não poderá suscitar a questão aquando da audiência de cúmulo jurídico por conhecimento superveniente do concurso de crimes.

§ 32. Em suma, ao tribunal de cúmulo jurídico pelo conhecimento superveniente do concurso de crimes compete apenas *definir* a pena única, e não *analisar questões que deveriam ter sido suscitadas nos julgamentos parcelares*: existência de crime único, crime sucessivo, crime exaurido, unificação de condutas julgadas separadamente, litispendência, etc.[61]. Não se pode nesta fase aferir do mérito dos julgamentos parcelares, já que se tratam de

---

[60] "O art. 30.º do CP refere-se ao crime continuado, que constitui um crime único, desdobrado embora numa sucessão de ações, ao passo que o art. 77.º se reporta a uma pluralidade de crimes.(...) Em qualquer caso, aquando da determinação de uma pena conjunta, ao abrigo do art. 78.º do CP, tem que se respeitar a qualificação jurídica dos factos já fixada nas decisões transitadas. Assim, é manifesto que a qualificação dos factos como pluralidade de crimes não pode ser contestada, já que transitou em julgado. Com efeito, quer nestes autos, quer no processo do Tribunal de ..., que integra o presente cúmulo jurídico, os factos foram tratados como uma multiplicidade de infrações, não como parcelas de um crime continuado e essa matéria transitou em julgado, com o trânsito das respetivas decisões" (Ac STJ, Relator Cons. Maia Costa, proc n.º 153/09.2PHSNT.S1, de 21.11.2012, STJ, consultado em www.dgsi.pt).

[61] "Em causa nos autos está apenas a medida da pena única resultante da conjunção de duas penas parcelares, impostas pela prática de dois crimes de tráfico de estupefacientes, sendo que se está perante pena aplicada na sequência de realização de cúmulo jurídico por conhecimento superveniente de concurso de infracções". E a propósito das questões de apurar se a conduta cabe na figura *"do crime continuado, ou de crime único, ou de crime sucessivo, ou de indagar se os factos dados como provados neste processo formam com os que foram dados por provados no outro processo (...) uma unidade jurídica, estando-se face a uma única resolução criminosa, verificando-se uma unificação da conduta do arguido, ou se estamos inclusive perante a excepção da litispendência"(...)" não sendo este recurso a sede própria para tratar de tais questões, cuja suscitação no tempo e lugar próprio, por inércia, o recorrente deixou precludir. Tal teria tido lugar com todo o cabimento no processo, em tempo oportuno, mas não aqui, onde tão só cabe apreciar a medida da pena única aplicada, o que necessariamente pressupõe o trânsito em julgado das duas decisões em que foram aplicadas as penas a unificar"* (Ac do STJ, proc. n.º 23/08.1GAPTM.S1, de 10.11.2010, consultado em www.dgsi.pt)

decisões definitivas, eficazes, exequíveis e estabilizadas pelo trânsito em julgado, pelo que todas essas apreciações extravasam o único objeto pelo que foi convocado o tribunal: o cúmulo jurídico[62].

Deverá atender-se às qualificações jurídicas, factos e penas julgadas parcelarmente. Poderão ser cumuladas juridicamente as penas de dois ou mais crimes exauridos, permanentes, ou continuados, ainda que, na interligação que faz de forma global da factualidade, destarte continuidade temporal, o tribunal que realiza o cúmulo para determinar a pena única, fique com a perceção de que se trata de uma unidade criminosa, ou um só crime continuado. Mas não obstante não seja impeditivo da realização do cúmulo jurídico, será um fator a atender na determinação da pena única[63].

VII. Tribunal competente para a realização do cúmulo jurídico

§ 33. O tribunal competente territorialmente para a realização do cúmulo jurídico superveniente é o da última condenação, conforme art. 471.º do CPP. Contudo, de *"acordo com o art. 32.º do CPP o conhecimento e dedução da incompetência, tratando-se de incompetência territorial, somente pode ser deduzida, e declarada, até ao início da audiência de julgamento, tratando-se de tribunal de julgamento"*[64].

---

[62] Assim, também, Ac do STJ, Relator Cons. Simas Santos, proc. n.º 07P3184, de 10.01.2008, consultado em www.dgsi.pt *"as penas aplicadas aos crimes em concurso, a considerar na elaboração do cúmulo, foram aplicadas por decisões que já transitaram, todas elas, em julgado. (...) a decisão recorrida destinou-se exclusivamente a elaborar o cúmulo jurídico das penas aplicadas. (...) poderes de cognição do Tribunal do cúmulo em caso de conhecimento superveniente de concurso de infracções e o objecto da sua decisão: unificação numa única pena das penas parcelarmente aplicadas a todos os crimes, e nada mais".*

[63] Parece ser esta a posição do Juiz Conselheiro Santos Cabral (Ac do STJ, proc. 2/06.3PJLRS, 1.06.2011, consultado em www.dgsi.pt), ao escrever: *"Em termos pragmáticos, e aplicando o exposto ao caso concreto, dir-se-ia que nos suscita alguma perplexidade o facto de, aquilo que nos é apresentado como concurso de crimes poder corresponder, parcialmente, a uma unidade criminosa. Todavia, sobrepondo-se ás dúvidas que se podem suscitar sobre tal questão existe a força do caso julgado com a dimensão vinculativa que lhe está inerente. Sem embargo, não pode deixar de se assinalar que a culpa global expressa nos actos ilícitos praticados durante este segmento de vida do arguido foram, de forma parcial, objecto de uma dupla apreciação com o eventual postergar da regra do "ne bis in idem". Tal circunstância necessariamente que terá de ser equacionada".*

[64] Ac. do STJ, Relator Cons. Santos Cabral, proc. n.º 861/08.5GCFAR.E1.S1, de 09.01.2013, consultado em www.dgsi.pt. Já não assim se também estiver em causa a competência material, em virtude do tribunal competente ser o coletivo e não o singular.

§ 34. No que se reporta ao que se deve entender por *"tribunal da última condenação"* a jurisprudência dos tribunais superiores é hoje *unânime* no sentido de que se trata do tribunal onde foi proferida a *última* decisão condenatória que julgou factos parcelares englobados no cúmulo jurídico superveniente *independentemente* do trânsito em julgado[65]. E com razão. Desde logo o elemento literal da norma (art. 471.º, n.º 2 do CPP) aponta para essa interpretação, já que se fosse intenção do legislador atribuir competência ao tribunal da última condenação *transitada em julgado*, a presumir que se sabe exprimir correctamente (art. 9.º do CC), certamente teria feito *expressamente essa menção*.

Também *historicamente* é a interpretação mais *coerente*, pois apesar de várias alterações ao CPP, nenhuma foi no sentido de *modificar* o preceito para consagrar a "tese" da competência do tribunal da última condenação "transitada em julgado", o que, conhecendo o legislador as divergências que existiam, é "sintomático" da vontade de atribuir competência territorial ao tribunal que proferiu a última condenação, *independentemente* de ter sido a última a transitar.

Do mesmo modo, *historicamente*, importa *também* relembrar que antes da reforma de 2007 singrava interpretação no sentido de se efectuar o cúmulo jurídico superveniente *aquando* da prolação da última decisão condenatória (tendo o tribunal conhecimento de tais factos), *sem aguardar pelo trânsito*, o que seria totalmente incoerente e inconciliável, com a interpretação de que o tribunal competente seria o do último trânsito em julgado. Repare-se que a exigência do trânsito em julgado de todas as decisões foi *inovação* da reforma de 2007.

Por fim, em termos *teleológicos e de ratio* da norma resulta que o legislador quis atribuir competência ao tribunal que está em melhores condições de proferir uma decisão atualizada, quer quanto aos factos, quer quanto

---

[65] No sentido de que por força do disposto no art. 471.º, n.º2, do CPP, para realizar o cúmulo jurídico das penas aplicadas ao arguido e que se encontram numa relação de concurso, é competente o tribunal que proferiu a última condenação, independentemente da decisão transitada em último lugar veja-se ac. da RE, Relator Des. António João Latas, processo n.º 40/10.1PESTB-A.El, 18.06.2013, e ac. da RP, Relator Des. Correia de Paiva, proc n.º 0715351, de 12.12.2007, ambos consultados em www.dgsi.pt. Na doutrina defendendo esta posição DIAS, Jorge de Figueiredo e BRANDÃO, Nuno, Sujeitos Processuais Penais: O Tribunal, Coimbra 2015, que pode ser consultado em https://apps.uc.pt/mypage/faculty/nbrandao/pt/003. Contudo, em sentido contrário MESQUITA, Paulo Dá, ob. citada, págs. 54 e 55.

à personalidade do agente, que é certamente o tribunal que proferiu a última decisão condenatória[66] e não a do trânsito em julgado, já que por diversas contigências (recursos, nulidades, etc) pode suceder que decisões proferidas *anteriormente* transitem primeiro[67].

Por fim, atribuir competência ao tribunal da última condenação transitada em julgado introduz fatores de maior lentidão na realização do cúmulo jurídico superveniente, potencia a incerteza[68], para além de não ter um mínimo de correspondência na lei[69].

Em suma, a competência é do *tribunal que proferiu a decisão condenatória em último lugar*, desde que tenha transitado em julgado, como o impõe o art. 78.º do CPP, após a reforma de 2007.

§ 35. Poderá suceder que existam condenações proferidas *no mesmo dia*, o que implica que se analise as atas das decisões, onde consta a hora da leitura, sendo o tribunal competente aquele que nesse dia condenou mais tarde.

---

[66] Ac do STJ, Relator Cons. Armindo Monteiro, proc. 08P1518, de 12.06.2008, consultado em www.dgsi.pt: *"A atribuição da competência ao tribunal da última condenação deriva da circunstância de ser ele que detém a melhor e mais actualizada perspectiva do conjunto dos factos e da personalidade do agente, retratada no conjunto global das condenações e do trajecto de vida do arguido"*. No mesmo sentido, Ac do STJ, 06.01.2010, Conselheiro Pereira Madeira, proc. 98/04.2GCVRM-A.S1. de 6.01.2010, consultado em www.dgsi.pt: *"Quando o legislador – art. 472.º, n.º 2, do CPP – impõe a tarefa desse novo julgamento ao foro da "última condenação", tem em mente implicar nele o tribunal que, justamente por ser o último a intervir em tempo e na cadeia das condenações, dispõe dos elementos de ponderação mais completos e actualizados"*.

[67] Sobre todos estes elementos interpretativos, exaustivamente, Ac. da RE, Relator Des. António João Latas , proc. 40/10.1PESTB-A.E1, 18.06.2013, consultado em www.dgsi.pt

[68] Assinalando este facto, Ac. de RE, Relator Des. Fernando Ribeiro Cardoso, processo n.º 44/13.2YREVR, de 30.04.2013, consultado www.dgsi.pt: *"O tribunal da última condenação é aquele que por último efectivamente condenou o arguido e não a condenação que por último transitou em julgado, sendo aqui o trânsito um acontecimento aleatório e imprevisível"*. Também ac. da RP, Relator Des. Correia de Paiva, proc n.º 0715351, 12.12.2007, consultado em www.dgsi.pt: (...) *"se se adoptasse o critério "data do trânsito", a competência estaria a mudar todos os dias, pois, enquanto se colhiam elementos, novas condenações poderiam surgir e alterar a competência"*.

[69] Segundo o que a lei dispõe *"... é territorialmente competente o tribunal da última condenação – art. 471.º-n.º2, do CPP. E mais nada. Daí que também não seja lícito vir acrescentar a exigência da data do trânsito"* (ac. da RP, Relator Des. Correia de Paiva, proc n.º 0715351, 12.12.2007, consultado em www.dgsi.pt)

§ 36. A competência é do tribunal da última condenação, mesmo que se trate de uma decisão cumulatória, já que a mesma pressupõe a realização de um verdadeiro julgamento, com presença de defensor, por vezes audição do arguido e com realização de todas as diligências para proferir uma pena justa atento os factos e personalidade do agente. É o tribunal com informação mais atualizada para proferir nova decisão de cúmulo, anulando a anterior, e englobando as penas que estão em concurso e que não foram tidas em consideração[70].

§ 37. As regras da competência territorial não afastam as regras de competência material. O n.º 1 do art. 472.º do CPP delimita a competência material e o n.º 2 a competência territorial.

Assim, se o tribunal da última condenação for o singular, terá competência material para decidir do cúmulo jurídico por conhecimento superveniente do concurso, caso o somatório das penas parcelares que se irão cumular não ultrapasse os 5 anos (nos termos do art. 14.º, n.º 2, al. b) do CPP, aplicável ex vi art. 472.º, n.º 1 do CPP).

Mas no caso da soma das penas aplicadas aos crimes em concurso ultrapassar os 5 anos a competência será do tribunal coletivo com competência territorial na área geográfica do tribunal singular. Pelo que se o último tribunal que proferiu a condenação concluir que a competência é do tribunal coletivo deverá extrair a certidão das decisões condenatórias, e demais elementos que considerar relevantes, e remetê-los à instância central crime competente, para realização do cúmulo jurídico superveniente [71]. Será

---

[70] No sentido de que o conceito de "última condenação" a que se refere o n.º 2 do artigo 471.º CPP compreende a decisão que já, num conhecimento superveniente de concurso, condenou o arguido numa pena única ac. da RE, Relator Des. Alberto Borges, proc. n.º 2361/03-1, 20.01.2004 consultado em www.dgsi.pt: *A decisão que procede ao cúmulo jurídico das penas parcelares é, formal e substancialmente, uma condenação, precedida de um novo julgamento, no qual têm que ser apreciados, em conjunto, os factos e a personalidade do arguido, e realizar-se as diligências julgadas necessárias para a decisão. II. Assim, "o tribunal da última condenação" – expressão utilizada no art.º 471 n.º 2 do CPP – é o que procede ao cúmulo jurídico das penas parcelares, se essa for, temporalmente, a última decisão condenatória.* Veja-se ainda Ac. da RL, Relator Des. Trigo Mesquita, proc n.º 474/09.4TAPDL-C.L1-9, 3.09.2013, ac. da RL Relator Des. Cotrim Mendes, proc. n.º 1323/05.8PEAMD-A.L1-3, 15.07.2009 e ac. da RE, Relator Des. Fernando Ribeiro Cardoso, processo n.º 44/13.2YREVR, 30.04.2013, todos consultados em www.dgsi.pt

[71] A este propósito consulte-se o ac. da RL, Relatora Des. Conceição Gonçalves, processo n.º 435/06.5PDSNT.L1-3, 2.11.2011, e ac da RE, Relator Des. Fernando Ribeiro Cardoso, processo

autuado num só processo e remetido à distribuição, mas *"apenas é remetida a certidão relativa a arguido ou arguidos condenados e cujas penas parcelares devem integrar o cúmulo e não de outros, se os houver, nem de questões que não respeitem a esse mesmo cúmulo (...) trata-se de separação processual exclusivamente para aquele fim, para o efeito do disposto no art. 78, nº 1 e 2 do CP, como preceitua o art. 471 do CPP. O demais, fica e é tramitado no processo original."*[72]

§ 38. Realizado o julgamento e decidida a pena única não pode o tribunal coletivo remeter o processo para efeitos de execução da mesma ao tribunal singular, mantendo a competência para a fase executória[73].

De igual modo, se foi convocado o tribunal coletivo, este realizou o julgamento, mas depois decidiu pela formação de duas penas únicas, a cumprir sucessivamente, cujo somatório das penas parcelares é inferior a cinco anos, mantém a sua competência, ao abrigo do *princípio da estabilidade da instância*, sem qualquer diminuição das garantias de defesa do arguido. Neste caso, o coletivo julga e decide penas únicas que poderiam *ab initio* ter sido julgadas pelo tribunal singular[74], que remeteu o processo para

---

n.º 44/13.2YREVR, 30.04.2013, ambos consultados www.dgsi.pt.

[72] Ac. da RC, Rel. Des. Jorge Dias, proc. n.º 850/12.5GCVIS-A.C1, 25.2.2015, consultado em www.dgsi.pt.

[73] "*O Tribunal Colectivo que, em razão da sua competência material, procedeu ao cúmulo jurídico das penas parcelares impostas noutros processos, em resultado de concurso de crimes de conhecimento superveniente, é também, enquanto Tribunal da última condenação, o competente para a execução da pena única imposta ao arguido*" (Ac. da RL, Relator Des. Dinis Alves, proc. n.º 0334043, 26.10.1994, consultado em www.dgsi.pt). Já atendendo à nova reorganização judiciária ac. da RC, Rel. Des.Alberto Mira, proc. n.º 57/10.6PBCTB-A.C1, 28.1.2015, consultado em www.dgsi.pt: "À luz da nova Lei de Organização do Sistema Judiciário – n.º 62/2013, de 26-08 -, tendo sido proferido, após julgamento, pelo tribunal colectivo, acórdão de cúmulo jurídico, em processo que inicialmente foi tramitado, sob a forma comum, em tribunal singular – no qual foi imposta pena relativa a crime em concurso com outros ilícitos penais -, a competência para a tramitação dos subsequentes actos processuais é da competência da respectiva secção criminal da instância central".

[74] Num caso em que o arguido invocou incompetência funcional do tribunal colectivo pelo facto de ter realizado cúmulos jurídicos supervenientes relativas a duas penas únicas a cumprir sucessivamente Ac do STJ, 21.06.2006, Relator Conselheiro Soreto de Barros,proc. 06P1914, 21.06.2006, consultado em www.dgsi.pt: *"I – A competência do colectivo para a realização de um cúmulo jurídico, quando determinada pela gravidade da pena aplicável (critério quantitativo) é fixada no momento da "convocação" do tribunal, mantendo-se estabilizada até à decisão final (princípio da estabilidade da competência). II – Por isso, não se verifica qualquer alteração na competência do tribunal se for designada data para audiência de realização de cúmulo jurídico, com intervenção do tribunal*

coletivo pelo facto do somatório das penas parcelares ultrapassar os cinco anos, e porventura entender que não seria um caso de formação de duas penas conjuntas.

§ 39 Não obstante o somatório das penas parcelares dos crimes em concurso ser superior a 5 anos pode ainda assim o tribunal singular manter a competência se o MP fizer uso do art. 16.º, n.º 3 do CPP, devendo ser dada a oportunidade ao mesmo para se pronunciar sobre o uso de tal prerrogativa.

§ 40. Verificando-se que a competência é do tribunal coletivo, pelo facto do somatório das penas parcelares ser superior a cinco anos, não pode o juiz do tribunal singular decidir pela não realização do cúmulo jurídico, em virtude de uma determinada interpretação jurídica que sustente. Tal decisão apenas compete ao tribunal coletivo através de deliberação[75]. Também não é possível uma decisão singular do juiz presidente a declarar a incompetência por a mesma dever emanar do órgão colegial[76].

§ 41. Continua a ser competente o tribunal que proferiu a última condenação em 1.ª instância, mesmo se tiver sido interposto recurso e a decisão condenatória tiver sido alterada, eventualmente com *modificação* da escolha e/ou medida da pena, isto porque, mantém a sua primitiva "identidade originária"[77].

---

colectivo, de acordo com o indicado critério quantitativo, e aquele decidir efectuar dois cúmulos jurídicos de penas – por não se verificar concurso de crimes relativamente a todas as condenações do arguido -, ainda que o somatório das penas de cada cúmulo não ultrapasse os 5 anos de prisão. (...)".

[75] Num caso em que o juiz singular entendeu não ser de realizar o cúmulo jurídico, por se tratar de pena de prisão e pena suspensa veja-se ac. da RP, Rel. Des.Maria do Carmo Silva Dias, processo n.º 0816177, 17.12.2008, consultado em www.dgsi.pt: *"Se o cúmulo jurídico for da competência do Tribunal Colectivo, não pode o Juiz singular decidir sobre a existência de vantagens ou não vantagens na realização desse cúmulo, sob pena de se verificar a nulidade insanável prevista no art. 119, a) do CPP (...)".*

[76] *"O juiz presidente de um tribunal de círculo não tem competência para, por simples despacho, declarar a incompetência daquele tribunal para efectuar (ou reformular) um cúmulo jurídico num processo de querela, cúmulo esse que envolve penas superiores a três anos de prisão"* (ac. da RP, Relator Fernando Frois, processo n.º 9640512, 5.06.1996, consultado em www.dgsi.pt).

[77] Nestes termos ac. da RL, Relator Des. Almeida Cabral, proc. nº 4646/2004-9, 30.09.2004, consultado em www.dgsi.pt.

§ 42. Nas penas substitutivas atende-se à data da condenação transitada em julgada e não ao despacho que revogou a pena substitutiva[78].

§ 43. Quando exista a necessidade de formar mais do que uma pena conjunta será competente para realização de cada um dos cúmulos jurídicos supervenientes o tribunal da última condenação das penas em concurso. A "última condenação" é das penas parcelares que estão em concurso, e não de todos os concursos de penas que se hajam de formar, por serem anteriores àquela [79]. Deste modo se evitam delongas na realização dos cúmulos jurídicos supervenientes, principalmente relativamente a arguidos que têm um elevado número de processos e cuja definição processual releva para a liberdade condicional[80]. No entanto, a incompetência apenas pode ser conhecida até ao início da audiência, pelo que, tendo sido designada e realizada, caso o tribunal detete que existe necessidade de formar vários cúmulos jurídicos em virtude de existir mais do que um ciclo de infrações, terá que proferir decisão das várias penas conjuntas, não podendo abster-se de o fazer com fundamento em incompetência, sob pena da decisão padecer de nulidade por omissão[81].

---

[78] "Não há suporte legal para se considerar, como pretende o Recorrente, que a data da condenação a ter em conta, para efeitos de cúmulo jurídico, seja a do trânsito em julgado do despacho que revogou a suspensão da pena de prisão imposta, nos presentes autos, ao Arguido A." (Ac. da RE, Relator Des. Ana Bacelar Cruz, proc. n.º 120/99.2TBCCH-B.E1, 15.05.2012, consultado em www.dgsi.pt).

[79] " Competente para a realização do cúmulo jurídico é o tribunal da última condenação de cada concurso de penas; estender a competência do tribunal da última condenação para a realização de todos os cúmulos é inconsequente e legalmente infundado. Depois de se ter afastado o cúmulo por arrastamento, tal constituiria o seu resquício sob a forma de "competência por arrastamento". (...) Cada tribunal da última condenação, de cada ciclo de infracções criminais que compõem um concurso, no caso de vários concursos, apenas é competente para realizar o cúmulo jurídico, do concurso em que a sua é a última decisão. Não está legalmente obrigado a realizar os cúmulos jurídicos de ciclos de infracções que configurem outros concursos, cuja competência pertença a outros tribunais" (Ac. da RP, Relator Des. António Gama, proc 988/04.2PRPRT.P2, 27.10.2010, consultado em www.dgsi.pt). Em sentido contrário, considerando o tribunal competente, sempre, o da última condenação, mesmo no caso de vários ciclos criminosos, e necessidade de realizar vários cúmulos jurídicos (Ac. da RC, Relator Des. Olga Maurício, processo n.º 327/10.3PBVIS.C2, 9.04.2014, consultado em www.dgsi.pt).

[80] Sobre esta questão, Ac. da RC, Relator Des. Orlando Gonçalves, proc. n.º 1732/09.3PCCBR.C1, de 16.10.2013, consultado em www.dgsi.pt.

[81] A este propósito, Ac. da RC, Relator Des. Olga Maurício, processo n.º 327/10.3PBVIS.C2, 9.04.2014, consultado em www.dgsi.pt: "(...) Feito o julgamento, se o tribunal concluir que nem todas as penas do agente integram o mesmo cúmulo esta decisão, posterior à decisão de realizar o julgamento para elaboração da pena do concurso, não pode, evidentemente, interferir naquela outra, que determina

Exemplo:

A matou B em 15 de Janeiro de 2015, tendo sido condenado no processo X, a 8 anos de prisão, transitada em julgado em 15 de Fevereiro de 2015.

A roubou C em 31 de Janeiro de 2015, tendo sido condenado no processo Y, a 5 anos de prisão, transitada em julgado em 1 de Março de 2015.

A agrediu D em 20 de Fevereiro de 2015, tendo sido condenado no processo W, a 3 anos de prisão, transitada em julgado em 20 de Março de 2015.

A ameaçou E em 15 de Março de 2015, tendo sido condenado no processo Z, a 2 anos de prisão, transitada em julgado em 15 de Abril de 2015.

O tribunal do processo Y é o competente para realizar o cúmulo jurídico com a pena aplicada no processo X. E o tribunal do processo Z, para realizar o cúmulo jurídico com a pena aplicada no processo W. Contudo, se é "convocado" o "tribunal de cúmulo" do processo Z para englobar todas as penas, realiza-se a audiência de julgamento e "este" decide formar dois cúmulos jurídicos sucessivos, mantém a competência.

§ 44. Pode suceder que após a realização do cúmulo jurídico pelo tribunal da última condenação, seja publicada uma lei da amnistia e o crime que deu origem à competência para o cúmulo é amnistiado. Nesse caso *"deverá o tribunal da última condenação parcelar cumulada continuar competente, apesar de os crimes a que ela respeitava terem sido amnistiados"* (Ac. STJ 5/7/95,

---

a competência do tribunal, e "invalidá-la" retroativamente. Neste caso o que acontece é a realização de mais do que um cúmulo: (...) verifica-se o vício da omissão de pronúncia porque o tribunal competente para apreciar toda a situação criminal do arguido omitiu o seu dever de pronúncia relativamente a uma parte das condenações, o que integra a nulidade do art. 379.º, n.º 1, al. c), do C.P.P.". Também se pronunciando sobre a existência de nulidade, quando o Tribunal apurando da necessidade de realizar dois cúmulos jurídicos sucessivos, realiza apenas um deles Ac. da RG, Relator Des. Paulo Fernandes da Silva, processo n.º 633/10.7PBGMR.G1, 22.10.2012, consultado em www.dgsi.pt: *"Tal significa que urge proceder a dois cúmulos jurídicos sucessivos de penas: um que abranja as penas aplicadas no âmbito dos processos n.ºs 1377/08.5PBGMR, 370/07.0GEGMR e outro que abranja as penas aplicadas nestes autos e no processo n.º 23/11.4PEGMR. ---Ora, o Tribunal recorrido apenas procedeu àquele último cúmulo. ---A omissão daquele primeiro cúmulo determina a nulidade da decisão recorrida, por omissão de pronúncia e determina que o Tribunal recorrido realize nova audiência e após profira novo acórdão cumulatório, procedendo aos dois apontados cúmulos sucessivos de penas – cf. artigo 379.º, n.º 1, alínea c), do Código de Processo Penal."*

CJ STJ 1995, II, 260), ao abrigo do *"princípio da estabilidade da competência e por analogia com o preceituado pelo art. 31.º, al. a) do Código de Processo Penal"*[82].

VIII. Audiência de julgamento do cúmulo jurídico

§ 45. Detetada uma situação de cúmulo jurídico por conhecimento superveniente do concurso de crimes poderá o tribunal da última condenação na sentença/acórdão que proferir determinar desde logo a pena única? Ou poderá fazê-lo posteriormente em decisão autónoma, mas dispensando a realização da audiência de cúmulo jurídico?

Antes da reforma de 2007 existia uma prática jurisprudencial no sentido de realizar o cúmulo jurídico superveniente na decisão condenatória proferida, cumulando as anteriores penas que se encontrassem em cúmulo jurídico com as penas aplicadas no tribunal da última condenação. Essencialmente defendia-se a desnecessidade do trânsito em julgado de todas as penas, pelo que apelando a uma economia de atos, entendia-se que era permitido a decisão sobre a pena única.

Aproveitava-se o julgamento realizado pelo tribunal da última condenação, sem existir uma verdadeira audiência e decisão autónoma sobre os pressupostos e fundamentos do cúmulo jurídico superveniente.

Com a reforma de 2007 a lei é absolutamente clara sobre a necessidade de uma sentença/acórdão autónomo, que apenas se debruce sobre a questão do cúmulo jurídico superveniente, após a realização de uma audiência convocada para esse efeito.

Na verdade, com a Lei n.º 59/2007, o n.º 2 do art. 78.º do C.P. passou a ser perentório e imperativo: a aplicação da pena única depende do trânsito em julgado de todas as penas que se pretende cumular, inclusive, da proferida no tribunal da última condenação.

Conjugando com as normas processuais previstas nos artigos 471.º e 472.º do CPP resulta que deverá sempre ser realizada uma audiência de cúmulo jurídico para, posteriormente ao trânsito em julgado de todas as penas que se irão cumular, proferir decisão autónoma e própria sobre a matéria.

---

[82] MESQUITA, Paulo Dá, ob. citada, pág. 55, nota de rodapé 72.

Se tal não for respeitado, ou seja, se na decisão condenatória se realizar desde logo o cúmulo jurídico com penas transitadas em julgado, verifica-se uma nulidade da sentença (art. 379.º, n.º 1, al. c) do CPP). Procede-se a um cúmulo intempestivo, já que a(s) pena(s) aplicada(s) no tribunal da última condenação não transitar(am) em julgado, pelo que a decisão, nessa parte, é nula[83].

§ 46. A não realização da audiência de julgamento do cúmulo jurídico, por conhecimento superveniente de crimes, consubstancia uma nulidade insanável, não podendo o tribunal dispensar a mesma, mesmo que a considere desnecessária, o arguido assim o requeira ou não se oponha[84].

§ 47. Não se trata de uma continuação do julgamento, ou reabertura de audiência, mas sim um julgamento *ex novo*, com um objeto processual reconduzido à verificação dos pressupostos do cúmulo jurídico superveniente, bem como fundamentação da pena única.

Consubstancia uma verdadeira audiência de julgamento, em que obrigatoriamente devem estar presentes o MP e o Defensor, e em que o tribunal tem o dever de realizar as diligências instrutórias necessárias (oficiosamente ou a requerimento) para apurar devidamente a personalidade do arguido, e aplicar uma pena única justa.

Os elementos probatórios para esta "reconstrução da personalidade do arguido" podem ser vários: conjugação das decisões condenatórias (tipo de crimes, temporalidade, motivação), idade, declarações do arguido, elaboração de relatório social, relatórios de acompanhamento dos serviços de reinserção social (normalmente quando nas penas a englobar se inclui a pena suspensa sujeita a regime de prova), eventualmente audição dos técnicos de reinserção social ou audição de outras pessoas que possam elucidar sobre as condições de vida do arguido, perícias médicos-legais (especialmente quando estão em causa situações de dúvidas sobre inimputabilidade ou

---

[83] Assim, ac. da RP, Relator Des. Donas Botto, processo n.º 1316/10.3PTPRT.P1, 30.05.2012, consultado em www.dgsi.pt.
[84] Já em 1996 o Des. Fonseca Guimarães (ac. da RP, processo n.º 9640261, de 22.05.1996, consultado em www.dgsi.pt) decidiu que tal falta constitui uma nulidade insanável que deve ser oficiosamente declarada em qualquer fase do procedimento e torna *"inválida a decisão impugnada bem como os actos dela dependentes e por ela afectados."*

imputabilidade diminuída) ou fichas biográficas e comportamento prisional no EP.

§ 48. Na audiência de cúmulo jurídico por conhecimento superveniente do concurso de crimes a presença do arguido é facultativa, podendo o tribunal dispensá-lo (só *"o tribunal determinará os casos em que o arguido deve estar presente"* – art. 472º, nº2 do Código de Processo Penal), sem prejuízo do arguido requerer a sua audição, situação em que obrigatoriamente deve ser ouvido (cfr. art. 472.º, n.º 1 do CPP).

No entanto, a decisão de dispensar a presença do arguido não é discricionária, já que estando o tribunal vinculado a realizar todas as diligências probatórias necessárias para a boa decisão da causa, apenas será plausível e fundamentado não convocar aquele, nos casos em que os autos se encontram munidos dos elementos probatórios para uma adequada ponderação (v.g. relatório social completo), ou pelo facto da prova a produzir na audiência de cúmulo se afigurar suficiente (v.g. audição de técnicos de reinserção social), ou até mesmo, a pouca complexidade da "operação de cúmulo", ou as penas a cumular não "imporem" tal (v.g. cúmulo de várias penas de multa de "pequena monta", ao abrigo do princípio da diferenciação processual[85]).

Nos casos em que tribunal considerou dispensável a presença do arguido, ainda que supervenientemente, nomeadamente sem qualquer oposição da defesa, reclamação ou recurso do despacho que não considerou necessário a sua audição, não se verifica a nulidade insanável do art. 119º, alínea c) do Código de Processo Penal ("ausência do arguido ou do seu defensor nos casos em que a lei exigir a comparência")[86].

---

[85] Sobre este princípio veja-se LOPES, José Mouraz Lopes, A Fundamentação da Sentença no Sistema Penal Português, Almedina, Coimbra, 2011.

[86] Negando a existência de tal nulidade, num caso em que, não obstante o tribunal dispensar a presença do arguido, este foi requisitado ao E.P., mas não compareceu em virtude de greve, ac. da R.E.., Relatora Des. Ana Barata Brito, proc n.º 1464/08.0TBPTM.E1, 15 de Outubro de 2013, consultado em www.dgsi.pt: *"Desde logo, porque o art. 472º do Código de Processo Penal não impõe a presença do arguido na audiência para cúmulo jurídico superveniente de penas; apenas exige a presença do defensor (e do Ministério Público – nº 2 do art. 472º). O direito de presença não se confunde com o direito de audiência (art. 61º als. a) e b) do Código de Processo Penal), e este pode ser assegurado através do defensor."*

§ 49. A partir do momento em que considere relevante a audição do arguido o mesmo apenas pode ser dispensado se porventura se tornar inviável a sua notificação, após se esgotarem todas as diligências necessárias de localização.

IX. Instrução do processo para determinação da pena conjunta

§ 50. Primeiramente o tribunal necessita de aferir se é o territorialmente competente, o que implica apurar onde e quando se proferiu a última condenação. Tal pode ser logrado pela análise do certificado do registo criminal. Contudo, não estando ainda inscrito no registo criminal a condenação, a informação da existência de outros processos pode ser obtida através de declarações do arguido em audiência, relatório social, informações do estabelecimento prisional, informações solicitadas se pendem processos no tribunal, ou na comarca, com junção das respectivas decisões com nota de trânsito.

§ 51. Concluindo ser o tribunal territorialmente competente deverá instruir-se devidamente o processo com todos os elementos probatórios para determinação da medida conjunta da pena, antes de ser designada a audiência de cúmulo.

Assim, deverá solicitar-se as certidões das decisões condenatórias dos julgamentos parcelares, com nota de trânsito, que permite identificar desde logo a data dos factos, quais os crimes cometidos e em que termos foram praticados, penas parcelares aplicadas, bem como factos relativos à personalidade do arguido e condições de vida, provados nesses julgamentos parcelares.

As certidões narrativas completas das decisões condenatórias necessariamente devem ser juntas aos autos, não bastando a consulta do certificado do registo criminal[87], não só pelas incorreções que pode conter,

---

[87] Ac. da RL, Relator Abrunhosa Carvalho, proc. n.º 621/09.6PHLRS.L1-9, de 10.01.2013, consultado em www.dgsi.pt: *não se podem tomar decisões quanto ao cúmulo de penas com base unicamente em CRC e sem que se encontrem juntas aos autos certidões das respectivas decisões condenatórias.* Ac. do STJ, Relator Arménio Sottomayor, processo n.º 471/06.1GALSD.P1.S1, 17.05.2012, STJ, www.dgsi.pt: *As condenações pelos diversos crimes devem estar sempre documentadas nos autos através de certidões das sentenças condenatórias.*

mas também porque a ausência de tais certidões implicará a insuficiência de facto e de direito para a determinação da pena única (e o mesmo se diga das certidões das decisões cumulatórias)[88], já que impede o estabelecimento das conexões para apurar da personalidade do arguido, culpa global, necessidades preventivas, destarte apurar se estamos perante pluriocasionalidade ou tendência criminosa.

Ademais, só com base nessas certidões é que, com segurança, é possível analisar se existe concurso superveniente[89], para além de que, muitas vezes a existência de tais certidões permitirão a correção de lapsos na matéria de facto pelo Tribunal Superior[90].

Devem ainda ser solicitados aos processos onde foram realizados os julgamentos parcelares todos os elementos pertinentes para a decisão da

---

[88] Ac. da RP, Relatora Maria do Carmo Silva Dias, proc. n.º 0813107, de 18.06.2008, consultado em www.dgsi.pt: (Sumário) 2. *As decisões que efectuem cúmulos jurídicos não devem ser feitas apenas com base no que consta dos certificados do registo criminal, que frequentemente contêm incorrecções e omissões. De notar que as decisões que efectuem cúmulos jurídicos de penas não devem ser feitas com base apenas no que consta do CRC dos arguidos (sabido que existem muitas vezes lapsos no preenchimento dos respectivos boletins) e tão pouco com base em certidão de outra decisão que apenas tenha efectuado cúmulo jurídico de penas (...). Claro que, certidões das decisões individuais são necessárias e indispensáveis não só para averiguar se existe a situação de concurso superveniente de penas, como também para motivar (fundamentar) a decisão que vier a ser proferida e, igualmente para permitir ao julgador, na sequência da audiência (art. 472 do CPP) realizada (perante o conjunto dos factos em concurso), avaliar "a gravidade do ilícito global perpetrado, sendo decisiva para [essa] avaliação a conexão e o tipo de conexão que entre os factos concorrentes se verifique", confrontando-a com a personalidade unitária do arguido, com vista a apurar, como diz Figueiredo Dias, "se o conjunto dos factos é reconduzível a uma tendência (ou eventualmente mesmo a uma «carreira») criminosa, ou tão só, a uma pluriocasionalidade que não radica na personalidade (...)Tais vícios aqui apontados mostram que foi violado o disposto nos art. 77 e 78 do CP, bem como o estatuído no art. 374 nº 2 do CPP, o que acarreta a nulidade do acórdão impugnado e se repercute na própria audiência, cuja anulação também se impõe, devendo, em consequência, ser realizada nova audiência nos termos do art. 472 do CPP, com observância do formalismo legal e oportuna elaboração de novo acórdão.*

[89] As *"certidões das decisões individuais são necessárias e indispensáveis"* (Ac. da RP, Rel. Des. Maria do Carmo Silva Dias, proc. n.º 0813107, de 18.06.2008, consultado em www.dgsi.pt).

[90] *"Na enumeração dos factos dados por provados no acórdão recorrido, verifica-se existirem lapsos, que importa corrigir, face a elementos factuais, que, claramente, se contêm em certidões extraídas dos processos onde constam as condenações nos crimes em concurso (...) consubstanciando as mesmas documentos narrativos e que noutra perspectiva, constituem documentos autênticos, com força probatória plena, nos conjugados termos dos artigos 363.º, n.º s 1 e 2, 369.º e 371.º, do Código Civil e artigo 169.º do Código de Processo Penal, tratando-se de prova vinculada, não infirmada, ou sequer beliscada, sendo a correcção ora feita de acordo com o artigo 380.º, n.º 1, alínea b) e n.º 2, do mesmo CPP"* (Ac. do STJ, Rel. Cons. Raúl Borges, 34/05.9PAVNG.S1, 18.01.2012, consultado em www.dgsi.pt).

pena conjunta, como seja o estado de execução do cumprimento das penas parcelares[91], quando cumpriram, se cumpriram ou incumpriram e em que termos, se foi proferido algum despacho nos termos do art. 371.º-A e/ou de descriminalização, no caso de penas privativas da liberdade o período de cumprimento da pena e no caso em que foram aplicadas as medidas de coação de prisão preventiva ou obrigação de permanência na habitação o período de detenção[92].

Como refere o Juiz Conselheiro Raul Borges, são os requisitos primários *a ter em consideração para a feitura de uma decisão cumulatória, preliminares presentes para uma correcta decisão*[93].

---

[91] Se as penas foram cumpridas ou extintas, e respetivos despachos, se estão ainda em execução ou foi modificado o cumprimento (por exemplo nas penas suspensas interessa apurar se a pena foi declarada extinta e quando, se foi incumprida, ou estando em execuçao se o arguido a está a acatar, relevando os relatórios de acompanhamento, tal como nas prisões substituídas por trabalho ou proibição de exercício de profissão, função ou atividade. Nas penas de multa ou prisão substituída por multa releva se foram pagas total ou parcialmente).

[92] "*Impunha-se o tribunal a quo solicitar todos os elementos necessários, v.g. certidões das respectivas condenações e elementos de cômputo da pena (inclusive informação sobre medidas de coacção a que o arguido tivesse estado sujeito), para haver segurança e rigor na decisão a proferir*" (Ac. da RP, Rel. Des. Maria do Carmo Silva Dias, proc. n.º 0813107, de 18.06.2008, consultado em www.dgsi.pt).

[93] Ac do STJ, Rel. Cons. Raul Borges, proc. 1040/06.1PSLSB.S1 11.05.2011, consultado em www.dgsi.pt: "*Verifica-se, pois, que houve uma deficiente instrução do processo para a determinação da pena conjunta. Para a determinação da pena única, unitária, conjunta, conforme o preferencial enquadramento doutrinário/jurisprudencial, é essencial a indicação de dados imprescindíveis, cuja existencial conformação deverá estar presente, preferencialmente, desde logo no momento em que se decide avançar para a realização do cúmulo, ou logo que se mostre possível, mas sempre antes da deliberação de cúmulo, congregando os elementos indispensáveis, constantes de certidões completas, onde se certifiquem, com rigor, os elementos essenciais à realização do cúmulo jurídico, que permitam proceder-se, com segurança, à indicação dos processos, incluindo a espécie, e o tribunal e comarca, onde tiveram lugar as várias/sucessivas condenações, à enumeração e qualificação dos crimes cometidos, datas de comissão dos mesmos, datas das decisões condenatórias, datas do trânsito em julgado dessas decisões, a indicação das penas cominadas, suas espécies, incluindo a pena de prisão suspensa na execução e estado actual da execução da pena de substituição (ainda subsistente, prorrogada ou não e ora de revogar ou não, ou já revogada ou extinta?), ou penas de multa, já pagas, voluntariamente, ou em sede executiva, ou convertidas, ou não, em prisão subsidiária, e neste caso, cumpridas ou não, com vista a salvaguardar sempre possível liquidação da pena pecuniária, ou a efectivar o desconto no caso de prisão já cumprida, e penas acessórias, se for o caso, bem como dados relativos a eventuais causas extintivas de penas aplicadas, e actualmente, por força da inovação do artigo 78.º, n.º 1, do Código Penal, referências a penas de prisão já cumpridas e respectivo tempo de cumprimento, e mesmo a penas extintas ou prescritas, para as excluir, para além de outros elementos que, em cada caso concreto, se mostrem imprescindíveis ou necessários, ou relativamente aos quais se colha como relevante/aconselhável/pertinente/conveniente/oportuna a sua inclusão/consideração/ ponderação, como, por exemplo, a existência de recursos e seus resultados, e no caso de pluralidade de arguidos, a eventualidade*

X. Determinação da medida da pena única

§ 52. A determinação de uma pena única em virtude da realização de um cúmulo jurídico por conhecimento superveniente do concurso de crimes convoca critérios próprios, distintos dos que foram usados para a fixação do *quantum* das penas parcelares.

Nos termos do art. 77.º e 78.º do Código Penal, quando alguém tiver praticado vários crimes antes de transitar em julgado a condenação por qualquer deles, é condenado numa única pena, em cuja medida são considerados, em conjunto, *os factos e a personalidade do agente*. A pena justa depende desta avaliação.

Não se trata de uma análise singular subjacente às penas parcelares. Pretende-se através da realização do cúmulo jurídico superveniente a reconstrução, da forma mais aproximada possível, do *iter* criminoso do agente, numa visão global de toda a sua atuação, interligando e entrecruzando todos os factos criminosos perpetrados de modo a percecionar o grau de censura individual[94][95].

Os julgamentos parcelares são sempre provisórios e desprovidos de todos os elementos fácticos que permitam uma avaliação final do comportamento do agente. Ao unificar todos os "pedaços da vida" julgados parcelarmente é possível completar o "quadro" e analisar exaustivamente em que termos decorreu a "vida criminosa do agente", com o fito de determinar uma pena adequada aos factos, personalidade do agente, culpa e necessidades preventivas.

§ 53. A pena única assenta numa apreciação conjunta de todos os factos, dos quais emerge um *ilícito global*, a interligar com a personalidade

---

de ocorrência de caso julgado condicional. Estes serão os "requisitos primarios" a ter em consideração para a feitura de uma decisão cumulatória, preliminares presentes para uma correcta decisão."

[94] "*O modelo de fixação da pena no concurso de crimes rejeita, pois, uma visão atomística dos vários crimes e obriga a olhar para o conjunto – para a possível conexão dos factos entre si e para a necessária relação de todo esse pedaço de vida criminosa com a personalidade do seu agente. (...) A perspectiva nova, conjunta, não apaga a pluralidade de ilícitos, antes a converte numa nova conexão de sentido».* (...) A este conjunto (...)corresponderá uma nova culpa (que continuará a ser culpa pelo facto) mas, agora, culpa pelos factos em relação, isto é, a avaliação conjunta dos factos e da personalidade" (Ac. do STJ, Rel. Cons. Henriques Gaspar, processo n.º 455/08.5GDPTM, de 27.02.2013, www.dgsi.pt).

[95] A *"culpa pelos factos em relação"*, na expressão de Cristina Líbano Monteiro ("A Pena "Unitária" Do Concurso De Crimes", RPCC, Ano 16, n.º 1, p. 162 e ss.).

do agente, de modo a aferir se estamos perante uma pluriocasionalidade de crimes, sem qualquer relação com uma tendência e atitude pessoal de predisposição para a prática daquele tipo de ilícitos, ou se, pelo contrário, a gravidade do ilícito global, conjugada com a projeção na personalidade que daí emerge, aponta para uma desvaliosa personalidade ético-jurídica, com total indiferença por regras basilares de vivência em comunidade, destarte dos bens jurídicos que foram violados. Se assim for tal circunstância será elemento agravante na definição da pena única. *"Na consideração da personalidade (da personalidade, dir-se-ia estrutural, que se manifesta e tal como se manifesta na totalidade dos factos) deve ser ponderado o modo como a personalidade se projecta nos factos ou é por estes revelada, ou seja, aferir se os factos traduzem uma tendência desvaliosa, ou antes se se reconduzem apenas a uma pluriocasionalidade que não tem raízes na personalidade do agente"*[96].

§ 54. É o binómio factos-personalidade, a que alude o art. 77.º, n.º 1 do Código Penal, que confere a especificidade à determinação da medida da pena única, e que a distingue dos critérios para fixação das penas parcelares, previstos no art. 71.º do mesmo diploma. O concurso de crimes avaliados globalmente clarificam as conexões e personalidade do agente, permitindo percecionar a unidade delituosa, e surpreender as conexões de relação, emergindo desta análise valorações autónomas de ilícito, culpa e necessidades preventivas, diversas das subjacentes à escolha e medida das penas parcelares[97]. É essencial apurar as conexões relevantes e interligá-las com a personalidade do agente, pois só assim se evita que, de forma autista,

---

[96] Ac. do STJ, Rel. Cons. Henriques Gaspar, processo n.º 455/08.5GDPTM, de 27.02.2013, consultado em www.dgsi.pt.
[97] Como refere SANTOS, Cláudia (RPDC, ano 16, pag 154 e seg), *"Querendo que, na determinação da pena concreta do concurso, se tenham em conta, conjuntamente, os factos e a personalidade do agente, este modelo admite que a relação dos factos entre si e com a personalidade do seu autor cria ou reclama (...) um específico desvalor final – quer de ilícito, quer de culpa. Ou seja: a unidade própria do concurso efectivo de infracções apresenta-se como uma unidade de relação (...) O ilícito que se torna global – não homogéneo, mas uma espécie de ilícito de ilícitos -, com os contornos fixados pela moldura do concurso, para que a ele se possa referir a censura subjectiva a dirigir ao agente. A culpa que se liberta também dos anteriores juízos parciais e é autonomamente avaliada (tal como a perigosidade e as necessidades de prevenção) no interior dessa moldura".*

mecânica e acrítica, se logre a pena única através de adições aritméticas das penas parcelares[98].

A pluridade de crimes deixa de ser analisado sob o prisma de uma visão atomística e compartimentada e passa a poder ser avaliada de forma unificada, fazendo emergir um conjunto de conexões não visíveis em julgamentos parcelares, para se lograr uma pena única ajustada aos factos e personalidade do agente, sem exceder a culpa e cumprindo as suas finalidades preventivas[99]. Existe uma "elevação" em relação às diversas visões parcelares dos julgadores que decidiram das penas a englobar no cúmulo jurídico superveniente [100] que mais não é do que o reflexo da formação da pena conjunta, ou seja, a reposição da situação que existiria se o agente tivesse sido atempadamente condenado e punido pelos crimes consoante os ia praticando[101].

As diversas conexões que é possível estabelecer entre os crimes (tipo de crimes, bens jurídicos atingidos, número de crimes e sua gravidade, etc), penas aplicadas (que permitem apontar para a pequena, média ou grande criminalidade), os factos (data dos crimes, distância temporal entre os

---

[98] Assim, ac. do STJ, Rel. Cons. Oliveira Mendes, processo n.º 789/11.1TACBR.C1.S1, 3.04.2013, consultado em www.dgsi.pt : *"(...)com a fixação da pena conjunta se pretende sancionar o agente, não só pelos factos individualmente considerados, mas também e especialmente pelo respectivo conjunto, não como mero somatório de factos criminosos, mas enquanto revelador da dimensão e gravidade global do comportamento delituoso do agente, visto que a lei manda se considere e pondere, em conjunto, (e não unitariamente) os factos e a personalidade do agente".* No mesmo sentido, Ac. do STJ, Rel. Cons. Armindo Monteiro, processo n.º 125/07.1SAGRD.S1, 15.05.2013, consultado em www.dgsi. pt: *"A avaliação da personalidade é de feição unitária , conceptualmente como um todo referível a uma unidade delituosa e não mecanicamente por uma adição criminosa."*

[99] *"Fundamental na formação da pena do concurso é a visão de conjunto, a eventual conexão dos factos entre si e a relação desse espaço de vida com a personalidade. (...) A avaliação do conjunto dos factos – do «ilícito global» – há-de partir necessariamente da consideração relativa de cada acontecimento singular por si, mas também na projecção sobre relações de confluência: reiteração e persistência; temporalidade; aproximação ou distanciamento; homologia ou homotropia; valores individualmente afectados; pluralidade de bens pessoais; limitação a bens materiais; modos de execução; consequências instrumentais"* (Ac. do STJ, Rel. Cons. Henriques Gaspar, processo n.º 455/08.5GDPTM, de 27.02.2013, consultado em www.dgsi.pt).

[100] *"Quer dizer que se procede a uma reconstrução da sanção, descendo o julgador do aspecto parcelar penal para se centrar num olhar conjunto para a globalidade dos factos e sobre a relação que tem com a sua personalidade"* (Ac. do STJ, Rel. Cons. Armindo Monteiro, *125/07.1SAGRD. S1, 15.05.2013, STJ, consultado em* www.dgsi.pt).

[101] MOUTINHO, Lobo, in Da Unidade à Pluralidade dos Crimes no Direito Penal Português , ed. Da Faculdade de Direito da UC , 2005 , 1324.

crimes, factos idênticos ou díspares, modo de atuação, motivação, intensidade, o dolo, etc.), relação, ou não, com determinadas vivências localizadas temporalmente ou espacialmente[102], é que permitem traduzir qual o grau de ilicitude global do agente, a personalidade de que é revelador e o juízo de censura ajustada ao caso concreto[103].

Na escolha da pena única deverá pois atender-se ao *ilícito e culpa global* que emergem da análise *unificada* dos factos, a personalidade que tal é suscetível de revelar, sem descurar as necessidades de prevenção geral ou especial[104].

---

[102] Considerando que o facto de os crimes terem sido praticados num período de quatro meses, num quadro de toxicodependência, e enquadrando-se as condutas na pequena e média criminalidade, deve ser ponderado na determinação da pena única veja-se ac. do STJ, Rel. Cons. Santos Cabral, processo n.º 39/10.8PFBRG.S2, 8.05.2013, consultado em www.dgsi.pt. Ali se escreveu. "*O recorrente cometeu os 28 crimes aqui a unificar entre 15-11-2009 e 12-03-2010, ou seja por um período de cerca de 4 meses, sendo que agiu sempre num quadro de toxicodependência. VI – Igualmente relevante é a circunstância de a medida da pena parcelar mais elevada – 4 anos e 9 meses de prisão – em confronto com a da generalidade das demais penas parcelares, a maioria das quais inferior a 2 anos de prisão, tudo a apontar no sentido de que os crimes, ainda que numerosos, quando considerados isoladamente, se não revestem apesar de tudo de significativa gravidade objectiva. Face à mencionada medida concreta de cada uma das penas a cumular, não podemos, ainda, deixar de classificar os crimes cometidos na média criminalidade, a qual não pode nem deve ser punida, mesmo numa avaliação conjunta de muitos factos, como se de alta criminalidade se tratasse. (...)VII – Assim, considerando o exposto e os factores de medida de pena constantes da decisão recorrida, bem como o disposto nos arts. 77.º e 78.º do CP, acentuando que estão em causa crimes de média criminalidade, entende-se por adequada a pena conjunta de 12 anos de prisão (em substituição da pena única de 16 anos de prisão aplicada em 1.ª instância)*".

[103] "*Importante na determinação concreta da pena conjunta será, pois, a averiguação sobre se ocorre ou não ligação ou conexão entre os factos em concurso, a existência ou não de qualquer relação entre uns e outros, bem como a indagação da natureza ou tipo de relação entre os factos, sem esquecer o número, a natureza e gravidade dos crimes praticados e das penas aplicadas, tudo ponderando em conjunto com a personalidade do agente referenciada aos factos, tendo em vista a obtenção de uma visão unitária do conjunto dos factos, que permita aferir se o ilícito global é ou não produto de tendência criminosa do agente, bem como fixar a medida concreta da pena dentro da moldura penal do concurso.*" (ac. do STJ, Rel. Cons. Armindo Monteiro, processo n.º 303/06.0GEVFX.L1.S1, 19.09.2012, consultado em www.dgsi.pt). Também a propósito das várias conexões que se podem estabelecer Ac. do STJ, Rel. Cons. Pires da Graça, processo n.º 1213/09.SPBOER.S1, 5.12.2012, consultado em www.dgsi.pt: "*o concurso de crimes tanto pode decorrer de factos praticados na mesma ocasião, como de factos perpetrados em momentos distintos, temporalmente próximos ou distantes. Por outro lado, o concurso tanto pode ser constituído pela repetição do mesmo crime, como pelo cometimento de crimes da mais diversa natureza. Por outro lado ainda, o concurso tanto pode ser formado por um número reduzido de crimes, como pode englobar inúmeros crimes. (...)*".

[104] Sobre os elementos que o tribunal deve ter em consideração, escreve DIAS, Jorge Figueiredo: «Tudo deve passar-se como se o conjunto dos factos fornecesse a gravidade do ilícito

§ 55. Nas situações em que relatório pericial ateste que o arguido padece de imputabilidade diminuída aquando da prática dos factos, por relevar para efeitos de culpa e prevenção e correta análise da personalidade, deverá o tribunal considerar tal *facto* para determinação da pena única, sob pena de omissão de pronúncia que determina a nulidade da sentença prevista no art. 379.º do CPP.[105] No entanto, a questão da inimputabilidade é um facto que fica a coberto do caso julgado das decisões parcelares, não podendo ser modificável em audiência de cúmulo jurídico superveniente.

§ 56. Discutível será a possibilidade do tribunal de cúmulo ao apreciar de forma unificada toda a conduta criminosa do agente ponderar, verificados os pressupostos (nos termos do art. 83.º e 84.º do Código Penal), da necessidade de aplicação de uma pena relativamente indeterminada (v.g. quando se concluiu que o agente sempre foi movido por um quadro de toxicodependência, que o impulsiona, e provavelmente impulsionará no futuro para a prática de crimes), não obstante a mesma não tenha sido aplicada nos julgamentos parcelares, por não existir uma visão global dos acontecimentos e personalidade do agente[106].

global perpetrado, sendo decisiva para a sua avaliação a conexão, e o tipo de conexão, que entre os factos concorrentes se verifique. Na avaliação da personalidade – unitária – do agente relevará, sobretudo, a questão se saber se o conjunto dos factos é reconduzível a uma tendência (ou eventualmente mesmo a uma "carreira") criminosa, ou tão só a uma *pluriocasionalidade que não radica na personalidade: só no primeiro caso, já não no segundo, será cabido atribuir à pluralidade de crimes um efeito agravante dentro da moldura penal conjunta. De grande relevo será também a análise do efeito previsível da pena sobre o comportamento futuro do agente (exigências de prevenção especial de socialização)."* – Direito Penal Português, As Consequências Jurídicas do Crime, Aequitas, Editorial Notícias, 1993, pág. 291. No mesmo sentido JESCHECK (Tratado de Derecho Penal Parte General (4ª edição), 668), ressaltando que a pena única deve ter em atenção se os factos delituosos em concurso são expressão de uma inclinação criminosa ou apenas constituem delitos ocasionais sem relação entre si, considerando a dimensão da ilicitude do conjunto dos factos e a conexão entre eles existente e o efeito da pena sobre o comportamento futuro do delinquente.

[105] Assim, Ac do STJ, Rel. Cons. Santos Cabral, proc. 08P2288, 25.09.2008, consultado em www.dgsi.pt, salientando que a imputabilidade diminuída, poderá agravar ou atenuar a culpa global e necessidades da pena, dependendo das circunstâncias concretas, consoante se constate uma relação neutral entre o facto e a perturbação psíquica sem qualquer potenciação da desvalia daquele em função do bem protegido pela norma violada e a potenciação dos efeitos do acto revestindo-o de um particular intensidade na violação da norma.

[106] A este propósito, veja-se Ac. do STJ, Rel. Cons. Santos Cabral, processo n.º 39/10.8PFBRG. S2, 08.05.2013, consultado em www.dgsi.pt, que admite a possibilidade de aplicação de uma

§ 57. Não obstante não seja possível valorar novamente na pena única os factos que motivaram a pena parcelar é necessário ressaltar que vastas vezes ao se avaliar *conjuntamente* toda a factualidade os mesmos critérios para definição da medida da pena previstos no art. 71.º do Código Penal são *redimensionados*, perante o quadro abrangente do ilícito e da culpa, permitindo valorações autónomas e distintas, à *luz desta globalidade*[107].

Ou seja, para se lograr uma correta avaliação do *ilícito e culpa global* é necessário *reponderar* muitos daqueles elementos, à luz deste *novo quadro unificado*, extraindo também daí a existência, ou não, de uma *tendência criminosa*[108]. A incapacidade para alterar o comportamento criminoso, revelador de uma personalidade propensa ao crime, naturalmente que por acentuar as necessidades preventivas, funciona como circunstância agravante na definição da medida da pena. Pelo contrário, nos casos em que os crimes foram acidentais, ocasionais, sem ligação a uma personalidade que aponte no futuro para a continuação do percurso delituoso, esbatem-se essas

---

pena relativamente indeterminada, não obstante nenhuma das penas parcelares contemplar tal sanção, embora no caso em concreto não o ter feito em virtude do *reformatio in pejus*, já que seria prejudicial em termos de concessão da liberdade condicional. Em sentido contrário MESQUITA, Paulo Dá, ob. citada, pág. 30, nota de rodapé 41, embora com dúvidas, argumentando o caso julgado no que respeita ao efeito "facto-pena".

[107] Conforme escreve DIAS, Figueiredo (Direito Penal Português, As Consequências Jurídicas do Crime, pag. 292),em princípio, os factores de determinação da medida das penas singulares não podem voltar a ser considerados na medida da pena conjunta (dupla valoração), no entanto, «aquilo que à primeira vista possa parecer o mesmo factor concreto, verdadeiramente não o será consoante seja referido a um dos factos singulares ou ao conjunto deles: nesta medida não haverá razão para invocar a proibição de dupla valoração». Valorar o ilícito na sua globalidade e uma personalidade de forma unitária é uma valoração diversa da realizada para os julgamentos parcelares (assim, Ac do STJ, 18.06.2009, Rel. Cons. Souto de Moura, proc. 334/04.5PFOER.L1.S1, 18.06.2009, consultado em www.dgsi.pt).

[108] Acentuando essa tendência criminosa, ac. do STJ, Rel. Cons. Oliveira Mendes, processo n.º 789/11.1TACBR.C1.S1, 3.04.2013, consultado em www.dgsi.pt, num processo em que o agente já tinha tido anteriores condenações e praticou quarenta crimes, essencialmente nos anos de 2006 e 2007, e maioritariamente de furto qualificado. O número de crime, o tipo de crimes, a frequência com que foram praticados, e o facto do agente desvalorizar a sua conduta apontaram para um ilícito global gravoso e uma personalidade propensa a no futuro voltar a delinquir, tendo-se considerado ajustado a pena única de onze anos de prisão. Como se salienta naquele acórdão a personalidade que releva para efeitos da pena única é a *"Personalidade referenciada aos factos, ou seja, reflectida nos factos, visto que estes, como resultado da vontade e actuação do delinquente, espelham a sua forma de pensar e o seu modo de ser, o seu temperamento, carácter e singularidade, isto é, a sua personalidade".*

necessidades preventivas.[109] É preciso apurar se os *"factos são a expressão de um modo de ser, de uma escolha assumida de determinado trajeto de vida, em suma, se radicam na personalidade do agente, ou se são antes fruto de uma multiplicidade de circunstâncias casuais, ou de uma particular conjuntura da vida do recorrente, uma situação passageira, mais breve ou mais longa, mas não um traço da personalidade (ou seja, aquilo que a doutrina designa de pluriocasionalidade)"*[110].

§ 58. Na determinação da pena única será sempre necessário considerar os fundamentos do art. 40.º do Código Penal[111], ou seja, a mesma deve ser a absolutamente necessária para que a comunidade acredite na vigência dos normativos violados e para que o agente interiorize a gravidade da atuação e não[112] mais volte a lesar os bens jurídicos em causa. Em termos

---

[109] *"Imprescindível na valoração global dos factos (...) é analisar se entre eles existe conexão e qual o seu tipo; na avaliação da personalidade releva sobretudo se o conjunto global dos factos é reconduzível a uma tendência criminosa, dando-se sinais de extrema dificuldade em manter conduta lícita, caso que exaspera a pena dentro da moldura de punição em nome de necessidades acrescidas de ressocialização do agente e do sentimento comunitário de reforço da eficácia da norma violada ou indagar se o facto se deve à simples tradução de comportamentos desviantes, meramente acidentes de percurso, que toleram intervenção punitiva de menor vigor, expressão de uma pluriocasionalidade, sem radicar na personalidade, tendo presente o efeito da pena sobre o seu comportamento futuro"* (Ac. do STJ, Rel. Cons. Armindo Monteiro, proc. n.º 125/07.1SAGRD.S1, 15.05.2013, consultado em www.dgsi.pt.

[110] Ac. do STJ, Rel. Cons. Rodrigues Costa, proc. n.º 218/06.2PEPDL.L3.S1, 10.01.2013, consultado em www.dgsi.pt.

[111] *"A determinação da medida da pena conjunta num caso de conhecimento superveniente do concurso, nos termos do art. 78.º do CP, é feita em função dos critérios gerais da culpa e das exigências de prevenção estabelecidas nos arts. 40.º, n.º 1, e 71.º, n.º 1, do CP, a que acresce a necessidade de consideração do critério especial da 2.ª parte do n.º 1 do art. 77.º do mesmo Código, isto é, que na medida da pena do concurso são considerados, em conjunto, os factos e a personalidade do agente."* (ac. do STJ, Rel. Cons. Sousa Fonte, proc. n.º 178/09.8PQPRT-A. P1.S1, 15.11.2012, consultado www.dgsi.pt).

[112] Considerando existir apenas uma situação de pluriocasionalidade, em arguida primária, não obstante um ilícito global grave e fortes necessidades de prevenção geral negativa pela prática de seis crimes de furto qualificado entre Fevereiro e Agosto de 2009, onde concluiu pela conexão das condutas, forma homogénea de execução e deficiente interiorização do bem jurídico propriedade, veja-se ac da RC, Rel. Des. Fernando Chaves, proc. n.º 57/09.9GCPBL. C1, 27 de Fevereiro de 2013, consultado em www.dgsi.pt. Uma outra situação, em que não obstante a gravidade dos factos (sequestro, seguido de apropriação de bens), o facto de estar relacionado com um momento da vida do agente (destabilização laboral e profissional), e existir espaçamento de mais de um ano entre crimes, se concluiu por comportamentos episódicos, não reveladores de tendência criminosa, foi analisado no ac. do STJ, Rel. Cons. Maia Costa, 515/09.5PHOER.S1, 08.05.2013, consultado em www.dgsi.pt

de prevenção, como chama a atenção o Conselheiro Souto Moura[113], *"sem que nenhum destes vectores se constitua em compartimento estanque, é certo que para o propósito geral-preventivo interessará antes do mais a imagem do ilícito global praticado, e para a prevenção especial contará decisivamente o facto de se estar perante uma pluralidade desgarrada de crimes, ou, pelo contrário, perante a expressão de um modo de vida. (...) Interessará à prossecução do primeiro propósito a gravidade dos crimes, a frequência com que ocorrem na comunidade e o impacto que têm na sociedade, e à segunda finalidade, a idade, a integração familiar, as condicionantes económicas e sociais que pesaram sobre o agente, tudo numa preocupação prospectiva, da reinserção social que se mostre possível."*

§ 59. Todos estes elementos – ilícito e culpa global, personalidade, necessidades preventivas – deverão conduzir a uma *pena justa*, que só o será caso se revele *proporcional*, no sentido de que a pena aplicada é a necessária e adequada para atingir os fins da pena[114]. Salienta o Juiz Conselheiro Santos Cabral, por exigências de um Estado de Direito Democrático, a proporcionalidade e o não excesso devem ser respeitados na determinação da pena única. Parafraseando tão Ilustre Magistrado *"um direito penal democrático deve ajustar a gravidade das penas á transcendência que para a sociedade têm os factos a que se ligam. (...) A proporcionalidade relaciona-se directamente com a exigência que se impõe ao Estado democrático de não desconhecer a relevância da danosidade social provocada pelo delito segundo as valorações dominantes. Adoptando-se uma ideia de prevenção general positiva aconselha-se que os delitos mais graves tenham sinalizada una pena de maior dimensão que os delitos menos graves. Isto permite a nível comunicativo uma adequada expressão sobre a maior relevância daqueles bens jurídicos que se consideram mais valiosos.*[115] Também são estes os ensinamentos

---

[113] Ac do STJ, Rel. Cons. Souto de Moura, proc. 334/04.5PFOER.L1.S1, 18.06.2009, consultado em www.dgsi.pt.

[114] *"A aplicação e a interacção das regras do artigo 77º, nº 1, do Código Penal (avaliação em conjunto dos factos e da personalidade) convocam critérios de proporcionalidade material na fixação da pena única dentro da moldura do cúmulo, por vezes de grande amplitude; proporcionalidade e proibição de excesso em relação aos fins na equação entre a gravidade do ilícito global e a amplitude dos limites da moldura da pena conjunta"* (Ac. do STJ, Rel. Cons. Henriques Gaspar, proc. n.º 455/08.5GDPTM, 27.02.2013, consultado em www.dgsi.pt).

[115] A. do STJ, Rel. Cons. Santos Cabral, processo n.º 861/08.5GCFAR.E1.S1, 9.01.2013, consultado em www.dgsi.pt. A este propósito também ac da RP, Rel. Des. Joaquim Gomes, proc. n.º 19/09.6PEVRL.P1, 10.10.2012, www.dgsi.pt: *"A Constituição, através do seu 18.º, n.º 2, estabelece como um dos parâmetros da aplicação de qualquer reacção penal a sua necessidade, ao preceituar que "A*

de Mir Puig que ressalta a necessidade de um direito penal democrático ajustar a gravidade da pena à "nocividade social" do ataque ao bem jurídico, de modo a que a pena não exceda a utilidade preventiva (geral)[116].

Uma pena única respeitadora do princípio da proporcionalidade deve considerar que existindo um limite máximo de pena de 25 anos de prisão impõe-se uma destrinça entre a pequena e média criminalidade e a criminalidade grave. Quando estamos no domínio da criminalidade menos gravosa deverá existir uma maior diluição das penas parcelares de modo a que não se equiparem situações distintas que têm uma valoração comunitária também diversa[117]. Deverá igualmente assinalar-se que a correta análise se existe violação dos princípios da proporcionalidade e proibição do excesso depende da maior ou menor amplitude da moldura abstrata da pena conjunta[118].

---

lei só pode restringir os direitos, liberdades e garantias nos casos expressamente previstos na Constituição, devendo as restrições limitar-se ao necessário para salvaguardar outros direitos ou interesses constitucionalmente protegidos". (...)os referidos princípios constitucionais da intervenção mínima do direito penal e da proporcionalidade, têm igualmente reflexos na pena única a determinar no cúmulo jurídico, de modo que a determinação de uma sentença condenatória privativa da liberdade deverá sempre restringir-se aos casos de manifesta idoneidade ou adequação (i), necessidade ou exigibilidade (ii) e, sempre, na sua justa medida, respeitando-se os respectivos pressupostos e limites de não perpetuidade das penas de prisão (27.º, n.º 2 e 30.º, n.º 1 Constituição), bem como as referidas finalidades de punição."

[116] PUIG, Santiago Mir, Derecho Penal, Parte General, 10.ª edição, Editorial Reppertor, Barcelona 2015, Págs 138 e 139. Sobre o princípio da proporcionalidade das sanções penais veja-se também ANTUNES, Maria João, Direito Penal, Direito Processual Penal e Direito da Execução das Sanções Privativas da Liberdade e jurisprudência constitucional, págs 89 e ss, Revista Julgar n.º 21, Coimbra Editora.

[117] Assinalando esta necessidade de tratamento diferenciado Ac do STJ, Rel. Cons. Souto de Moura, 18.06.2009, consultado em www.dgsi.pt: *"A preocupação de proporcionalidade a que nos queremos referir resulta ainda do limite intransponível absoluto, dos 25 anos de prisão, estabelecido no n.º 2 do artº 77º do C.P.. É aqui que deve continuar a aflorar uma abordagem diferente da pequena e média criminalidade, face à grande criminalidade, para efeitos de determinação da pena conjunta(...)Basta ilustrar a questão com o caso destes autos, em que a soma aritmética das parcelares está muito para além dos 25 anos de prisão, não sendo pois impossível a aplicação da pena máxima, e cotejá-lo com uma hipotética situação de cometimento de 20 homicídios qualificados. Se no caso dos autos fosse aplicada uma pena, por absurdo, de 25 anos de prisão, que resposta teria o sistema para dar a esta última situação?".*

[118] *"A aplicação e a interacção das regras do art. 77.º, n.º 1, do CP (avaliação em conjunto dos factos e da personalidade), convocam critérios de proporcionalidade material na fixação da pena única dentro da moldura do cúmulo, por vezes de grande amplitude; proporcionalidade e proibição de excesso em relação aos fins na equação entre a gravidade do ilícito global e a amplitude dos limites da moldura da pena*

De todo o modo, a sindicância do respeito do princípio da proporcionalidade e proibição do excesso na fixação da pena única conjunta implica uma interligação e correlação entre a gravidade do facto global e a gravidade da pena conjunta e para tal importará *"(...) indagar se a repetição operou num quadro de execução homogéneo ou diferenciado, quais os modos de actuação, de modo a concluir se estamos face a indícios desvaliosos de tendência criminosa, ou se estamos no domínio de uma mera ocasionalidade ou pluriocasionalidade, tendo em vista configurar uma pena que seja proporcional à dimensão do crime global, pois ao novo ilícito global, a que corresponde uma nova culpa, caberá uma nova, outra, pena (....)"*[119].

XI. Moldura abstrata da pena única

§ 60. As regras para a determinação do cúmulo jurídico superveniente são exatamente as mesmas que o legislador consagrou para um cúmulo jurídico contemporâneo, de modo a propiciar um tratamento similar nas situações em que, por diversos fatores, o julgamento dos factos foi parcelar.

No respeito pelo princípio da igualdade não existe qualquer razão para distinguir os casos em que todos os factos criminosos do agente são desde logo julgados, num só processo, com aqueles em que os factos criminosos são julgados em processos distintos, realizando-se o cúmulo jurídico "global" supervenientemente[120].

---

conjunta" (ac. do STJ, Rel. Cons. Henriques Gaspar, proc. n.º 287/12.6TCLSB.L1.S1, 14.03.2013, consultado em www.dgsi.pt).

[119] Ac. do STJ, Rel. Cons. Raul Borges, proc. n.º 316/07.5GBSTS.S1, de 29.03.2012, consultado em www.dgsi.pt.

[120] Assim, Ac da RC, Rel. Des. Maria Pilar Oliveira, processo n.º 6/08.1GGCBR.C3, 15.06.2011, consultado em www.dgsi.pt: *"(...) o pressuposto que está na base da aplicação das mesmas regras, seja o concurso conhecido integralmente ou não no momento da condenação pela prática de cada um dos crimes, é o de garantir um tratamento igual em ambos os casos porque não existem razões substanciais para diferenciar essas situações, antes pelo contrário. (...) E é precisamente o princípio constitucional da igualdade que determina a aplicação de idênticas regras, seja a operação de cúmulo jurídico contemporânea ou posterior à condenação por cada um dos crimes e, igualmente, é ele que justifica que não ocorra em sentido técnico estrito trânsito em julgado em relação à pena única enquanto for possível a realização de novo cúmulo jurídico segundo as regras dos artigos 77º e 78º do Código Penal pois, só assim, se garante a efectivo tratamento igual do que é igual. É que a pena única final que reúna as penas parcelares aplicadas por cada um dos crimes em concurso não pode ter resultado diferente em função do momento da realização das operações de cúmulo jurídico, posto que tal não constitui circunstância que possa e deva influir no doseamento da pena (...)"*.

E sendo os critérios específicos da determinação da pena única a personalidade e os factos praticados pelo agente, atendendo ao ilícito e culpa global e necessidade de prevenção geral e especial, que se impõem no caso em concreto, bem se compreende que nestes casos o legislador não considere inantigível os casos julgados parciais relativamente ao *quantum das penas*, caso contrário, gerariam-se desigualdades entre cidadãos na sua relação com o poder punitivo estadual.

Não existe qualquer violação do *ne bis in idem*, já que as penas parcelares se mantêm imutáveis, sendo apenas "reequacionada" a pena única final[121]. E a remissão do art. 78.º do Código Penal para o art. 77.º do Código Penal torna claro que para definição da moldura abstrata se terão que atender às penas parcelares aplicadas nos processos cujas penas se pretende cumular[122]. Nem a letra da lei, nem a ratio sugerem qualquer intenção do legislador em que se mantenham as penas únicas anteriormente aplicadas, e que sejam essas as penas a atender para definição da moldura abstrata aplicável. Na verdade, questões de igualdade, razões de fins da pena única – cuja determinação implica uma equação do binómio factos-personalidade, em que se impõe uma análise global – não permitem tal interpretação[123].

---

[121] *"Sendo certo que a realização sucessiva de cúmulos jurídicos, sempre que seja conhecida uma nova condenação por crime em concurso com anteriores já julgados, constitui excepção às regras do trânsito em julgado, plenamente justificada do ponto de vista constitucional, como se demonstrou, já não constitui, nem pode constituir violação do princípio ne bis in idem (consagrado no artigo 29º, nº 5 da CRP) porque não reverte numa nova condenação pelos mesmos factos; a pena parcelar aplicada mantém-se imutável e insusceptível de alteração, apenas sendo considerada para a aplicação de uma pena única dentro da previsão legal em causa (artigo 77º, nº 2 do Código Penal)"* (Ac da RC, Rel. Des. Maria Pilar Oliveira, processo n.º 6/08.1GGCBR.C3, 15.06.2011, consultado em www.dgsi.pt).

[122] *"Perante o teor do artigo 78º, nº 1 do Código Penal uma conclusão é incontornável. A operação de cúmulo jurídico de penas, superveniente, obedece às mesmas regras que se encontram estabelecidas para o cúmulo jurídico a realizar no momento da condenação por uma pluralidade de crimes porque assim o estabelece o preceito "são aplicáveis as regras do artigo anterior" numa remissão tão clara que não suporta outra interpretação nos termos do artigo 9º do Código Civil"* (Ac da RC, Rel. Des. Maria Pilar Oliveira, processo n.º 6/08.1GGCBR.C3, 15.06.2011, consultado em www.dgsi.pt).

[123] A propósito do regime de punição de concursos supervenientes o Tribunal Constitucional já se pronunciou que o mesmo não contende com a garantia da proibição do *ne bis in idem*, ao ter por fundamento o disposto nos artigos 77.º, 78.º e 81.º, todos do Código Penal quando interpretados no sentido de, em sede de cúmulo jurídico superveniente, se deverem considerar, no cômputo da pena única, as penas parcelares, desconsiderando-se uma pena única já julgada cumprida e extinta, resultante da realização de cúmulo jurídico anterior (TC 112/2011).

Devem pois atender-se a todas as penas parcelares, quer as englobadas numa pena única "fruto" de um cúmulo jurídico anterior, quer as que ainda não foram englobadas no cúmulo jurídico, "operação" que deverá ser realizado pelo tribunal da última condenação[124].

Relativamente à moldura abstrata, nos termos do art. 77.º, n.º 2 do Código Penal, o limite mínimo é a mais elevada das penas concretas aplicadas aos vários crimes em concurso; o limite máximo é a soma de todas as penas concretamente aplicadas, não podendo ultrapassar 25 anos no caso da *pena de prisão* e não podendo ultrapassar 900 dias no caso da *pena de multa*.

Cremos resultar da lei que o limite máximo se reporta à moldura abstrata e não apenas à pena única concretamente aplicada[125], sob pena, inclusive, de se obterem resultados contrários ao princípio da proporcionalidade e do não excesso.

Exemplo:

> No processo X, A foi condenado por um crime de homicídio e de roubo, praticados em 15.01.2015 e 20.01.2015, nas penas parcelares de 14 e 8 anos de prisão, e numa pena única de 16 anos de prisão, transitada em 15.03.2015.

---

[124] *"Na operação de cúmulo superveniente devem ser consideradas as penas parcelares concretamente aplicadas aos vários crimes em concurso, quer as que já tenham sido englobadas em cúmulo efectuado anteriormente, quer as que ainda não tenham sido cumuladas"* (Ac da RC, Rel. Des. Maria Pilar Oliveira, processo n.º 6/08.1GGCBR.C3, 15.06.2011, consultado em www.dgsi.pt).

[125] Neste sentido, criticando jurisprudência contrária, Conselheiro Rodrigues Costa (in "O Cúmulo Jurídico Na Doutrina e na Jurisprudência do STJ"): *"O limite máximo corresponde ao somatório de todas as penas aplicadas, não podendo ultrapassar 25 anos. Certa jurisprudência do STJ, a meu ver mal, considera que o limite máximo da moldura penal do concurso é o somatório efectivo de todas as penas, ainda que ultrapasse aquele limite. Assim, Acórdão do STJ de 14/01/2009, relatado pelo Conselheiro Simas Santos (Proc. n.º 3586/08, da 5.ª Secção). Entende este Conselheiro o seguinte: «Como resulta da lei, mas é por vezes ignorado nas decisões que sobem em recurso, o limite máximo da moldura penal abstracta não é o limite máximo absoluto da pena concreta: 25 anos, mas a soma material das penas aplicadas aos crimes em concurso, aplicando-se aquele limite (absoluto) só à pena a estabelecer: será reduzida a 25 anos, se reputada adequada pena superior.»* (SIMAS SANTOS, conferência proferida no CEJ em 3 de Fevereiro de 2010 e 6 de Maio de 2010, no âmbito do Curso de Especialização (formação contínua), Temas de Direito Penal e Processo Penal). *Não é isso o que resulta da lei: não há molduras penais abstractas cujo máximo seja superior a 25 anos de prisão e depois deva ser reduzido àquele limite, se a pena. De acordo com um tal critério, a determinação da pena do concurso far-se-ia dentro de um moldura penal que teria um mínimo correspondente à maior das penas parcelares e um máximo que poderia ascender a 30, 40, 50 e mais anos de prisão, e se a pena concreta que fosse determinada ultrapassasse aqueles 25 anos, é que a mesma seria reduzida a tal limite."*

No processo Y, A foi condenado num crime de homicídio, praticado em 25.01.2015, na pena de 15 anos de prisão.

Deverá considerar-se sempre as penas parcelares (14, 8 e 15 anos de prisão), sendo que a moldura abstrata terá como mínimo a pena parcelar mais elevada (15 anos de prisão), e máximo o somatório das penas parcelares, sem poder ultrapassar os 25 anos (in casu o somatório atinge 37 anos de prisão, pelo que deverá atender-se aos 25 anos). O mesmo raciocínio seria aplicável se os crimes de homicídio e de roubo praticados nos dias 15.01.2015 e 20.01.2015 tivessem sido julgados em processos distintos sendo a pena única de 16 anos de prisão decidida em audiência de cúmulo jurídico superveniente.

XII. Fundamentação da decisão cumulatória

§ 61. Realizada a audiência de cúmulo deve proferir-se sentença ou acórdão. Na falta de preceito específico para os julgamentos de cúmulo jurídico por conhecimento superveniente do concurso deverão respeitar-se os requisitos previstos no art. 374.º do CPP[126], com as devidas adaptações. A decisão deve ser fundamentada, sob pena de nulidade (art. 379.º, n.º 1, al. a) do CPP)[127].

A fundamentação de uma decisão tem uma função legitimadora e é uma imposição constitucional. A aplicação da lei e a argumentação não só funcionam como fonte habilitante para um juiz ditar a justiça no caso em concreto, em nome do povo, mas também a explicitação dos motivos tem um forte papel para o convencimento dos intervenientes processuais

---

[126] "I – A sentença proferida após a realização da audiência a que se refere o art. 472.º do CPP, com a específica finalidade de determinação da pena única conjunta no caso de conhecimento superveniente do concurso, está submetida aos requisitos gerais da sentença enunciados no art. 374.º do CPP, devendo designadamente conter todos os factos que interessam à comprovação do concurso de crimes e à determinação da pena única" (Ac. do STJ, Rel. Cons. Isabel Pais Martins, proc n.º 968/07.6JAPRT-A.S1, 18.09.2013, consultado em www.dgsi.pt).

[127] Sobre os requisitos da sentença dispõe o n.º 2 do artigo 374.º do CPP que: «2 – Ao relatório segue-se a fundamentação, que consta da enumeração dos factos provados e não provados, bem como de uma exposição tanto quanto possível completa, ainda que concisa, dos motivos, de facto e de direito, que fundamentam a decisão, com indicação e exame crítico das provas que serviram para formar a convicção do tribunal». E a alínea a) do n.º 1 do artigo 379.º do CPP comina a nulidade da sentença que: «a) [...] não contiver as menções referidas no artigo 374.º, n.os 2 e 3, alínea b)».

e de todos os cidadãos. A função extra-processual assenta essencialmente numa justificação perante a comunidade, em nome de quem se julga, do teor da sentença ou acórdão.

A nível intra-processual a fundamentação tem uma função de controle da própria atividade do juiz, não só de auto-controle, já que permite percecionar se está a considerar *todos* os elementos fácticos e jurídicos para o proferimento da decisão, mas igualmente proporciona a sindicância da decisão por parte dos intervenientes processuais, permitindo de forma *transparente* que os destinatários da mesma conheçam os fundamentos da decisão e os possam impugnar. Do mesmo modo, é um pressuposto para que os Tribunais Superiores exerçam cabalmente a sua sindicância sobre a decisão proferida pelo tribunal *a quo*[128] [129].

§ 62. Sobre os elementos que têm que ser abordados para fundamentar a escolha e medida da pena única já nos pronunciámos. A pena única impõe uma fundamentação específica, não coincidente com os julgamentos parcelares, já que tem que estabelecer *conexões* entre todos os factos abrangidos pelo concurso, relacionar os mesmos, de modo a apurar a personalidade do agente, *destarte* se o mesmo tem propensão para o crime, ou se na realidade, estamos perante um conjunto de eventos criminosos episódicos, sem relação com a sua concreta personalidade[130].

---

[128] Assim, Ac. do STJ, Rel. Cons. Oliveira Mendes, proc. 537/03.0PBVRL, 25.06.2009, consultado em www.dgsi.pt: *"Princípio de matriz constitucional em matéria de decisões judiciais é o princípio da fundamentação, consagrado no art. 205.º, n.º 1, da CRP, o qual se traduz na obrigatoriedade de o tribunal especificar os motivos de facto e de direito da decisão – art. 97.º, n.º 5, do CPP. VII – Tal princípio, relativamente à sentença penal, acto decisório que, a final, conhece do objecto do processo, traduz-se numa fundamentação reforçada que visa, por um lado, a total transparência da decisão, para que os seus destinatários (aqui se incluindo a própria comunidade) possam apreender e compreender os juízos de facto e de direito assumidos pelo julgador e, por outro lado, possibilitar ao tribunal superior a fiscalização e o controlo da actividade decisória, fiscalização e controlo que se concretizam através do recurso, o que consubstancia, desde a Revisão de 1997, um direito constitucionalmente consagrado, expressamente incluído nas garantias de defesa – art. 32.º, n.º 1, da CRP".*
[129] No dizer de SILVA, Germano Marques da, o objetivo do dever de fundamentação é permitir *" a sindicância da legalidade do acto, por uma parte, e serve para convencer os interessados e os cidadãos em geral acerca da sua correcção e justiça, por outra parte, mas é ainda um importante meio para obrigar a autoridade decidente a ponderar os motivos de facto e de direito da sua decisão, actuando por isso como meio de autodisciplina "* (Curso de Processo Penal, Vol. III, 2ª ed., pág. 294).
[130] Salientando esta especificidade e aptidão de funcionar como pena final síntese Ac. do STJ, Rel. Cons. Raúl Borges, proc. 76/06.7JBLSB.S1, 12.07.2012, consultado em www.dgsi.

É esta avaliação global, resultante desta *interconexão geral*, que permite apurar legitimamente o ilícito e culpa *global*, e perante tais conclusões, aferir *in concreto* a necessidade de prevenção especial e geral, à luz da amplitude que a apreciação total da atividade criminosa do agente permite.

Toda esta abordagem deve estar patente na fundamentação, disso não existem dúvidas.

Destarte a nível da fundamentação de direito para determinação da pena única não são suficientes fórmulas genéricas, vagas, imprecisas, superficiais[131][132]. Aparentemente fundamentadoras da medida da pena única,

---

pt: *"Por outro, tem lugar, porque se trata de uma nova pena, uma pena final, de síntese, correspondente a uma resposta/definição a/de um novo ilícito (agora global), e a uma nova culpa (agora outra culpa, ponderada pelos factos conjuntos, em relação), sendo necessária outra específica fundamentação, que acresce à decorrente do art. 71.º do CP. XIII – Deve ter-se em consideração a existência de um critério especial na determinação concreta da pena de concurso, segundo o qual serão considerados, em conjunto, os factos e a personalidade do agente, o que obriga a que do teor da sentença conste uma especial fundamentação da medida da pena do concurso. XIV – Na consideração dos factos (rectius, do conjunto dos vários factos que integram os diversos crimes em efectivo concurso) está ínsita uma «avaliação da gravidade da ilicitude global», como se o conjunto dos crimes em concurso se ficcionasse como um todo único, total, globalizado, apenas a final considerado, que deve ter em conta a existência ou não, de ligações, conexões, ou pontos de contacto, entre as diversas actuações, e, na afirmativa, o tipo de ligação, conexão, ou contacto, que se verifique entre os factos em concurso, quer pela proximidade temporal, independentemente de o serem em série, ou não, ou mesmo em panorama temporal descompassado, se ainda é possível estabelecer alguma corrente de continuidade, interrompida embora, quer na identidade ou proximidade de bens jurídicos violados, quer no objectivo pretendido, no caso, a satisfação de necessidades de consumo de estupefacientes."*

[131] Neste sentido Ac do STJ, Rel. Cons. Oliveira Mendes, proc. 537/03.0PBVRL, 25.06.2009, consultado em www.dgsi.pt: *"Não basta, pois, para correcta fundamentação da sentença o simples apelo, sem mais, à personalidade do condenado, acompanhado do uso de fórmulas tabelares, como o número, a natureza e a gravidade dos crimes, desacompanhadas dos elementos de facto efectivamente considerados na efectuação do cúmulo jurídico".* Entre outros, também Ac do STJ, Rel. Cons. Santos Carvalho, proc. 778/06.8GAMAI.S1, 21.06.2012, consultado em www.dgsi.pt: *"A utilização de fórmulas tabelares, como "o número", a "natureza" e a "gravidade", não são "uma exposição, tanto quanto possível completa, ainda que concisa, dos motivos, de facto e de direito, que fundamentam a decisão", mas expressões vazias de conteúdo e que nada acrescentam de útil".*

[132] É exemplo o analisado no Ac. do STJ, Rel. Cons. Sousa Fontes, proc n.º 178/09.8PQPRT-A. P1.S1, 15.11.2012, consultado em www.dgsi.pt: *Não basta, com efeito, afirmar que «no caso concreto, não há dúvida que os factos praticados pelo arguido são graves; estão em causa, na verdade, vários ataques a bens jurídicos pessoalíssimos e ao património, surgindo a ameaça contra aqueles reiteradamente como forma de lograr a pretensão apropriativa dirigida contra o património alheio», porque isso não vai além da identificação dos tipos de crimes cometidos, sem nenhuma concretização do modo de execução, do valor patrimonial atingido, do tipo de ameaça utilizado".* Veja-se também Ac. da RG, Rel. Des. Cruz Bucho, proc. 332/08-2, 28.04.2008, consultado em www.dgsi.pt: *"Note-se que ao nível da fundamentação da pena única aquela sentença limita-se a referir que: «Ora, atentando no número de*

mas que podem ser usadas de forma indiferenciada em diversas decisões e são insuscetíveis de percecionar se o julgador "desceu" à facticidade em concreto ou se apenas interligou penas parcelares e usou "fórmulas meramente matemáticas". Para além de que, o princípio da transparência das decisões judiciais, que confere legitimidade ao exercício de um poder punitivo em nome de um Estado de Direito Democrático, e permite um controle endo-processual e extra-processual, não se compadece com argumentações superficiais, com formulações que impedem apurar os reais motivos fundantes para determinação da pena única, nomeadamente se foi *realmente* analisada e interligada a factualidade global, personalidade do agente e necessidades preventivas.

É imperioso, à luz da função da fundamentação, que se analisem os factos parcelares, se surpreenda dessa avaliação conjunta *a atividade real, concreta e factual*, que tem o condão de permitir detetar todas as conexões relevantes para apurar da personalidade do arguido, da tendência criminosa ou pluriocasionalidade, do ilícito e culpa global e das razões de prevenção.

Também os *factos* que permitem percepcionar a *personalidade* do agente deverão ser devidamente explanados, "buscando-se" não só as motivações para os crimes dos julgamentos parcelares, mas analisando o percurso de vida económica, social, familiar e, essencialmente, o comportamento atual do arguido, o modo como perceciona a sua vida criminosa, a interiorização dos bens jurídicos que violou, a vontade de alterar a sua atitude, predisposição para aderir às normas de vivência em comunidade[133].

Sendo a realização do cúmulo jurídico o "fim da linha" e que permitirá, de forma atualística, o *doseamento* de uma pena única *proporcional* à atividade criminosa que desenvolveu, *adequada e necessária* à sua personalidade e comportamento, torna-se crucial um correto interligamento do binómio factos-personalidade, para se lograr os intentos do legislador de proferir

---

condenações por crimes de igual natureza, o espaço que medeia entre a prática dos vários crimes, haverá que reconhecer no arguido uma atitude pessoal de ostensiva predisposição para a violação do bem jurídico da segurança rodoviária, o que conduz a que, dentro da moldura penal conjunta, se atribua à pluralidade de crimes um efeito agravante, o que se agrava ainda mais quando se considera que o arguido conta apenas com 24 anos de idade.» §4. Constata-se, deste modo, que a sentença cumulatória limita-se a proceder à indicação dos diversos autos abrangidos pelo cúmulo, dos tipos legais de crime neles violados, das penas aí aplicadas, da data dos respectivos factos e das decisões condenatórias".

[133] Prova que é lograda, nomeadamente, através das declarações do arguido, relatório social e informações do estabelecimento prisional sobre a sua conduta.

uma pena única justa, expetável pela comunidade e não excessiva face às necessidades do agente retomar uma vida conforme ao Direito.

A ausência ou insuficiência desta fundamentação motiva a nulidade (art. 379.º, n.º 1, al. a) do CPP). Não se deve exigir fundamentações exaustivas. Podem e devem ser concisas, mas suficientes para que se conclua que o julgador analisou os factos globalmente, os interligou, estabeleceu as conexões relevantes em ordem a relacioná-las com a personalidade do agente, ponderou se estamos perante uma predisposição criminosa e indagou das necessidades preventivas em concreto[134]. Na fundamentação de direito da pena única devem ser especificados os motivos que presidiram à escolha e medida da sanção aplicada (art. 375.º, n.º 1 do CPP e art. 71.º, n.º 3 do CP), de modo a evitar decisões "mecânicas"[135].

§ 63. Algo mais debatido na estrutura das decisões de cúmulo jurídico superveniente é a *fundamentação de facto*. Naturalmente que na motivação da matéria de facto não se reponderá os elementos probatórios dos julgamentos parcelares. Esses factos julgados e dados como provados e não provados formam caso julgado, são imutáveis.

---

[134] *"Importante na determinação concreta da pena conjunta será, pois, a averiguação sobre se ocorre ou não ligação ou conexão entre os factos em concurso, bem como a indagação da natureza ou tipo de relação entre os factos, sem esquecer o número, a natureza e gravidade dos crimes praticados e das penas aplicadas, tudo ponderando em conjunto com a personalidade do agente referenciada aos factos, tendo em vista a obtenção de uma visão unitária do conjunto dos factos, que permita aferir se o ilícito global é ou não produto de tendência criminosa do agente, bem como fixar a medida concreta da pena dentro da moldura penal do concurso, tendo presente o efeito dissuasor e ressocializador que essa pena irá exercer sobre aquele."* (Ac. do STJ, Rel. Cons. Oliveira Mendes, proc. 521/07.4TAPFR.S1, 25.01.2012, consultado em www.dgsi.pt).

[135] *" (...) Os motivos de direito que fundamentam a decisão não são, assim, apenas as razões jurídicas relativas à qualificação jurídica dos factos dados por provados, mas também as considerações que interessam à escolha da pena (quando ao crime forem aplicáveis, em alternativa, pena privativa e pena não privativa de liberdade – artigo 70.º do CP) e à determinação da medida concreta da pena. (...) deve ser esclarecedora das razões por que o tribunal "chegou" a determinada pena única. O que obriga a uma especial fundamentação, «só assim se evitando que a medida da pena do concurso surja como fruto de um acto intuitivo – da "arte" do juiz uma vez mais – ou puramente mecânico e, portanto, arbitrário"* (Ac. do STJ, Rel. Cons. Isabel Pais Martins, proc n.º 968/07.6JAPRT-A.S1, 18.09.2013, consultado em www.dgsi.pt).

A única componente *variável* serão os factos relativos à personalidade, comportamento e condições económico-sociais-pessoais, que podem e devem ser descritos de forma atualizada na decisão cumulatória[136].

Quanto aos demais, todos esses factos parcelares, foram julgados, fundamentados, notificados, transitados, pelo que, para *motivar* os mesmos basta a *menção* de que *emergem* das certidões das decisões transitadas juntas aos autos.

Já os factos relativos à personalidade devem ser atualizados[137]. Na motivação de facto deverá ser explanado, de forma concisa, o modo como o julgador logrou considerá-los assentes (normalmente através da interligação de declarações do arguido[138], relatório social[139], informações do estabelecimento prisional, mas outras podem ser usadas, como seja os relatórios de acompanhamento das penas parcelares suspensas na sua execução, documento que atesta que tirou a carta de condução, quando está em causa criminalidade por condução sem habilitação legal, ou declarações médicas de que concluiu com êxito programas de controle da agressividade, formação sexual, tratamento de álcool ou de dependência de estupefacientes, em crimes com eles relacionados).

No fundo, no elenco dos factos dados como provados o tribunal deve começar por narrar a facticidade relativa aos julgamentos parcelares e,

---

[136] Ac. da RC, Rel. Des. Cacilda Sena, proc. n.º 407/07.2JACBR-A.C1, 17.12.2014, consultado em www.dgsi.pt: "À fundamentação de sentença que efectuar o cúmulo de penas em concurso interessam os factos relativos a cada um dos crimes praticados e a personalidade do agente, esta delineada por todos os factos pessoais daquele, conhecidos à data da decisão final *cumulatória, os quais podem ser divergentes dos provados em sentenças relativas a cada um dos processos considerados*."

[137] "*A fundamentação de facto (enumeração dos factos provados) é deficiente quando não concretiza os factos relativos à personalidade do arguido e às suas condições de vida(...)*" (Ac. do STJ, Rel. Cons. Isabel Pais Martins, proc n.º 968/07.6JAPRT-A.S1, 18.09.2013, consultado em www.dgsi.pt).

[138] Se foi determinada a sua presença em audiência nos termos do art. 472.º, n.º 2 do CPP e prestar declarações as mesmas necessariamente devem ser valoradas. Veja-se, a este propósito, Ac da RG, Rel. Des. Cruz Bucho, processo n.º 332/08-2, 28.04.2008, consultado em www.dgsi.pt.

[139] "*A sentença deve conter também uma referência aos factos atinentes à personalidade do agente, normalmente contidos no relatório social, mas que podem resultar também da audiência, caso o arguido esteja presente, de forma a habilitar o tribunal a efetuar a apreciação conjunta dos factos e da personalidade a que se refere o n.º 1 do art. 77.º do CP*" (Ac. STJ, Rel. Cons. Maia Costa, processo n.º 457/11.4PCBRG.S1, 6.02.2013 consultado em www.dgsi.pt).

após, descrever todos os factos atinentes à personalidade do arguido, bem como todos aqueles pertinentes para analisar a culpa global do agente[140].

Para percecionar a personalidade do arguido, destarte se revela traços de tendência criminosa, e avaliar corretamente as necessidades preventivas e culpa global, é necessário que se descreva, entre outras, as condições de vida quando praticou os crimes[141], a evolução da mesma[142], tempo de prisão, efeito da reclusão sobre o agente, as condições de integração social de que dispõe[143], as suas condições pessoais (artº 71º, nº2 al. d) do CP), sentimentos manifestados no cometimento dos crimes (artº 72º, nº1, al. c) do CP), situação prisional do arguido, inserção familiar, social e profissional, comportamentos aditivos contemporâneos dos factos e posterior evolução, efeitos das penas, concretamente se o mesmo se mantém indiferente ou interiorizou o desvalor da conduta, se na reclusão adquiriu conhecimentos pessoais e profissionais para melhor se integrar, caraterísticas pessoais, modo de vida, habilitações literárias, desde quando se encontra detido, comportamento

---

[140] Por exemplo nos crimes fiscais, sob pena de omissão de fundamentação, existindo referência nos autos à declaração de insolvência, este facto deve ser interligado e conjugado com a falta de pagamento dos impostos (Ac da RC, Rel. Des. Isabel Valongo, proc. n.º 12749/04.4TDLSB-B.C1, 4.05.2011, consultado em www.dgsi.pt).

[141] *"(...) no tocante à personalidade do arguido impõe-se também a descrição de factos, ainda que em síntese, que definam as características da sua personalidade, nomeadamente ao tempo da prática dos mesmos, que possibilitem o conhecimento da motivação da sua actuação delituosa e bem assim a sua inserção familiar, social e prisional do arguido, se for caso disso, em relação a esta última característica"* (Ac da RP, Rel. Des. Maria Dolores Silva e Sousa, proc. n.º 5829/04.8TDPRT.P1, 14.09.2011, consultado em www.dgsi.pt).

[142] *"(...) mas já é necessário que a decisão que efectue o cúmulo, descreva ou resuma todos (...)os factos anteriormente provados que demonstrem qual a personalidade, modo de vida e inserção social do agente(...)"* (Ac do STJ, Rel. Cons. Pires da Graça, proc. n.º 994/10.8TBLGS.S2, 27.06.2012, consultado em www.dgsi.pt).

[143] *"(...)importaria que os factos provados esclarecessem o que depois é afirmado na fundamentação jurídica da pena única, isto é, o tempo de prisão já cumprido pelo recorrente e, ademais, o efeito que sobre ele tem exercido o cumprimento da pena, especialmente, se contribuiu positivamente para o recorrente interiorizar o desvalor das suas anteriores condutas criminosas e se, nas palavras da lei (artigo 42.º, n.º 1, do CP), tem servido para o preparar para conduzir a sua vida de modo socialmente responsável. (...) quanto à personalidade do recorrente e quanto à concreta e actual necessidade de pena (...) factores relativos à sua evolução e às condições de integração social de que o recorrente disporá, em meio livre, uma vez que os autos (o apenso) não informam de diligências realizadas em vista da decisão, v. g., solicitação de relatório social (artigo 472.º, n.º 1, parte final, do CPP) (...)"* (Ac. do STJ, Rel. Cons. Isabel Pais Martins, proc n.º 968/07.6JAPRT-A.S1, 18.09.2013, consultado em www.dgsi.pt).

no estabelecimento prisional, condições pessoais na atualidade, nomeadamente acompanhamento familiar e perspetivas de reinserção[144].

Entre outras, é relevante para determinação da pena única solicitar *"informação junto do estabelecimento prisional sobre as actividades aí desenvolvidas pelo arguido e bem assim sobre as saídas profissionais que se abrem ao arguido logo que se mostre cumprida a pena"*[145] e o estado de execução e de cumprimento das penas parcelares.

Toda esta factualidade deve ser chamada à "colação" na *fundamentação jurídica*, para que relacionando com a descrição dos factos criminosos, se logre a pena única adequada e proporcional e não excessiva[146]. Entre outros importa ponderar *"os denominadores comuns dos actos praticados: a relação dos mesmos factos entre si e no seu contexto, a maior ou menor autonomia e frequência da comissão dos delitos; a diversidade ou igualdade dos bens jurídicos protegidos violados e a forma de comissão, bem como o peso do conjunto das circunstâncias de facto sujeitas a julgamento, e ainda a receptividade do agente à pena"*[147].

§ 64. Relativamente ao elenco dos factos atinentes aos julgamentos parcelares, uma ordenação cronológica é a que melhor se coaduna com os critérios específicos da determinação da pena única, já que permite percecionar de forma mais clarividente o percurso de vida criminosa do agente, localizações temporais, espaciais, *modus* de atuação, motivações e conexões.

Impõe-se juntar aos autos a(s) decisão(ões) condenatória(s), com nota do trânsito em julgado[148] (não bastando o certificado de registo criminal que

---

[144] Assim, acórdãos da RC, Rel. Des. Fernando Ventura, proc n.º 1914/07.2PCCBR.C1., 11.02.2009, da RP, Rel. Des. Joaquim Gomes, proc. n.º 19/09.6PEVRL.P1, 10.10.2012 e da RG, Rel. Des. Cruz Bucho, proc. n.º 332/08-2, 28.04.2008, Ac da RC, processo n.º 12749/04.4TDLSB-B.C1, 4.05.2011, todos consultado em www.dgsi.pt.

[145] Ac. da RE, Rel. Des. Proença da Costa, proc. n.º 1541/05.9GDLLE-F.E1, 16.04.2013, consultado em www.dgsi.pt.

[146] (...) os denominadores comuns dos actos praticados: a relação dos mesmos factos entre si e no seu contexto, a maior ou menor autonomia e frequência da comissão dos delitos; a diversidade ou igualdade dos bens jurídicos protegidos violados e a forma de comissão, bem como o peso do conjunto das circunstâncias de facto sujeitas a julgamento, e ainda a receptividade do agente à pena.

[147] Ac do STJ, Rel. Cons. Santos Cabral, proc. 145/06.SPBBRG.S1, 5.07.2012, consultado em www.dgsi.pt.

[148] Até porque caso apenas esteja junto o CRC, demonstra que o julgador apenas atendeu às penas e crimes, mas não analisou em concreto os factos que motivaram a condenação.

pode conter imprecisões), e como conteúdo mínimo deverá descrever-se a data da condenação, trânsito em julgado, as penas parcelares aplicadas, os crimes cometidos, as penas únicas resultantes de anteriores cúmulos jurídicos, o estado de execução das penas aplicadas, tempo de cumprimento, etc.

Desde logo as datas da condenação e do trânsito em julgado[149] relevam para efeitos de aferir se existe concurso[150] [151], e analisar a competência territorial do tribunal[152]. Não basta a simples menção de condenações e de trânsitos em julgados, sendo essencial precisar as datas, sob pena de nulidade[153]. E tais datas, bem como as datas do cometimento das infrações

Assinalando este aspecto Ac do STJ, Rel. Cons. Sousa Fonte, proc. n.º 06P2167, 13.09.2006, consultado em www.dgsi.pt.

[149] Salientando a essencialidade de tal facto Ac da RL, Rel. Des. Vasco Freitas, proc. n.º 980/10.8PBPDL-A.L1-3, 24.10.2012, consultado em www.dgsi.pt: *"na sentença não se (...) fez constar a data do trânsito em julgado das penas que não foram declaradas extintas. Ora, para que se realize um cúmulo jurídico superveniente necessário se torna como é óbvio que as penas estejam já definitivamente fixadas, possibilitando ao julgador a certeza e segurança necessária para fixar uma pena única. Ou seja o trânsito em julgado de uma sentença é imprescindível para que a mesma possa vir a ser eventualmente englobada num cúmulo jurídico, conforme aliás refere o nº do artº 78º do Cod. Penal. Como tal, verifica-se que a sentença cumulatória incorreu assim na nulidade de omissão de pronúncia prevista no artº 379º nº 1 al. c) do Cod. Proc. Penal, o que acarreta a sua nulidade".*

[150] Conforme já analisado, há duas posições sobre os "limites temporais" para determinação do concurso, existindo quem defenda que as datas das condenações correspondem ao momento relevante para efeitos de aferir se existe o concurso, enquanto outros entendem que o trânsito em julgado é o elemento delimitador. Considerando nula a sentença por não narrar nos factos dados como provados a data de condenação, que considerou fulcral para decidir da existência de concurso, ac. do STJ, Rel. Cons. Sousa Fontes, proc n.º 693/09.3GBFND.C2.S1, 27.02.2013, consultado em www.dgsi.pt.

[151] *"A fundamentação de facto (enumeração dos factos provados) é deficiente quando não concretiza os factos relativos (...) às datas das condenações e às datas do seu trânsito em julgado. (...) os factos provados devem demonstrar, por um lado, que se mostram preenchidos os pressupostos enunciados no artigo 78.º, n.os 1 e 2, do Código Penal e, por outro, devem ser suficientes para a determinação da pena única conjunta pelo concurso de crimes"* (Relator Isabel Pais Martins, Ac do STJ, Rel. Cons. Isabel Pais Martins, proc n.º 968/07.6JAPRT-A.S1, 18.09.2013, consultado em www.dgsi.pt).

[152] *"(...) a data da condenação releva ainda para efeitos de atribuição da competência territorial, nos termos do nº 2 do artº 471º do CPP, embora se trate de matéria já não sindicável em sede de recurso (cfr. artº 372º, nº 2, do mesmo Código)"* (Ac da STJ, Rel. Cons. Sousa Fonte, processo n.º 1458/07.2PCSTB.E1.S1, 3.04.2013, consultado em www.dgsi.pt).

[153] Assim, Ac do STJ, Rel. Cons. Oliveira Mendes, proc. 537/03.0PBVRL, 25.06.2009, consultado em www.dgsi.pt: *"Resultando do exame do acórdão recorrido que (...) o tribunal a quo não indicou as datas em que os crimes em concurso foram perpetrados, com excepção dos crimes objecto do presente processo, nem as datas do trânsito em julgado das decisões que condenaram o arguido nas penas objecto do cúmulo jurídico efectuado, tendo-se limitado à asserção genérica de que todas aquelas decisões transitaram*

em concurso, devem estar narradas na matéria de facto[154], não podendo ser supridas pelos tribunais superiores com recurso de certidões, por estar em causa fundamentação necessária à compreensão e exercício de direitos de defesa do arguido[155].

No que se reporta à descrição das penas parcelares é essencial para apurar se a moldura abstrata considerada pelo tribunal foi a correta[156] e é um elemento que releva para aplicação de uma pena única proporcional[157] [158].

A omissão do *quantum* das penas parcelares determina a nulidade da decisão, por incumprimento do disposto no n.º 2 do artigo 374º, ex vi artigo

---

em julgado; (...) o acórdão recorrido enferma de nulidade resultante de insuficiente fundamentação – al. a) do n.º 1 do art. 379.º do CPP (...)".

[154] Deve assim constar da decisão da data cumulatória a data em que os crimes foram cometidos e o trânsito em julgado das decisões condenatórias pois só assim será possível sindicar a verificação dos pressupostos para realização do cúmulo jurídico e a necessidade de excluir, ou incluir, outras penas. Se tal não contar da fundamentação verifica-se o vício da decisão previsto na al. a) do nº 2 do art. 410º do CPP (insuficiência para a decisão da matéria de facto provada) (Assim, ac da R.E., processo n.º 204/08.8GBTVR.E1, 5.02.2013, consultado em www.dgsi.pt).

[155] Numa situação em que se anulou acórdão nos termos dos arts. 374º, nº 2 e 379º, nº 1, alínea a), do CPP, por não descrever as datas das condenações, Ac. do STJ, Rel. Cons. Sousa Fontes, proc. n.º 693/09.3GBFND.C2.S1, 27.02.2013, consultado em www.dgsi.pt, entendendo que tais factos não podem ser supridos com recurso às certidões das respectivas decisões, já que o texto da decisão judicial deve ser por si só suficiente para que os seus destinatários possam, sem necessidade de recorrer a outros elementos ou peças processuais, avaliar a sua conformidade com a lei. Mas existe jurisprudência entendendo que, caso os elementos em falta possam ser obtidos através da prova documental, nomeadamente certidões das decisões condenatórias juntas aos autos é "lícito (...) proceder ao suprimento do vício verificado, sem com isso violar os princípios que regem a produção de prova na fase processual de julgamento, mormente, os da oralidade e da imediação, em ordem a evitar o reenvio do processo previsto no *art. 426º do CPP*" (Ac da R.E., proc. n.º 204/08.8GBTVR.E1, 5.02.2013, consultado em www.dgsi.pt).

[156] Pelo que não basta a menção às anteriores penas únicas aplicadas, sob pena de nulidade por falta de fundamentação. Abordando esta questão Ac. do STJ, Rel. Cons. Arménio Sottomayor, proc. n.º 471/06.1GALSD.P1.S1, 17.05.2012, consultado em www.dgsi.pt

[157] Se todas as penas parcelares se situam na denominada pequena criminalidade, por exemplo entre um ano e dois anos, mesmo que o somatório chegue aos vinte e cinco anos, é desproporcional a aplicação de uma pena única correspondente à criminalidade grave. Também o concurso de vinte e cinco crimes de condução sem habilitação legal, com penas parcelares de um ano, na nossa perspetiva, nunca poderia ultrapassar a pena máxima abstratamente aplicável que o legislador considerou adequada para a pequena e média criminalidade, ou seja, um limite de cinco anos de prisão.

[158] Também é pertinente a indicação da pena única anterior, já que, em regra, por uma questão de coerência do sistema, implica que a nova pena única não seja inferior, embora possam existir exceções.

379.º, n.º 1, alínea a), ambos do Código de Processo Penal[159]. O estado de execução das penas parcelares permite determinar se entram no concurso, também relevando para a escolha e medida da pena única[160] e desconto, pelo que tais elementos devem constar dos autos antes da realização da audiência de cúmulo.

§ 65. É imperioso que o julgador interligue os factos dos julgamentos parcelares pelo que os mesmos deverão constar do elenco da matéria de facto provada que releva para a decisão.

Mas será possível remeter para as certidões das decisões transitadas em julgados que devem constar dos autos, para descrever os crimes, ou necessariamente deverá narrar-se, integralmente ou por súmula, os factos dos julgamentos parcelares?

Poderá conceber-se uma tese minimalista, uma intermédia e uma maximalista. A tese a adotar depende depois da conclusão sobre qual a *fundamentação bastante, não suscetível de despoletar a nulidade nos termos do art. 379.º, n.º 1, al. a) do CPP.*

Na tese minimalista argumenta-se que sendo a decisão do cúmulo jurídico superveniente *distinta* das sentenças dos julgamentos parcelares, onde *já foram* narrados os factos dados como provados (e não provados), e estando as certidões juntas aos autos, exigir-se *novamente* a descrição dos mesmos, é um formalismo exacerbado, não exigível, já que o crucial é que os mesmos sejam considerados, atendidos e analisados para determinação da medida da pena única[161].

---

[159] Bem como a omissão de elementos relevantes para a determinação da pena conjunta, como seja a idade do arguido (Ac. do STJ, Rel. Cons. Oliveira Mendes, proc n.º 14447/08.0TDPRT.S2, 22.01.2013, consultado em www.dgsi.pt).

[160] O cumprimento voluntário e adequado, pode demonstrar interiorização dos bens jurídicos que violou. Também, por exemplo se a pena única anterior foi uma pena suspensa na sua execução, estando todas as obrigações a serem cumpridas, é mais um elemento que releva para o juízo de prognose favorável, no sentido da suspensão de execução da pena de prisão, caso se verifiquem os demais pressupostos.

[161] Era esta a posição expressa no Ac do STJ, Rel. Cons. Oliveira Mendes,proc. 537/03.0PBVRL, 25.06.2009, consultado em www.dgsi.pt Sumário : *"IX – A decisão que visa o cúmulo jurídico de penas aplicadas em sentenças já transitadas em julgado, neste e noutros processos, ou seja, a determinação de uma pena conjunta, englobadora de penas já definitivamente aplicadas, conquanto assuma indiscutivelmente a natureza de sentença, configura uma decisão diferente da sentença tal qual esta é definida na al. a) do n.º 1 do art. 97.º e estruturada no art. 374.º, ambos do CPP. X – Tal circunstância conduz,*

Uma tese intermédia, não impõe a narração, na decisão cumulatória, do total dos factos que constam dos julgamentos parcelares, mas *apenas* uma súmula relevante para apurar da personalidade do arguido.

A tese maximalista, exigiria a descrição/transposição de todos os factos dados como provados nos julgamentos parcelares, na fundamentação de facto.

Todas estas teses são possíveis e defensáveis, já que o *essencial* é que seja patente e resulte da argumentação e motivação da decisão, que o tribunal analisou *todas* as sentenças/acórdãos que irão integrar o concurso e estabeleceu todas as *conexões relevantes* entre a factualidade dos julgamentos parcelares. Tal pode suceder, quando apenas se menciona os crimes, penas, data de decisão e trânsito e se dá por reproduzida a factualidade que consta das decisões dos julgamentos parcelares. Como pelo contrário, podem transcrever-se todos os factos das decisões que aplicaram as penas parcelares e não se ter logrado estabelecer as conexões e fundamentação imposta para determinar a pena única[162].

---

necessariamente, a que aquela decisão não esteja sujeita a todos os requisitos previstos no art. 374.º, que relativamente a alguns deles não seja exigível o seu preciso e rigoroso cumprimento e que, no que concerne a outros, a sua aplicação haja de ser feita com as necessárias adaptações. XI – É o que sucede com os factos provados e não provados constantes das sentenças condenatórias aplicadoras das penas a cumular e com a indicação e exame crítico das provas em que o julgador se baseou para nesse sentido decidir, não sendo necessária a sua consignação (transcrição), como impõe o n.º 2 daquele artigo, sendo suficiente enumerar os crimes em concurso e as respectivas penas, com indicação das datas da sua prática, das condenações e do trânsito em julgado, suposta, obviamente, a presença nos autos de certidões (narrativas completas) daquelas sentenças. XII – Exigir a transcrição da enumeração daqueles factos e a transcrição da indicação e exame crítico daquelas provas, sob pena de nulidade da sentença, seria enveredar por um formalismo excessivo, desnecessário, inimigo da economia e da celeridade que o processo penal deve ter. XIII – No entanto, atento o concreto desiderato da decisão de cúmulo de penas, bem como o critério legal norteador da determinação da pena conjunta, consideração, em conjunto, dos factos e da personalidade do agente – n.º 1 do art. 77.º do CP –, após a análise destes factores, deve o julgador dar a conhecer as específicas razões que determinaram o concreto quantum da pena conjunta."

[162] Veja-se, a propósito, Ac do STJ, Rel Cons. Raul Borges, proc. 93/10.2TCPRT.S1, 23.11.2010, consultado em www.dgsi.pt: " *O acórdão recorrido seguiu/ adoptou o caminho fácil de proceder à transcrição do que consta da fundamentação de facto dos vários processos. Algumas das inserções de matéria de facto provada são de forma manifesta e exuberante, sem o correspectivo grande proveito e utilidade, muito extensas e extremamente longa. Um outro aspecto em que o acórdão não fundamentou de pleno tem a ver com a incompletude da análise global do conjunto dos factos e sua relacionação com a personalidade do recorrente.*"

O argumento de que a sentença é uma peça que deve *valer por si* não é decisivo. Na verdade, num momento em que tanto se fala em *economia, celeridade e diferenciação processual*, não é curial exigir mero trabalho burocrático e material aos juízes da primeira instância, pois, como se salientou, a reprodução dos factos dos julgamentos parcelares não é condição *sine quo non* para que se analise tal factualidade e se fundamente devidamente a pena única.

Repare-se que a norma da sentença (art. 374.º do CPP) é aplicável com as *necessárias adaptações*. Isto porque todos os julgamentos parcelares foram públicos, submetidos ao ritualismo processual, devidamente motivados, explicitados, transitados e notificados aos arguidos.

Quando se realiza um cúmulo jurídico superveniente e se remete para decisões transitadas, o arguido e todos os cidadãos já têm perfeitamente conhecimento das mesmas. Voltar a enunciar os factos é mero "trabalho material", que nada adianta à exigência jurisdicional da fundamentação, nem de transparência ou convencimento dos cidadãos, pois como referimos, são factos que foram submetidos a julgamentos públicos. Nem tampouco retira capacidade de sindicância aos intervenientes processuais ou aos tribunais superiores, já que estando as certidões juntas aos autos, os mesmos podem reagir quanto a omissões na interconexão dos factos.

Aliás, a descrição dos factos por *remissão* foi "ensaiada" no regime experimental do processo civil e elogiado enquanto factor de celeridade. A nível do processo penal, nos processos abreviados e sumários, inclusive, quando se tratem de penas não privativas da liberdade, apenas tem que constar por escrito o dispositivo da decisão, sendo a fundamentação de facto ditada oralmente, em ordem a privilegiar a celeridade e diferenciação processual. Pelo menos nestes casos, ao abrigo do princípio da diferenciação processual, não será apenas de exigir a descrição da data, local e crime praticado, que constam do dispositivo das decisões parcelares? Impor a narração integral ou por súmula de factos que a lei admite que fiquem gravados não consubstancia uma incoerência sistémica?

A própria tese que admite a síntese dos factos demonstra que o essencial é a conexão dos factos e não a sua reprodução, ainda que por súmula. Essa síntese depende do julgador. O que será uma síntese suficiente? Quando é que a mesma é bastante? Criam-se deste modo espaços de incerteza. Ademais essa síntese é a que deve ser usada na fundamentação de direito, aquando da determinação da medida da pena. Essa súmula, mais não é do que a descrição de factos e síntese à luz do quadro de análise da pena única. E como tal, a mesma deve emergir na fundamentação de direito, pois que demonstra que os factos foram conexionados[163].

O fulcral, como tivemos oportunidade de salientar, é que da decisão resulte que o julgador decidiu numa visão global factual, estabelecendo as necessárias conexões, o que não impõe a narração dos factos, ainda que por síntese, na matéria de facto, já que a interligação dos mesmos pode ser devidamente realizada na fundamentação de direito, tendo como pressuposto a análise das certidões das decisões dos julgamentos parcelares. Usando as palavras do Juiz Conselheiro Santos Cabral, o que é necessário, é uma *"abordagem sistémica que permita concluir que o julgador, para além de cada uma das árvores, conseguiu ver a floresta, ou seja, que indicie a existência de uma visão de conjunto"*.[164]

§ 66. A jurisprudência maioritária do STJ[165] e das Relações[166] defende a *tese intermédia*, no sentido de ser necessário uma síntese da factualidade dos

---

[163] Também questionando esta jurisprudência maioritária, assim parece, Ac. da RP, Rel. Des. Maria do Carmo Silva Dias, proc. n.º 0813107, de 18.06.2008, consultado em www.dgsi.pt, quando escreve *"(...) Claro que se poderá discutir (de modo construtivo) se é de exigir, no momento da descrição que se faz das decisões condenatórias em concurso, esse "resumo sucinto dos factos" que delas constam"*, salientando a *"(...) a falibilidade desses "resumos", que podem até acabar por adquirir um pendor mais conclusivo do que descritivo"* e acentuando que é na fundamentação de direito que vai ser explicado *"(...)o processo lógico e racional seguido para encontrar a pena única adequada e proporcional ao caso submetido a apreciação"*. Entendendo que ou se admitiria remeter e dar por reproduzidas o teor, em concreto, a matéria de facto das decisões parcelares ou exigir *"a reprodução da decisão proferida sobre os factos apurados em questão em cada uma dessas condenações"*.
[164] Ac. do STJ, Rel. Cons. Santos Cabral, proc n.º 321/03.0PBCSC.S1, 10.10.2012, consultado em www.dgsi.pt (embora defendendo um elenco de factos por súmula).
[165] Entre outros, Acórdãos do STJ, Rel. Cons. Raul Borges, proc. 93/10.2TCPRT.S1, de 23.11.2010 e proc. 34/05.9PAVNG.S1, de 18.01.2012, Rel. Cons. Armindo Monteiro, proc. n.º 900/05.1PRLSB.L1.S1, 3.10.2012, Rel. Cons. Maia Costa, proc n.º 114/10.9PEPRT.S1, 15.11.2012, Rel. Cons. Santos Cabral, proc n.º 321/03.0PBCSC.S1, 10.10.2012, Rel. Cons. Isabel Pais Martins, proc. n.º 968/07.6JAPRT-A.S1, 18.09.2013, Rel. Cons. Pires da Graça, proc. 994/10.8TBLGS.S2, 27.06.2012, todos consultados em www.dgsi.pt.
[166] Entre outros, Acórdãos da RG, Rel. Des. Teresa Baltazar, proc n.º 74/08.6GBPTL.G1, 18.03.2013, Rel. Des. Maria Luísa Arantes, 160/08.2GAFLG.G2, 21.10.2013, Rel. Des. Teresa Baltazar, proc. 74/08.6GBPTL.G1, 18.03.2013, da RP, Rel. Des. Eduarda Lobo, proc n.º 491/07.9PASTS.P1, 24.04.2013, da RC, Rel. Des. Fernando Ventura, proc n.º 1914/07.2PCCBR. C1., 11.02.2009 e da RE, Rel. Des. Sénio Alves, processo n.º 286/05.4GGSTB.E1, 20.01.2011, todos consultados em www.dgsi.pt

julgamentos parcelares. Uma síntese concisa, mas que permita apreender os comportamentos praticados pelo arguido, contendo todos os factos dos julgamentos parcelares que, de forma resumida, relevam para a determinação da pena única[167].

Argumenta-se que a decisão cumulatória é uma peça processual que deve valer "por si só"[168], ao qual são aplicáveis as regras do art. 374.º do CPP, devendo essa sentença/acórdão ter capacidade, sem recurso a outros elementos do processo, para demonstrar aos intervenientes processuais, cidadão e tribunal de recurso, os factos que relevaram na convicção do tribunal, bem como permitir que "sejam usados" na fundamentação de direito, já que tal pressupõe que estejam descritos na matéria de facto.[169]

Assinala-se que tais atos decisórios devem ser auto-suficientes[170], pelo que se impõe uma descrição factual, sem possibilidade de remissões[171], não só para garantir a cabal defesa do arguido, mas enquanto

---

[167] *"No cumprimento do dever de fundamentação da pena única não se mostra imperiosa a fundamentação alongada com as exigências do n.º 2 do art. 374.º do CPP, nem sendo exigível o rigor e extensão nos termos do art. 71.º do CP, bastando uma referência sucinta, resumida, sintética aos factos, colhendo o essencial para estabelecer as conexões existentes entre os factos e a ligação à personalidade do autor daqueles"* (Ac. do STJ, Rel. Cons. Raúl Borges, proc. n.º 34/05.9PAVNG.S1, 18.01.2012, consultado em www.dgsi.pt).

[168] Assim, Ac do STJ, 23.11.2010, Rel. Cons. Raul Borges, proc. 93/10.2TCPRT.S1, 23.11.2010, consultado em www.dgsi.pt: " (...) *a decisão que fixa a pena única deve funcionar como peça autónoma, que deve reflectir a fundamentação de forma individualizada, sucinta, mas imprescindivelmente de forma suficiente."*

[169] *"A decisão há-de, por si, ser auto-suficiente (...) Não valem, deste modo, enunciados genéricos, como a simples referência à tipologia da condenação, fórmulas tabelares, remissões para os factos comprovados, crimes certificados documentalmente, a lei, juízos conclusivos, premissas imprecisas (...) Insuficiente, pois, como se faz, a remissão para certidões juntas aos autos para escrutínio dos factos, deixando-se essa função de perscruta ao tribunal superior, que não colhe fundamento na lei, ao arrepio da descrita suficiência da decisão, isto em homenagem ao direito de defesa do arguido que deve na fundamentação decisória ser confrontado com o quadro factual condenatoriamente relevante, de modo imediatamente visível e sem esforço analítico. A decisão peca, pois, por nulidade por omissão de pronúncia impeditiva de se proferir decisão incorrendo nessa parte em omissão de pronúncia, geradora de nulidade, nos termos dos art.os 374.º n.º 2 e 379.º n.º 1 c), do CPP, vício de conhecimento oficioso* (Ac. do STJ, Rel. Cons. Armindo Monteiro, processo n.º 900/05.1PRLSB.L1.S1, 3.10.2012, STJ, consultado em www.dgsi.pt).

[170] A pena conjunta deve conter *"a fundamentação necessária e suficiente para se justificar a si própria, sem carecer de qualquer recurso a um elemento externo só alcançável através de remissões"* (Ac. do STJ, Rel. Cons. Santos Cabral, proc n.º 321/03.0PBCSC.S1, 10.10.2012, STJ, consultado em www.dgsi.pt).

[171] *"(...) não é aceitável a remissão para os factos descritos nas sentenças condenatórios que estão em concurso para a determinação da pena unitária (...) porquanto exige-se que a fundamentação expressa no sentenciamento da pena unitária tenha, apenas por si e para os seus destinatários ou qualquer outro leitor,*

imperativo da fundamentação perante a comunidade, e do respeito pelos princípios da imparcialidade e independência dos juízes[172]. O art. 374.º do CPP determina uma fundamentação de facto que permita surpreender o ilícito e culpa global, só possível com a descrição dos contornos sintéticos dos factos parcelares, pelo que a omissão gera nulidade nos termos dos arts. 374.º, n.º 2, e 379.º, n.º 1, al. a), do CPP, já que impede *"avaliar o grau de ilicitude dos crimes, a sua eventual interligação, a existência ou não de homogeneidade de conduta, etc., elementos estes essenciais para a avaliação global da conduta do recorrente"*[173] [174].

Ressalta-se (uma vez que a decisão a proferir após a audiência de cúmulo nos termos do art. 472.º do CPP tem que respeitar os requisitos da sentença previstos no art. 374.º do CPP e este normativo exige a enumeração dos factos provados), que da fundamentação de facto terão que constar todos os factos necessários para aferir do concurso e determinar a pena única, não só os relativos à personalidade e condições de vida do arguido, mas ainda, a nível dos factos, uma descrição sumária que permita conhecer a sua realidade concreta[175]. E que a fundamentação jurídica da decisão necessariamente será deficiente se na matéria de facto não estiverem narrados os factos bastantes para explicar o motivo pelo qual se chegou à pena única[176].

---

a plena suficiência argumentativa, tanto na sua descrição, como na sua justificação"(Ac da RP, relator Joaquim Gomes, 19/09.6PEVRL.P1, 10 de Outubro de 2012, consultado em www.dgsi.pt).

[172] Focando este aspeto, ac. do STJ, Rel. Cons. Sousa Fontes, proc n.º 178/09.8PQPRT-A. P1.S1, 15.11.2012, consultado em www.dgsi.pt.

[173] Ac. do STJ, Rel. Cons. Maia Costa, proc. n.º 457/11.4PCBRG.S1, 6 de Fevereiro de 2013, consultado em www.dgsi.pt.

[174] *"Para o cumprimento do requisito de "enumeração dos factos provados", não basta, portanto, que o tribunal se limite a indicar os crimes que foram objeto de condenação nos processos; haverá, ainda, que especificar, embora de forma concisa, repete-se, os factos que os consubstanciam para dessa forma a sentença, enquanto peça autónoma e por si mesma suficiente, conter os factos que caracterizam o "ilícito global"* " (Ac. do STJ, Rel. Cons. Isabel Pais Martins, proc n.º 968/07.6JAPRT-A.S1, 18.09.2013, consultado em www.dgsi.pt).

[175] Ac. do STJ, Rel. Cons. Isabel Pais Martins, proc n.º 968/07.6JAPRT-A.S1, 18.09.2013, consultado em www.dgsi.pt.

[176] *"(...) Se assim não se proceder, para além de a decisão não cumprir o requisito de "enumeração dos factos provados" que interessam à decisão, fica irremediavelmente prejudicada a própria fundamentação da medida da pena, que deve ser esclarecedora das razões por que o tribunal "chegou" a determinada pena única. (...)V – É deficiente a fundamentação jurídica da pena única, que aparece como consequência necessária da deficiente fundamentação de facto"* (Ac. do STJ, Rel. Cons. Isabel Pais Martins, proc n.º 968/07.6JAPRT-A.S1, 18.09.2013, consultado em www.dgsi.pt).

§ 67. Já manifestámos as nossas reservas no que se reporta a este entendimento maioritário[177].

Contudo, ainda "dentro" desta tese, sempre deverá estar presente um princípio da diferenciação processual no que se reporta à *extensão da síntese*. Este resumo deverá ser o necessário à determinação da pena única[178], pelo que em caso de cúmulos jurídicos anteriores não é imperioso a descrição de factos por penas parcelares. Poderá optar-se, inclusive, por um resumo/síntese global do comportamento do arguido, ou aglutinar-se a síntese por tipo de crimes, por momentos temporais, espaciais, etc.

Por exemplo, estando em causa crimes de tráfico de estupefacientes, a referência às datas, qualidade de estupefaciente, modalidade de ação e quantidades será o suficiente para estabelecer a conexão necessária entre a factualidade global[179].

XIII. Critérios jurisprudenciais no cálculo da pena única

§ 68. No julgamento da pena conjunta o *critério aritmético* não pode ser utilizado por si só como um critério de decisão, não só por não estar assim erigido legalmente, mas igualmente pelo facto da mera adição mecânica, sem atender aos factos, à personalidade do agente, ao sentido global da

---

[177] Diríamos que é uma dos casos em que faria todo o sentido a presença de assessores nos tribunais, já que esse trabalho de resumo e síntese, que pode "ser gigantesco", não se trata de tarefa jurisdicional. De toda maneira, de modo a facilitar este trabalho "material", deverá solicitar-se o envio de todas as decisões englobadas pelo cúmulo jurídico em formato digital.

[178] "*Como é evidente na indicação dos factos relevantes para a determinação da pena conjunta releva os que concretamente fundamentaram as penas parcelares, mas sim os que resultam de uma visão panóptica sobre aquele "pedaço" de vida do arguido, sinalizando as circunstâncias que consubstanciam os denominadores comuns da sua actividade criminosa o que, ao fim e ao cabo, não é mais do que traçar um quadro de interconexão entre os diversos ilícitos e esboçar a sua compreensão à face da respectiva personalidade*" (Ac. do STJ, Rel. Cons. Santos Cabral, proc n.º 321/03.0PBCSC.S1, 10.10.2012, consultado em www.dgsi.pt).

[179] "*(...) o acórdão recorrido faz uma referência resumida, relativamente a cada crime de tráfico de estupefacientes, aos elementos de facto relevantes: data, ação concreta do arguido, quantidades e espécie de estupefacientes. Os dados referidos são suficientes para caracterizar a atividade do arguido: duração, intensidade, persistência. Por outro lado, são referidos circunstanciadamente os factos referentes à personalidade. Conclui-se, pois, pela inexistência de omissão de fundamentação de facto*" (Ac. do STJ, Rel. Cons. Maia Costa, proc n.º 114/10.9PEPRT.S1, 15.11.2012, consultado em www.dgsi.pt).

ilicitude, da culpa e razões de prevenção, poder consubstanciar uma pena desproporcional e desadequada.

§ 69. A utilização de critérios aritméticos de *"forma autista"*, ou seja, sem atender aos fundamentos que devem estar presentes no sistema da pena conjunta, são totalmente de rejeitar. Nestes termos, a adição matemática à pena parcelar mais grave de uma fracção aritmética das demais penas parcelares, segundo um princípio da exasperação, não permitido por lei, não atendendo aos factos mas apenas aos crimes e penas, analisando apenas "números", prescindindo de *"avaliação de uma unidade relacional de ilícito, portadora de um significado global próprio"*[180], é de rejeitar[181], e é tanto mais criticável *"quanto mais tender à aplicação automática, sem criteriosa ponderação dos fatores referentes à culpa e à prevenção, redundando no desrespeito do sistema de pena única conjunta acolhido entre nós"*[182].

§ 70. Cremos ser pacífico que a substituição de uma *"operação valorativa por um processo de índole essencialmente aritmética de fracções"*[183], é incompatível com o sistema da pena conjunta. Ou seja, não é válida uma fundamentação que se limite a adicionar mecanicamente fracções de ½, 1/3, 1/6. *"A determinação da mesma pena não pode resumir-se a uma mera operação de progressão aritmética em que a descoberta de uma nova condenação tem sempre o seu equivalente na soma de uma nova fracção ao cúmulo jurídico anteriormente feito. Dito por outras palavras, e para além do limite imposto pela norma do artigo 77 do CP, existe um outro patamar imposto pela justificação em termos de fins das penas*[184].

No entanto, nada impede que não abdicando do julgamento dos factos, da personalidade do agente, das necessidades da pena, da culpa, da prevenção, o tribunal se socorra de critérios aritméticos com um fito de estabelecer decisões igualitárias em situações similares, e gerar um certo

---

[180] Cfr MONTEIRO, Cristina Líbano, *"A Pena "Unitária" do Concurso De Crimes"* in RPCC, Ano 16, nº 1, pp. 162 – 166.
[181] COSTA, Artur Rodrigues da, *"O Cúmulo Jurídico na Doutrina e na Jurisprudência do STJ"*.
[182] Ac da RE, Rel. Des. António João Latas, proc. n.º 702/12.9GTABF.E1, 28.1.2014, consultado em www.dgsi.pt.
[183] Ac do STJ, Rel. Cons. Santos Cabral, proc. n.º 44/02.8P6PRT.P2.S1, 12.7.2012, consultado em www.dgsi.pt.
[184] Ac do STJ, Rel. Cons. Santos Cabral, proc. n.º 44/02.8P6PRT.P2.S1, 12.7.2012, consultado em www.dgsi.pt.

grau de previsibilidade quanto à pena conjunta a aplicar, funcionando como "ponto de partida"[185].

Tal será tanto mais relevante quanto mais ampla for a moldura abstrata a considerar, onde existem mais "riscos" de aplicação de penas conjuntas díspares. Existem vários arestos do STJ que chamam à colação estes critérios aritméticos, numa amplitude entre o 1/3 e o 1/6, não como fundamento autónomo da pena conjunta, mas como *coadjuvante* na ponderação da pena mais justa[186]. Já não é admissível se as adições foram mecânicas, acolhendo de forma ilegal o princípio da exasperação ou agravação, limitando-se a somar à pena mais grave fracções das demais penas que podem ser ½,1/3,1/4,1/6 e por aí adiante.[187]

O que se trata é de colocar na disposição do julgador um conjunto de instrumentos auxiliares aritméticos, para que na moldura abstrata do cúmulo se inculque a maior *previsibilidade possível*[188]. Utilizada com estas

---

[185] "*Em todo o caso, parece prevalecer na jurisprudência em geral e particularmente na jurisprudência do STJ, o entendimento que o recurso a critérios aritméticos não pode constituir mais que um ponto de partida na determinação da pena única conjunta, cujos critérios legais são os apontados no art. 77º do C.Penal. (...) é frequente na prática a ponderação de apenas ¼ das penas que acrescem à mais elevada, ou mesmo 1/5 ou 1/6 das mesmas, consoante a natureza, número e gravidade dos crimes que, em concreto, integram o concurso*" (Ac da RE, Rel. Des. António João Latas, proc. n.º 702/12.9GTABF.E1, 28.1.2014, consultado em www.dgsi.pt).

[186] Neste sentido, ac do STJ, Rel. Cons. Simas Santos, proc. 08P2298, 3.7.2008, consultado em www.dgsi.pt: "*É, pois, de toda a relevância a consideração do quantum do limite mínimo a considerar, agravado em função de uma fracção variável, consoante as circunstâncias do caso, do remanescente das restantes penas, em geral não ultrapassando 1/3 daquele remanescente. Com efeito, por via de regra, esta Secção do Supremo Tribunal de Justiça tem aplicado penas em cúmulo que não costumam ultrapassar a agravação da pena mais grave em 1/3 do remanescente das restantes penas, agravação que pode ir até 1/5, salvo casos excepcionais, devidamente fundamentados*". Veja-se também ac do STJ, Rel. Cons. Santos Carvalho, proc. n.º 558/06.0TALSD.P1.S1, 18.06.2009, consultado em www.dgsi.pt: "*Ora, se é certo que o valor encontrado se contém nos limites definidos legalmente, a menor compressão das penas que foi usada, ao arrepio das regras mais comummente aceites pelo STJ (que, em regra não ultrapassa 1/3 e que muitas se vezes se queda por 1/6 e menos) deveria ter merecido um especial cuidado na fundamentação da medida da pena conjunta*".

[187] Crítica apontada pelo Conselheiro Rodrigues da Costa, em comunicação proferida na sessão de formação do CEJ, com o título, " O Cúmulo Jurídico na Doutrina e na Jurisprudência do STJ".

[188] Veja-se Carmona da Mota que tendo em visto evitar decisões díspares em situações similares, propõe um conjunto de auxiliares para alcançar a pena justa cfr comunicação proferida a 03.06.2009 em colóquio do STJ sobre A coerência na aplicação das penas: A Jurisprudência dos Supremos Tribunais no Estabelecimento de critérios de Sentencing, acessível em www.stj.pt/ficheiros/coloquios.

restrições tais critérios aritméticos terão a vantagem de aumentar a segurança jurídica e a confiança na atuação do sistema judicial[189].

Ou seja, consoante o bem jurídico em causa, o tipo de criminalidade e gravidade da mesma, os antecedentes, as necessidades de prevenção e de culpa, poderá utilizar-se de frações de ½ a 1/6, nada impedindo usar como auxiliares frações menores como 1/8 e em situações excecionais, a pena a acrescer nada some à pena parcelar mais grave.

XIV. Dever de comunicar as decisões de cúmulo

§ 71. Quando é realizado o cúmulo jurídico superveniente deve comunicar-se a sentença/acórdão aos processos englobados no cúmulo, perdendo as penas parcelares autonomia, sendo os respetivos autos (referentes às penas parcelares) arquivados. No entanto, há casos em que, em virtude de cúmulos posteriores, a pena parcelar volta a ganhar autonomia, como *"sucede quando a pena parcelar em questão deixa de ser englobada no cúmulo jurídico; isso pode acontecer, nomeadamente, quando os tribunais tem soluções diferentes para as mesmas questões"*[190]. Ou então a pena parcelar foi indevidamente englobada tendo existido erro de direito, mas a decisão cumulatória transitou, situação que pode e deve ser corrigida pelo tribunal da última condenação que reformular o cúmulo jurídico. Igualmente pode ser pertinente reanalisar

---

[189] Ac do STJ, Rel. Cons. Arménio Sottomayor, proc. 150/08.5JBLSB.L1.S1, 16.11.2011, consultado em www.dgsi.pt: *"Na verdade, a vida num Estado de Direito Democrático terá de estar ancorada, necessariamente, nos princípios da segurança jurídica e da protecção da confiança. O princípio da segurança jurídica, enquanto implicado no princípio do Estado de Direito Democrático, comporta a ideia da previsibilidade (...)É assim que, em nosso entender, a certeza e segurança jurídica estão em causa quando existe uma grande margem de amplitude na pena a aplicar, conduzindo a uma indeterminação. Para evitar tal aporia admite-se como critério complementar, e meramente indiciário, na formulação da pena conjunta, na ponderação da imagem global dos crimes imputados e da personalidade se considere que, tratando-se de uma personalidade mais gravemente desconforme com o Direito, o tribunal determine a pena única somando à pena concreta mais grave entre metade (ou, em casos grande intensidade da culpa, ou gravidade, dos factos dois terços) e um terço de cada uma das penas concretas aplicadas aos outros crimes em concurso; tratando-se de uma personalidade menos gravemente desconforme ao Direito, o tribunal determina a pena única somando à pena concreta mais grave entre um terço e, nos casos excepcionais de menor culpa ou gravidade, um quarto, de cada uma das penas concretas aplicadas aos outros crimes em concurso. (Confrontar em sentido semelhante Paulo Pinto de Albuquerque Comentários ao Código Penal anotação ao artigo 77)"*.
[190] DIAS, Maria do Carmos Silva, Apontamentos CEJ, 2006.

as penas parcelares no caso de reabertura de audiência nos termos do art. 371.º-A do CPP para aplicação de lei penal mais favorável.

XV. Nulidades da decisão cumulatória

§ 72. A falta ou insuficiência da fundamentação de facto ou de direito determina a nulidade da decisão cumulatória.

Apreciadas as nulidades no tribunal superior fica prejudicado o conhecimento das demais questões suscitadas em sede de recurso (destarte quantum da pena única). Não podendo ser supridas no tribunal *ad quem* deverão os autos serem remetidos à primeira instância para elaboração de nova sentença ou acórdão pelo mesmo juiz singular/coletivo, se necessário com a determinação da junção de elementos que se mostrem necessários para o efeito e reabertura da audiência (arts. 369º n.º 2 e 371º. Do CPP)[191].

Contudo, embora não seja posição dominante, existe jurisprudência que entende que caso as certidões narrativas das decisões dos julgamentos parcelares estejam juntos aos autos, no que se reporta à ausência do resumo dos factos parcelares, o tribunal superior estará munido de todos os elementos documentais para sanar a nulidade e proferir decisão de mérito[192].

---

[191] A realização de nova audiência terá lugar *"apenas nos casos em que sejam necessários novos elementos probatórios" (...) "ou em que os intervenientes processuais não tiverem oportunidade de alegar quanto aos crimes que agora se pretendem englobar"* (Ac. da RP, Rel. Des. Maria Deolinda Dionísio, processo n.º 8/08.8GAPRD.P1, 2.06.2010, consultado em www.dgsi.pt).

[192] Assim, Ac. do STJ, Rel. Cons. Santos Carvalho, proc. n.º 778/06.8GAMAI.S1, 21.06.2012, consultado em www.dgsi.pt: *"o tribunal recorrido forneceu ao tribunal de recurso os elementos necessários para se ordenarem cronologicamente os factos e fez uma atualização da história pessoal do recorrente, de tal modo que será fácil, por consulta das diversas certidões juntas aos autos, obter todos os elementos de facto suficientes para decidir com justiça, nos termos dos arts. 77.º e 78.º, do CP. VIII – Por isso, entendemos que a omissão de pronúncia por parte da sentença recorrida, que efetivamente existe, pois, na verdade, a mesma é totalmente omissa quanto a uma descrição sumária dos factos, pode ser colmatada no tribunal de recurso e, portanto, não é por esse motivo que aquela deve ser anulada"*. No mesmo sentido Ac. do STJ, Rel. Cons. Sousa Fonte, proc. n.º 178/09.8PQPRT-A. P1.S1, 15.11.2012, consultado em www.dgsi.pt: *"I – Da leitura do original do acórdão de fls.... constata-se que a execução da pena de 1 ano e 9 meses de prisão aplicada ao arguido foi suspensa na sua execução por igual período, «mediante sujeição a regime de prova e acompanhamento pela Direcção-Geral de Reinserção Social». Esta circunstância foi omitida no acórdão agora em recurso (acórdão cumulatório), mas o facto é susceptível de influenciar a decisão de direito. Porém, estamos em presença de um facto certificado por documento autêntico que, por isso, e nos termos das disposições conjugadas dos arts. 729.º, n.º 2, e 722.º, n.º 3, do CPC, permite ao STJ suprir a sua omissão"*.

§ 73. Para além dessas nulidades, cujo fundamento já foi devidamente analisado, outras poderão *inquinar* a decisão cumulatória.

Se o tribunal que proferiu a decisão cumulatória não *"abrangeu"* penas parcelares de determinados processos que estavam em concurso, mas que não tinha conhecimento aquando da prolação da mesma, só o poderá fazer em *nova* decisão, caso seja territorialmente competente e *após* a realização da audiência a que alude o artigo 472.º do CPP. Não é possível, através do instituto da correção proceder a tal *englobamento*, sob pena de nulidade por *excesso de pronúncia*. Esgotado o poder jurisdicional a correção implica uma modificação essencial da decisão[193].

Distinta será a situação em que não se "atendeu" a penas parcelares apesar de existirem informações nos autos que apontavam no sentido de que as mesmas estavam em concurso com as penas objeto do cúmulo jurídico superveniente. Tal consubstancia uma nulidade por *omissão de pronúncia*, que após as alterações de 2013 ao CPP pode ser suprida pelo tribunal de 1.ª instância (cfr. art. 379.º, n.º 1, al. c), e n.ºs 2 e 3 do CPP).

Ressalte-se que, se após a prolação da decisão cumulatória o arguido vem a ser condenado por crimes que estão em concurso, essa(s) pena(s) não pode(m) ser *consideradas* pelo tribunal superior, *devendo* o tribunal da última condenação proceder à reformulação da pena única[194].

---

[193] A propósito da questão Ac do STJ, 25.06.2009, Rel. Cons. Oliveira Mendes, proc. 537/03.0PB-VRL, 25.06.2009, consultado em www.dgsi.pt: *"Numa situação em que o tribunal a quo, após realização de audiência tendo em vista o conhecimento superveniente de concurso de crimes e depois da prolação do respectivo acórdão, no qual o arguido foi condenado na pena conjunta de 10 anos de prisão, na sequência de requerimento apresentado por aquele, solicitando a correcção do acórdão, por não consideração no cúmulo efectuado de penas aplicadas a crimes integrantes do concurso, entendeu reformular o cúmulo jurídico, com prolação de novo acórdão, nele tendo incluído duas penas não consideradas no acórdão objecto do pedido de correcção, do que resultou o agravamento da pena conjunta para 10 anos e 6 meses de prisão, dúvidas não restam de que violou o instituto da correcção da sentença e o princípio geral de direito adjectivo atrás enunciado, segundo o qual proferida a sentença fica imediatamente esgotado o poder jurisdicional do juiz. V – Tais anomalias consubstanciam um claro excesso de pronúncia, o que inquina o acórdão proferido na sequência do pedido de correcção formulado pelo arguido da nulidade prevista na parte final da al. c) do n.º 1 do art. 379.º do CPP, ou seja, torna-o inválido – n.º 1 do art. 122.º do mesmo diploma (...)"*

[194] Assim, Ac do STJ, Rel. Cons. Soreto de Barros, proc. 05P2971, 28.02.2007, consultado em www.dgsi.pt: *"Se, após a prolação do acórdão sob recurso, o arguido voltou a ser condenado, pela prática de crimes cometidos em datas anteriores e posteriores às da prática dos que deram objecto ao processo em apreço – encontrando-se, aparentemente, em regime de concurso – não pode tal situação processual, superveniente, logo impossível de consideração na decisão recorrida, ser ponderada pelo STJ"* (Ac do STJ, Rel. Cons. Soreto de Barros, proc. 05P2971, 28.02.2007, consultado em www.dgsi.pt).

Conhecendo o tribunal da última condenação a existência de decisões condenatórias cujos factos estão em concurso, e que não conhecia aquando a prolação da decisão, deverá necessariamente proceder ao cúmulo jurídico superveniente, não podendo determinar que se aguarde, por exemplo, o julgamento mais recente de factos que estão em concurso[195]. No entanto deverá sopesar-se o *princípio da economia de atos* já que poderão existir situações em que justifique retardar a realização do cúmulo jurídico superveniente, de modo a que a pena única seja a mais atualistica possível (v.g. quando é previsível que a pena aplicada no tribunal da última condenação transitará em julgado a breve trecho).

§ 74. No caso de *cúmulos por arrastamento* ou nas situações em que o tribunal não procede aos *cúmulos jurídicos sucessivos*[196] também se verifica a nulidade da decisão cumulatória, nos termos do art. 379.º, n.º 1, al. c) do CPP.

---

[195] Não coincidente, mas podendo usar-se os mesmos argumentos, Ac do STJ, Rel. Cons. Sousa Fonte, proc. 1882/08.3JDLSB.L1.S1, 12.10.2011, consultado em www.dgsi.pt: *"O modo como procedeu o Tribunal a quo, de "guardar" a formação da pena conjunta relativa a todos os crimes para momento posterior ao trânsito em julgado de todas as decisões condenatórias poderá se frequente, admitimo-lo. (...)Mas esse procedimento só pode ser aceite nas hipóteses em que o Tribunal da segunda condenação (a hipótese que aqui interessa), por qualquer razão, boa ou má – «muitas vezes má», como observam Victor Sá Pereira e Alexandre Lafayete, no seu "Código Penal, Anotado e Comentado", 235 – não se apercebeu da existência de concurso."*

[196] Neste sentido decidiu o ac. da RG, Rel. Des. Paulo Fernandes da Silva, proc. n.º 633/10.7PBG-MR.G1, 22.10.2012, consultado em www.dgsi.pt: *" (...) urge proceder a dois cúmulos jurídicos sucessivos de penas: um que abranja as penas aplicadas no âmbito dos processos n.ºs 1377/08.5PBGMR, 370/07.0GEGMR e outro que abranja as penas aplicadas nestes autos e no processo n.º 23/11.4PEGMR. ---Ora, o Tribunal recorrido apenas procedeu àquele último cúmulo. A omissão daquele primeiro cúmulo determina a nulidade da decisão recorrida, por omissão de pronúncia e determina que o Tribunal recorrido realize nova audiência e após profira novo acórdão cumulatório, procedendo aos dois apontados cúmulos sucessivos de penas – cf. artigo 379.º, n.º 1, alínea c), do Código de Processo Penal".*

§ 75. Estando em causa crimes em que o arguido nos julgamentos parcelares foi condenado em pena acessória necessariamente a) tal facto deve estar descrito na matéria de facto provada (tipo de pena aplicada, data, estado de cumprimento), b) ser analisada na fundamentação de direito, c) a ela se referir o tribunal no segmento decisório (condenando em pena acessória, ou não aplicando a mesma), sob pena da decisão cumulatória ser nula, nos termos do art.379.º, n.º1, al.a), por referência ao art.374.º, n.ºs 2 e 3, al. b), ambos do Código de Processo Penal [197].

§ 76. O relatório social não constitui uma diligência probatória obrigatória. Mas a sua não elaboração nos casos em que se revele necessário para determinação da pena única[198] (*destarte* para o cabal apuramento da personalidade do arguido, percurso de vida, condições económico, sociais, perspetivas de integração ou interiorização do bem jurídico violado) consubstancia uma irregularidade (art. 123.º do CPP), que pode ser conhecida oficiosamente pelo tribunal de recurso[199], implicando a realização de nova audiência de cúmulo com prévia solicitação do referido relatório e/ou produção de outros elementos probatórios que permitam apurar o que se pretende com o aludido relatório[200].

A interpretação do artigo 370.º, n.º 1 do CPP no sentido de que a elaboração do relatório social não é obrigatória, quando não se afigure indispensável para a aplicação de uma pena única justa, não é inconstitucional conforme já decidido pelo Tribunal Constitucional (Ac. TC n.º 182/99, de 22.03.1999). Não será necessário se já existir nos autos um relatório social, mesmo que elaborado anteriormente à audiência de cúmulo, desde que se

---

[197] Assim, Ac. da RC, Rel. Des. Orlando Gonçalves, proc. n.º 781/10.3JACBR.C1, de 13.06.2012, consultado em www.dgsi.pt.

[198] Será o caso, por exemplo, se *"os factos que estiveram na base das suas condenações ocorreram quando o mesmo não havia completado 21 anos de idade (...) jovem inserido no mundo da delinquência numa escala já considerável (...), em que não obstante o acórdão é omisso quanto "às condições pessoais do recorrente e ao seu curto percurso de vida"* (Ac da RC, Rel. Des. Eduardo Martins, proc. n.º 1254/09.7TBCBR.C1, 7.07.2010, consultado em www.dgsi.pt).

[199] Ac do STJ, Rel. Cons. Oliveira Mendes, proc. 721/08.0GBSLV.E2.S1, 15.06.2011, consultado em www.dgsi.pt: *"A falta de relatório social ou de informação dos serviços de reinserção social, caso se entenda indispensável, constitui uma mera irregularidade, visto que a lei não comina com a respectiva falta com a sanção da nulidade"*.

[200] Entre outros, Ac da RC, Rel. Des. Eduardo Martins, proc. n.º 1254/09.7TBCBR.C1, 7.07.2010, consultado em www.dgsi.pt.

deva considerar atualizado (v.g. quando o arguido está em reclusão sem ter decorrido um período longo de tempo [201]).

O relatório social será essencial quando se torna *determinante* para apurar quais as condições de vida e personalidade do arguido, inexistindo prova que permita com segurança lograr tal desiderato[202] (v.g. informação prisional, relatório do regime de prova, declarações do arguido[203], declarações da entidade patronal, de uma associação onde preste trabalho, certidões de pagamentos de dívida ou documentos comprovativos de pagamento, nos crimes patrimoniais, pedido de desculpas, documento de tratamento de desintoxicação, nos crimes de consumo ou tráfico, frequência de escola de condução nos crimes rodoviários, etc), devendo tais factos constar da enumeração dos factos provados (ainda que por síntese), não bastando remissões para os relatórios sociais[204]. Em todo o caso, ignorar o relatório social e não enumerar os factos provados relativos à personalidade que dele emergem inquina a decisão cumulatória da nulidade a que aludem os arts. 374.º, n.º 2, e 379.º, n.º 1, al. a), do CPP[205].

---

[201] Ac do STJ, Rel. Cons. Oliveira, proc. 721/08.0GBSLV.E2.S1, 15.06.2011, consultado em www.dgsi.pt: *"Constando dos autos um relatório social do arguido elaborado em Janeiro de 2010, que se deve considerar actualizado, tanto mais que o arguido se mantém em reclusão desde então, e achando-se concisamente fundamentada no que concerne à medida da pena conjunta, a decisão recorrida não incorre em qualquer nulidade por falta de fundamentação".*

[202] Ac do STJ, Rel. Rel. Cons. Conselheiro Maia Costa, proc. 39/03.4GCLRS-A.L1.S1, 10.02.2010, consultado em www.dgsi.pt: *"(...) a falta de relatório social actualizado não constitui, de per se, uma nulidade. Nulidade haverá se a decisão não enumerar os factos relevantes para a determinação da pena do cúmulo, nomeadamente quanto à personalidade da arguida (...) tornando-se necessário que o Tribunal proceda, pela forma que considerar mais adequada, à recolha de elementos actualizados sobre essa matéria, de forma a inclui-los na decisão (art. 340º, nº 1 do CPP)".*

[203] É conveniente ouvir o arguido. Se *"o arguido está ausente, a prova dos factos relativos à sua situação pessoal pode fazer-se por via do relatório social ou por outro meio de prova lícito. E que, na ausência de relatório social, este será dispensável quando a prova daqueles factos decorra das declarações de arguido presente ou de outro meio legal de prova"* (Ac. da RE, Rel. Des. Ana Barata Brito, proc. n.º 1464/08.0TBPTM.E1, 15.10.2013, consultado em www.dgsi.pt).

[204] Ac do STJ, Rel. Cons. Maia Costa, proc. 468/06.1PGLSB.S1, 17.12.2009, consultado em www.dgsi.pt:*" A sentença deve conter também uma referência aos factos atinentes à personalidade do agente, normalmente contidos no relatório social, mas que podem resultar também da audiência, caso o arguido esteja presente (art. 472.º, n.º 2, do CPP), de forma a habilitar o tribunal a formular a apreciação conjunta dos factos e da personalidade a que se refere o n.º 1 do art. 77.º do CP(...)"*

[205] Ac do STJ, Rel. Cons. Maia Costa, proc. 386/06.3S4LSB-A.L1.S1, 4.11.2009, consultado em www.dgsi.pt, apontando a insuficiência de facto à decisão cumulatória *"quanto à personalidade*

Quando seja previsível que é impossível a realização do relatório social (ou o mesmo seja de difícil obtenção cfr. art. 340.º do CPP), ou nos casos em que ordenada a elaboração do mesmo não é exequível devido à conduta do arguido, mesmo que tal determine que não se apure as condições de vida daquele, *a não elaboração* não configura o vício da insuficiência de facto[206]. *Pressuposto inultrapassável* é que o tribunal *tente* apurar os factos relativos à personalidade do arguido, mas se *tentou e não logrou*, de nenhum vício padece a decisão[207].

§ 77. Aquando da realização do cúmulo jurídico superveniente deverá aferir-se se as condutas que determinaram a condenação se encontram descriminalizadas, como sucede várias vezes nos crimes tributários[208], uma vez que tal descriminalização opera *ope legis*, não está dependente da reabertura da audiência no processo onde foi aplicada a pena parcelar[209]

---

do agente, se nele apenas se refere a situação e o comportamento deste após o ingresso no estabelecimento prisional, ignorando os factos constantes do relatório social"

[206] Assim, ac. da RE, Rel. Des. Proença da Costa, proc. 921/12.8TAPTM, 14.10.2014, consultado em www.dgsi.pt: *"A ausência de prova de factos relacionados com as condições económicas, pessoais e modo de vida do arguido não configura o vício da insuficiência da matéria de facto quando a conduta do arguido, ao mudar da residência indicada, ausentando-se para o estrangeiro e faltando injustificadamente ao julgamento, impossibilitou a recolha de informações e a elaboração de relatório social, não obrigatório, mas solicitado oficiosamente pelo tribunal (...) o Tribunal recorrido, em busca da verdade material, e deitando mão dos seus poderes de investigação, cfr. art.º 340.º, do Cód. Proc. Pen., veio tentar coligir para os autos, dada a passividade do arguido em o fazer, elementos atinentes à situação económica, condição social e modo de vida do mesmo (...) Se nada logrou, esse logro só pode ser assacado ao arguido e aqui recorrente (...) O que quer significar que só de si se pode queixar, não podendo vir, como o faz nos autos, assacar responsabilidades ao Tribunal, acusando-o de passividade na recolha de elementos para fazer reflectir ao nível da pena. Tal alegação não mais reveste do que um venire contra factum próprio".*

[207] *"(...) na falta de factos relativos à personalidade do arguido, apenas se aceita que o tribunal decida sobre a pena (parcelar ou única), quando tentou, mas não logrou, obter tais elementos.* (Ac. da RE, Rel. Des. Ana Barata Brito, proc. n.º 1464/08.0TBPTM.E1, 15.10.2013, consultado em www.dgsi.pt).

[208] *"Na realização do cúmulo jurídico deve conhecer-se, quando for caso disso – como acontece com frequência nos crimes tributários – se a conduta integradora do respectivo ilícito criminal da lei anterior foi ou não descriminalizada pela lei nova, sob pena de nulidade por omissão de pronúncia"* (Ac da RP, Rel. Des. Joaquim Gomes, proc. n.º 282/01.0TAMCN.P1, 12.11.2011, consultado em www.dgsi.pt).

[209] *"(...) a reabertura da audiência está exclusivamente vocacionada para os casos previstos no art. 2.º, n.º 4, como sejam os casos de modificação da moldura penal, dos pressupostos da suspensão da execução da pena, o período desta ou o regime de concessão da liberdade condicional. Mas já não para as situações da previsão do art. 2.º, n.º 2 do Código Penal, que dizem respeito aos casos de descriminalização das condutas, cuja aplicação é "ope legis", sem a necessidade de mediação de qualquer juízo de culpa ou de prevenção, seja*

e não é oponível o caso julgado[210]. Devem ser enumerados todos os factos relevantes para apreciação da questão da descriminalização[211] sob pena de nulidade por insuficiência da matéria de facto[212]. E se o tribunal da última condenação não apreciar essa questão na decisão cumulatória esta fica inquinada de *nulidade por omissão de pronúncia*[213] (374.º, n.º 2; 397.º, n.º 1, al. a) e c) e n.º 2, ambos do C. P. P.).

Mas para que na decisão cumulatória realizada aquando do concurso superveniente de crimes seja admissível operar a descriminalização é necessário que *a factualidade relevante esteja descrita nas decisões parcelares (já que esta não pode ser modificada) e tenha sido "objeto" de uma pena parcelar*. Se tal for possível, esta pena parcelar deverá ser desconsiderada na realização do cúmulo jurídico superveniente, *em virtude de descriminalização*. No entanto, se não existir tal factualidade, ou não estiver fixada uma concreta pena parcelar para a conduta descriminalizada, já não se nos afigura viável[214]

---

especial ou geral" (Ac da RP, Rel. Des. Joaquim Gomes, proc. n.º 282/01.0TAMCN.P1, 12.11.2011, consultado em www.dgsi.pt).

[210] Neste sentido Ac da RC, Rel. Des. Isabel Valongo, proc. n.º 12749/04.4TDLSB-B.C1, 4.05.2011, consultado em www.dgsi.pt: *"(...) tem ainda razão o arguido ao insurgir-se contra a valoração dos factos integradores das condutas despenalizadas. Basta atentar que todas as declarações do IVA em falta dos anos de 1997 e 2001 estão despenalizadas e não obstante foram fundamento da medida concreta da pena única. (...) haverá que respeitar o disposto no art 2º, nº 2 do CP, fazendo operar a cessação dos efeitos penais dos factos descriminalizados."*

[211] A propósito, Ac da RP, Rel. Des. Joaquim Gomes, proc. n.º 282/01.0TAMCN.P1, 12.11.2011, consultado em www.dgsi.pt: *"Para o efeito, na ponderação dessa descriminalização (crimes tributários), dever-se-á atender aos valores que devem constar em cada declaração a apresentar à Administração Tributária, devendo a sentença que procede à realização do cúmulo jurídico enunciar esses mesmos factos e não bastar-se com o valor global dessas mesmas declarações".*

[212] Assim, o já citado Ac da RP, Rel. Des. Joaquim Gomes, proc. n.º 282/01.0TAMCN.P1, 12.11.2011, consultado em www.dgsi.pt.

[213] *"(...) impunha-se que o tribunal recorrido ao efectuar o conhecimento superveniente do concurso de crimes, tivesse tido em atenção se a conduta integradora desses ilícitos criminais ainda se mantinha ou não criminalizada. É que não tem mesmo qualquer sentido e fundamentação, seja constitucional, seja legal, efectuar a ponderação num cúmulo jurídico de uma condenação ...que diz respeito a uma conduta que ... já foi descriminalizada, com o argumento apenas "formalista" que isso diz respeito ao processo primitivo, porque isso, ao fim e ao cabo, é condenar um indivíduo sem que ele tenha cometido qualquer crime, de acordo com as actuais opções político-criminais. (...)A sentença recorrida ao não pronunciar-se sobre estas questões, cujo conhecimento até é oficioso, incorreu em nulidade (374.º, n.º 2; 397.º, n.º 1, al. a) e c) e n.º 2, ambos do C. P. Penal)."* (Ac da RP, Rel. Des. Joaquim Gomes, proc. n.º 282/01.0TAMCN.P1, 12.11.2011, consultado em www.dgsi.pt).

[214] Uma situação é quando nas decisões parcelares, por exemplo nos crimes tributários, consta os valores das declarações, e o arguido foi condenado em várias penas parcelares. Situação

tal "operação", como sucederá, por exemplo, nos crimes únicos ou continuados, quando existam condutas que estejam descriminalizadas e outras não[215].

Nesses casos, primeiramente nos processos onde foram realizados os julgamentos parcelares, deverá alterar-se a pena "unificada", em virtude da descriminalização de factos "parcelares". Pela necessidade de reponderar a medida da pena a aplicação da lei descriminalizadora nestas situações dependerá do impulso do arguido solicitando a reabertura da audiência nos termos do art. 371.º-A do CPP[216].

---

diversa é quando esses factos não constam das decisões parcelares, ou o arguido foi condenado em pena única ou crime continuado.

[215] Estando todas descriminalizadas já não se coloca tal problema.

[216] Cfr. ac. do da RG, 22.11.2010, Des. Cruz Bucho, www.dgsi.pt, proc. 157/03.9DBRG.G1, *"IV – No caso de a condenação, com trânsito em julgado, respeitar a crime único (ou continuado) em que algumas prestações tributárias são iguais ou inferiores a €7500 e outras superiores, a aplicação da lei nova mais favorável deverá ser feita no quadro do mecanismo da reabertura da audiência a que alude o artigo 371.º-A do CPP. V – A reabertura da audiência apenas pode ter lugar a requerimento do condenado, não podendo ser decretada oficiosamente, por iniciativa do juiz, nem a pedido (promoção ou requerimento) do Ministério Público. No crime continuado, a moldura penal é determinada em função da conduta mais gravosa em continuação [artigo 79º do Código Penal: O crime continuado é punível com a pena aplicável à conduta mais grave qe integra a continuação], mas o valor global é tomado em consideração em sede de determinação da medida concreta da pena. Como é bom de ver, a partir do momento em que deixa de ser puníveis as condutas em que o valor da prestação tributária não excede € 7.500, a alteração legislativa em causa terá por certo repercussões sobre a medida da pena, pelo que, pelo menos em abstracto a lei nova se reputa mais favorável. Tratando-se de crime único (ou continuado) importa distinguir duas situações: a) todas as prestações são iguais ou inferiores a €7500: Neste caso nenhum problema se suscita. O juiz deverá declarar o crime despenalizado e consequentemente extinta a pena [cessam a execução e os seus efeitos penais – artigo 2º, n.º2 do Código Penal]. b) prestações iguais ou inferiores a €7500 juntamente com prestações superiores a €7500 (...) Não ocorre despenalização, uma vez que o facto punível não foi eliminado "do número das infracções" mas, como é óbvio, o valor das parcelas inferiores a €7500 deixa de poder ser considerado em sede de determinação da medida da pena que deverá ser reponderada. A lei nova, apreciada na sua globalidade é abstractamente mais favorável ao arguido. Neste caso, tratando-se de sentença transitada, a aplicação da lei nova mais favorável deverá ser feita no quadro da mecanismo da reabertura da audiência a que alude o artigo 371º-A do CPP, possibilitando ao tribunal reformular a pena concreta. (...)Como no caso em apreço, não estamos perante uma situação contemplada na parte final do n.º 4 do artigo 2º do Código Penal a aplicação ao condenado da lei penal de conteúdo abstractamente mais favorável terá de processar-se nos moldes previstos no artigo 371.º-A do Código de Processo Penal, ou seja, com reabertura da audiência."*

XVI. Cúmulo jurídico por força de lei mais favorável e ao abrigo do art. 371.º-A do CPP

§ 78. No caso de ter sido descriminalizado um dos crimes que estavam englobados no cúmulo jurídico superveniente o tribunal poderá reformular o cúmulo jurídico, após a designação de nova audiência de cúmulo para o efeito. Esta situação é distinta da analisada em § 77 (em que a alteração da pena *parcelar* englobada no cúmulo jurídico superveniente depende do impulso do arguido nos termos do art. 371.º-A do CPP *no processo do julgamento parcelar*). Neste caso está em causa a extinção de uma pena por força da descriminalização, e a reformulação de uma pena única na sequência de um cúmulo jurídico superveniente que não forma caso julgado. É similar às situações em que na pena única tenha sido incluída indevidamente uma pena parcelar (v.g. não estava em concurso), havendo necessidade de uma *reformulação*.

Já nos casos em que o arguido condenado em *pena única* após a realização de um cúmulo jurídico superveniente pretenda a aplicação de uma lei que reduz o período de suspensão deverá impulsionar os autos através do art. 371.º-A do CPP, por aplicação da jurisprudência uniformizada pelo ac. do STJ n.º 15/2009, de 21 de Outubro de 2009 (in Diário da República 1ª série, n.º 227, de 23 de Novembro de 2009), que também é aplicável à reabertura de audiências de cúmulo.

Note-se que quando se pretende a modificação de uma pena de prisão suspensa englobada no cúmulo jurídico superveniente por aplicação de uma lei mais favorável que reduz o período de suspensão, tal como no exemplo já mencionado (em § 77), cabe ao arguido pedir no processo do julgamento parcelar a reponderação da pena nos termos do art. 371.º-A do CPP, o que pode inclusive implicar uma extinção da pena parcelar por decurso do tempo.

Outro dos exemplos é a aplicação da lei que com a reforma de 2007 clarificou que as penas já cumpridas devem ser incluídas no cúmulo jurídico.

Nas situações em que a aplicação da lei mais favorável implica a inclusão no cúmulo de pena que não foi considerada e que, nomeadamente, a reformulação determina a formação de duas penas únicas de cumprimento sucessivo, releva para apurar o regime mais favorável o tempo de prisão já cumprido[217].

---

[217] Ac do STJ, Rel. Cons. Raúl Borges, 26.11.2008, proc. 08P3175, consultado em www.dgsi.pt: *"Na sequência do requerimento apresentado pelo arguido em 05-12-2007, a fls. 1735 dos autos e ao*

De todo o modo, nos casos de aplicação de lei mais favorável, o arguido poderá fazer uso do art. 371.º-A do CPP, devendo realizar-se a audiência a que alude o art. 472.º do CPP.

XVII. Reformulação do cúmulo jurídico e o caso julgado. Desconto e *reformatio in pejus*

§ 79 Após a realização de um cúmulo jurídico poderá suceder que, entretanto, foram aplicadas novas penas que deveriam integrar aquele, ou essas penas já existiam e não foram tomadas em consideração, ou pelo contrário, por vezes existem situações em que a reformulação do cúmulo jurídico advém do facto de existirem penas que devem deixar de integrar o cúmulo (v.g. em virtude de descriminalização).

A decisão de cúmulo jurídico não forma caso julgado. Quando se engloba nova pena que não foi considerada o cúmulo deverá ser reformulado, de modo a existir um juízo final global, relativamente a todas as penas que estão entre si em concurso.

E daí que se diga que o caso julgado relativamente aos cúmulos jurídicos vale *rebus sic stantibus* já que, se entretanto se alterarem as circunstâncias, nomeadamente pelo facto de ter que se englobar outras penas, então as penas parcelares cumuladas adquirem plena autonomia e, num juízo contemporâneo, irá realizar-se nova operação para aplicação da pena única.[218]

---

abrigo do disposto no artigo 371°-A, do C.P.P., foi realizada a audiência a que alude o artigo 472° do C.P.P. (...)O cúmulo jurídico realizado no acórdão recorrido teve origem em pedido do recorrente, pretendendo a inclusão de pena já cumprida à luz do artigo 78º do Código Penal na actual redacção. Dessa pretensão resultou a inevitabilidade de realização de dois cúmulos pelas razões supra expostas. O resultado final, diversamente do que alega o recorrente acaba por lhe ser mais favorável, como de resto afirmado foi na decisão recorrida. Estando em causa a realização de cúmulo por força de lei mais favorável e ao abrigo do artigo 371º-A do CPP, na análise a efectuar há que ter em atenção o tempo de prisão cumprida, pois só assim se poderá saber qual o regime concretamente mais favorável e mais relevará esse conhecimento, quando como no caso, haja lugar a execução sucessiva face ao que dispõe o artigo 63º do Código Penal".
[218] *"I – O caso julgado relativo à formação do cúmulo jurídico entre as penas de um processo vale rebus sic stantibus, ou seja, nas circunstâncias que estiverem na base da sua formação (...) Daí que, não subsistindo as mesmas circunstâncias ou elementos que presidiram à formação da primitiva pena única, o caso julgado em que esta se traduziu tenha de ficar sem efeito, adquirindo as penas parcelares nela contidas toda a sua autonomia para a determinação da nova moldura penal do concurso"* (Ac. do STJ, Rel. Cons. Armindo Monteiro, processo n.º 303/06.0GEVFX.L1.S1, 19.09.2012, consultado em www.dgsi.pt).

§ 80. No caso da reformulação do cúmulo jurídico o tribunal readquire toda a liberdade para, de forma atualística, decidir da pena única justa, que satisfaça as necessidades de prevenção geral e especial, sem nunca ultrapassar a culpa, *não estando limitado (quer enquanto limite máximo, quer mínimo) pela pena única anterior*[219]. Pode ultrapassá-la ou, excecionalmente, reduzi-la, impondo-se a realização de uma nova "operação" de cúmulo à luz das regras previstas no Código Penal, que não se limite a adições (ou subtrações) mecânicas à pena única anterior[220].

§ 81. O cúmulo jurídico é provisório até até existência de uma decisão final e definitiva que englobe todas as penas em concurso. A reformulação do cúmulo jurídico significa que as penas únicas estavam incompletas e ficaram aquém do pretendido pelo legislador, já que se reportam a determinados "pedaços da vida" que não contemplam toda a atividade criminosa do agente. Inviabilizam uma visão global da sua atuação e, portanto, não permitem considerar toda essa globalidade fáctica e sua interconexão com as razões de prevenção, culpa e demais critérios de determinação da medida da pena previstos no art. 71.º do Código Penal.[221]"

---

[219] O ac. do TC n.º 112/2011, de 28.4, decidiu no sentido de *"Não julgar inconstitucional a norma contida nos artigos 77.º, 78.º e 81.º do Código Penal, quando interpretada no sentido de, em sede de cúmulo jurídico superveniente, se dever considerar no cômputo da pena única as penas parcelares, desconsiderando-se uma pena única já julgada cumprida e extinta, resultante da realização de cúmulo jurídico anterior;"*

[220] *"Sempre que houver que reformular o cúmulo jurídico por terem sido aplicadas novas penas parcelares, o tribunal procede às respectivas operações como se o anterior cúmulo não existisse, sem atender às penas que foram então fixadas, o que significa que, quando houver que fazer novo cálculo, a nova pena não pode ser obtida pela acumulação com a pena anterior, nem a medida da pena única anterior condiciona os limites da moldura a atender para a (nova) fixação da pena única"* (Ac. do STJ, Rel. Cons. Henriques Gaspar, proc. n.º 70/07.0JBLSB-D.S1, 27.06.2012, consultado em www.dgsi.pt).

[221] *"Ao proceder a novo cúmulo, o tribunal deve levar a efeito as respectivas operações como se o anterior cúmulo não existisse. Não pode, pois, considerar-se que tenham transitado em julgado as decisões que apliquem penas únicas, mesmo do modo sic stantibus, enquanto não for proferida a decisão que englobar a última das condenações que integre um concurso de crimes com conhecimento superveniente. Não havendo definitividade das decisões anteriores, não podem existir expectativas legítimas do arguido; enquanto não for proferida decisão que considere todas as penas aplicadas, não existem expectativas sobre a fixação da pena única. Deste modo, nas circunstâncias do caso, haverá apenas que considerar as diversas penas parcelares aplicadas por cada um dos crimes em concurso; as anteriores penas únicas não constituem imposições ou limites apar a decisão superveniente, salvo, obviamente, o respeito, em recurso, pelo princípio da proibição da reformatio in pejus."* (Ac. do STJ, Rel. Cons Henriques Gaspar, processo n.º 70/07.0JBLSB-D.S1, 27.06.2012, consultado em www.dgsi.pt).

Assim, quando se "desfazem" cúmulos jurídicos visando o estabelecimento de uma pena única que permita um juízo de análise global, deverá atender-se sempre às penas parcelares e nunca às penas únicas anteriores fixadas, quer estas sejam aplicadas no cúmulo jurídico realizado numa sentença ou acórdão, quer se refiram a cúmulos jurídicos supervenientes anteriores. O tribunal da última condenação tem plena liberdade de julgamento, não estando condicionado pelas anteriores decisões que, como já mencionámos, são necessariamente incompletas, para além de que esta última decisão sempre tomará em consideração elementos mais atualísticos que relevam para a medida da pena[222].

A "operação" consiste em "anular" o cúmulo jurídico anterior, retomando as penas parcelares que tinham sido cumuladas juridicamente plena autonomia, como se nunca tivessem sido englobadas numa decisão cumulatória e, após, realizar um novo cúmulo jurídico, tendo em consideração as penas parcelares do cúmulo "desfeito" e as penas parcelares que não tinham sido *consideradas*, motivando uma decisão nova, que implica uma reponderação conjunta de toda a factualidade, culpa e personalidade do arguido[223].

---

[222] *"Nestes casos de cúmulos por conhecimento superveniente haverá a necessidade de desfazer cúmulos anteriores, meramente intermédios, provisórios, não definitivos, com contornos e dimensão ditados pela conjuntura então presente em função do que foi carreado para o processo num determinado momento histórico, aquém da conformação final, o que se deve apenas ao desconhecimento, no momento de cada decisão, de outros factos cometidos pelo mesmo arguido, em período temporal coevo ao dos factos em apreciação."* (Ac do STJ, Rel. Cons. Pires da Graça, proc. n.º 994/10.8TBLGS.S2, 27.06.2012, consultado em www.dgsi.pt).

[223] *"Na reformulação de um cúmulo jurídico, as penas parcelares reassumem a sua autonomia originária, mesmo que, anteriormente, se tivesse procedido a outro ou outros cúmulos, perdendo-a, com a fixação da nova pena única"* (Ac da RC, Rel. Des. Fernando Chaves, proc. n.º 57/09.9GCPBL.C1, 27.2.2013, consultado em www.dgsi.pt). *"Se a condenação anterior tiver já sido em pena conjunta o tribunal anula esta e, em função das penas concretas anteriormente aplicadas e da que considerar adequada ao crime agora conhecido, determina uma nova pena de conjunto que abranja todas as penas inscritas no concurso e que davam ser consideradas. (...) A essência da formulação da pena conjunta, nos termos do art. 78.º do CP, é a ultrapassagem do trânsito em julgado por razões de justiça substancial"* (Ac do STJ, Rel. Cons. Henriques Gaspar, proc. 222/07.3PBCLD-A.L1.S1, 15.02.2011, consultado em ww.dgsi.pt). Já neste sentido DIAS, Figueiredo, As Consequências Jurídicas do Crime, § 429, pág. 295, citando no sentido propugnado o acórdão do STJ de 26-10-1988, CJ 1988, tomo 4, pág. 18 *"Se a condenação anterior tiver sido já em pena conjunta, o tribunal anula-a e, em função das penas concretas constantes daquela e da que considerar cabida ao crime agora conhecido, determina uma nova pena conjunta que abranja todo o concurso".*

Esta interpretação não padece de qualquer inconstitucionalidade, conforme acórdão do Tribunal Constitucional n.º 3/2006, de 03-01-2006, processo n.º 904/05-2.secção, publicado in DR – II Série, de 07-02-2006, que decidiu não julgar inconstitucionais as normas dos artigos 77.º, 78.º e 56.º, n.º 1, do Código Penal, interpretados no sentido de que, ocorrendo conhecimento superveniente de uma situação de concurso de infracções, na pena única a fixar pode não ser mantida a suspensão da execução de penas parcelares de prisão, constantes de anteriores condenações. Esclarece o aresto que no caso de conhecimento superveniente do concurso, tudo se deve passar como se passaria se o conhecimento tivesse sido contemporâneo.

§ 82. A pena única anterior nunca forma caso julgado, pelo que não se pode invocar este instituto para obstar à sua "decomposição" e muito menos consubstancia uma barreira limitadora da reformulação. Existindo vários cúmulos jurídicos que foram realizados em processos distintos, estando as penas parcelares em situação de concurso, não são as penas únicas que deverão ser cumuladas juridicamente, mas sim as concretas penas parcelares que foram consideradas em cada um desses cúmulos jurídicos.[224]

§ 83. A reformulação do cúmulo jurídico para integrar uma nova pena, em princípio, e face ao aumento da moldura abstrata (do limite máximo e do mínimo se eventualmente a pena parcelar a englobar for mais elevada) motivará um incremento da pena única, mas não existe nenhum

---

[224] (...) *"há que lembrar que a pena conjunta é sempre fixada a partir das penas parcelares, mesmo quando anteriormente todas ou algumas delas tenham sido incluídas em cúmulos. Ou seja, os cúmulos anteriores são dissolvidos, calculando-se a nova pena conjunta com base nas penas parcelares. Não há, pois, cúmulos de cúmulos."* (Ac do STJ, Rel. Des. Maia Costa, proc. n.º 153/09.2PHSNT.S1, 21.11.2012, consultado em www.dgsi.pt)."*O pressuposto básico da efectivação do cúmulo superveniente é a anulação do cúmulo anteriormente realizado, o que significa que no novo cúmulo entram todas as penas, as do primeiro cúmulo e as novas, singularmente consideradas. II – Na reelaboração do cúmulo não se atende à medida da pena única anterior, não se procede à acumulação, ainda que jurídica, das penas novas com o cúmulo anterior. O novo cúmulo não é o cúmulo entre a pena conjunta anterior e as novas penas parcelares. III -Não tem, assim, fundamento jurídico considerar como limite mínimo do novo cúmulo a pena única fixada no primitivo cúmulo jurídico.* (Ac do STJ, Rel. Cons. Santos Cabral, proc. n.º 182/03.0TAMCN. P2.S1, 17.10.2012, consultado em www.dgsi.pt).

impedimento legal para *manter* a pena única anterior[225] (nomeadamente quando as novas penas a englobar *"não têm praticamente incidência na apreciação global da conduta e da personalidade do arguido"*[226]), ou até mesmo reduzi-la (em casos justificados e excecionais, face à nova reavaliação, interligando a globalidade de toda a factualidade, a personalidade que o arguido revelou e revela e os demais critérios previstos no art. 71.º do Código Penal[227]). De toda a maneira, poderão gerar-se situações incoerentes e desiguais, quebrando a harmonia do sistema judicial e de penas, *destarte* quando já estava em execução a pena única que foi "desfeita", o que se deve levar em

---

[225] *"se dado o tempo decorrido desde a prática do facto e o desenvolvimento da personalidade do agente se mostrar desnecessária a agravação da pena anterior, como sucede quando os factos ocorreram, faz mais de 8 anos, a conduta durou menos de um ano, o acréscimo em relação ao anterior cúmulo era de 4 meses de prisão e o arguido já beneficiava de liberdade condicional."* (Ac do STJ, Rel. Cons. Simas Santos, proc. 08P814, 9.4.2008, consultado em www.dgsi.pt).

[226] Ac do STJ, Rel. Cons. Rodrigues da Costa, proc. n.º 06P4456, 15.2.2007, consultado em www.dgsi.pt.

[227] *"Evidentemente que não será impossível, do ponto de vista estritamente legal, uma situação em que a inclusão de novos crimes, pelo novo conhecimento que aporta da personalidade do condenado, determine uma redução da pena conjunta anterior"* (Ac do STJ, Rel. Cons. Pires da Graça, proc. n.º 994/10.8TBLGS.S2, 27.06.2012, consultado em www.dgsi.pt). Também entendendo que esse limite não existe, Ac do STJ, Rel. Cons. Henriques Gaspar, proc. 222/07.3PBCLD-A.L1.S1, 15.02.2011, consultado em www.dgsi.pt: *"O tribunal que reformula o cúmulo não está sujeito a quaisquer limitações derivadas da pena anteriormente aplicada, e muito menos por critérios que tenham presidido à determinação daquela pena em termos que não colhem fundamento legal."*. Igualmente, entre outros, Ac do STJ, 21.09.2011, Rel. Cons. Maia Costa, proc. 41/08.0PESNT-C. S1, 21.09.2011 e Ac do STJ, 6.11.2008, Rel. Cons. Simas Santos, proc. 08P2843, 6.11.2008, consultados em www.dgsi.pt. Do mesmo modo é a posição manifestada pelo Conselheiro Rodrigues da Costa, disponível em, http://www.stj.pt/documentacao/estudos/penal, embora salientando que será a exceção. Também na doutrina, sustentando esta posição. Paulo Pinto de Albuquerque: *"A pena do anterior cúmulo não tem qualquer efeito bloqueador da fixação de uma pena conjunta nova inferior à anterior pena conjunta, que só poderia resultar de lei expressa"*(cf. "Comentário do Código Penal", Universidade Católica Editora, pág. 247). No sentido de que da reformulação do cúmulo jurídico não deve ser aplicada pena inferior à pena única anterior, por não ser lógico, Ac do STJ, Rel. Cons. Santos Carvalho, proc. n.º 558/06.0TALSD.P1.S1, consultado em www.dgsi.pt *"o mínimo da pena aplicável não deveria ser inferior a 9 anos de prisão, pois no 2º Juízo do Tribunal Judicial de Lousada, no âmbito do processo 317/06.0GALSD, aplicou-se-lhe essa pena única para parte dos crimes ora em concurso e tal pena transitou em julgado. III – Seria incongruente que, agora, num novo cúmulo de penas que abrange todas as penas parcelares aplicadas nesse processo e ainda outras, se viesse a aplicar uma pena única inferior a 9 anos de prisão, pois, de algum modo há uma situação que «acresce» à anterior. Dito de outra forma: se não houvesse que reformular o cúmulo anterior transitado em julgado o arguido cumpriria 9 anos de prisão, pelo que, por razões que se prendem com a lógica, numa reformulação que integra mais crimes, a pena não deve ser inferior a essa medida."*

consideração, mas não deve ser obstáculo intransponível à aplicação de uma pena única justa, mesmo que tal motive a libertação imediata do arguido[228].

§ 84. Não obstante, o que nos afigura inadmissível é a reformulação do cúmulo jurídico funcionar como um verdadeiro *"recurso extraordinário de revisão"*, por discordância do tribunal da última condenação dos critérios utilizados para proferir a pena única "anulada", o que ainda é mais agudizado quando se reformula o cúmulo jurídico realizado na sentença condenatória (e não a resultante de um cúmulo jurídico superveniente), quando as circunstâncias fácticas e relativas à personalidade do arguido se mantêm imutáveis, mas existe uma diversa "visão do julgador", e sendo certo que as anteriores decisões podem ter sido sufragadas pelos tribunais superiores. Em casos limites como estes, em que por exemplo existe uma pena de prisão em cumprimento, até por questões de desigualdade com outros arguidos (v.g. co-arguido em que na primeira decisão condenatória foram logo abarcados todos os crimes que cometeu em relação a outro arguido em que apenas falta englobar uma conduta sem habilitação legal, aproveitando o Tribunal da última condenação para realizar uma verdadeira revisão extraordinária da pena única aplicada), será incoerente a redução da pena única. Por outro lado, as reformulações do cúmulo jurídico não podem ser usadas pelo arguido para discutir questões que deveriam ter sido suscitadas nos processos objeto do englobamento[229].

---

[228] Ac do STJ, Rel. Cons. Simas Santos, proc. 08P814, 9.04.2008, consultado em www.dgsi.pt:*"Assim, nada na lei impede que a pena única conjunta a encontrar possa ser inferior a uma outra pena idêntica anteriormente fixada para parte das penas parcelares, embora esse resultado se apresente como uma antinomia do sistema, uma vez que tendo a anterior pena única conjunta transitado em julgado e começado a ser executada, se vê assim reduzida, aquando da consideração de mais pena(s).*

[229] A este propósito ac do STJ, Rel. Cons. Santos Carvalho, proc. n.º, 07P2283, 12.7.2007, consultado em www.dgsi.pt *(...) considerando que, no caso em apreço neste recurso, o recorrente estava há cerca de 8 anos a cumprir uma pena conjunta de 18 anos de prisão que lhe tinha sido imposta pelo Tribunal de Vieira do Minho e que, obviamente, havia transitado em julgado após processo onde se lhe proporcionara todos os direitos de defesa, inclusivamente o de recorrer, não faria sentido e causaria uma enorme quebra do sistema jurídico se, condenado novamente num outro processo, este da comarca de Ílhavo, por crimes diversos cometidos antes de transitar a primeira condenação, devesse ser condenado em nova pena conjunta inferior àquela que, de modo pacífico para a ordem jurídica, já há muito cumpria. Com efeito, se no processo de Ílhavo o recorrente tivesse sido absolvido, continuaria a cumprir a condenação de Vieira do Minho, onde se lhe impusera a pena conjunta de 18 anos de prisão. Por isso, não tendo sido absolvido em Ílhavo, mas condenado noutras penas que, assim, de algum modo acrescem às penas parcelares aplicadas em Vieira do Minho, a pretendida diminuição da pena conjunta que estava a cumprir constituiria*

§ 85. Em caso de reformulação do cúmulo jurídico também nada impede que o tribunal da última condenação decida a formação de penas a cumprir sucessivamente, não obstante no cúmulo jurídico anterior o arguido ter sido condenado numa única pena[230].

§ 86. Se é certo que o tribunal que reformula o cúmulo jurídico não está vinculado à pena única anterior os direitos constitucionais da segurança, proporcionalidade e previsibilidade impõem que exista uma certa *uniformidade* nos critérios usados nas decisões condenatórias, não podendo existir desfasamentos imprevistos e desproporcionados. Será, em princípio, uma situação em que "desfazendo-se" uma pena única de 6 anos, que tinha cumulado juridicamente quatro penas parcelares de três anos, se fixa uma nova pena única em oito anos, quando apenas se englobou uma nova pena parcelar de dois anos. Obviamente que, se os factos novos a considerar apontam para um agravamento *substancial* das razões de prevenção geral, especial e juízo de censura, bem como revelam, conjugando com o atual comportamento do arguido, maiores necessidades de fazer face a uma personalidade que ainda se revela mais adversa ao Direito poderá, excecionalmente, justificar-se tal[231].

§ 87. Com a reformulação do cúmulo jurídico deve efetuar-se o desconto da pena única do cúmulo jurídico anterior já cumprida, mesmo

---

uma grave quebra da unidade do sistema jurídico, pois viria a beneficiar com a nova condenação, mas, comparativamente, ficaria prejudicado com a eventual absolvição (...) De resto, as críticas feitas pelo recorrente (...) a pena de 18 anos de prisão que se encontrava a cumprir e que o tribunal recorrido sentiu a necessidade de confirmar (...) deviam ter sido dirigidas após a condenação de Vieira do Minho e não agora, pois foi aí que essa pena foi aplicada. Se foram então feitas essas ou outras críticas, o trânsito em julgado dessa primeira decisão demonstra que não foram acolhidas pelos tribunais superiores e, portanto, não cabe agora a este STJ censurar o que já não é passível de qualquer modificação em recurso ordinário".
[230] " (...) o caso julgado, necessariamente sic standibus, emergente dos cúmulos anteriormente realizados não impede a exclusão, no cúmulo a realizar posteriormente, de penas incluídas naqueles, nem a autonomia sucessiva de penas, nem, no limite, por diferente interpretação e leitura dos respectivos pressupostos, uma pena única inferior a outra anteriormente aplicada" (Ac do STJ, Rel. Cons. Henriques Gaspar, www.dgsi.pt, proc. 222/07.3PBCLD-A.L1.S1, 15.02.2011, consultado em www.dgsi.pt).
[231] "A protecção dos direitos fundamentais, pelo menos no que concerne ao seu núcleo e/ou ao seu conteúdo de dignidade, apenas será possível onde estiver assegurado um mínimo de segurança jurídica. Tal segurança, ou estabilidade jurídica, é, por alguma forma afectada, quando a forma de recomposição nas penas no cúmulo jurídico e os critérios que lhe estão inerentes são alterados" (Ac do STJ, Rel. Cons. Santos Cabral, proc. n.º 218/03.4JASTB.S1, 2.05.2012, consultado em www.dgsi.pt).

que já declarada extinta, não havendo lugar a desconto se a pena única anterior não foi cumprida por outro motivo, como seja descriminalização, amnistia ou perdão[232]. O momento adequado do desconto nas penas privativas de liberdade é, em regra, aquando da liquidação, já que as privações de liberdade se devem descontar no cumprimento da pena e não na pena concreta, podendo o juiz elaborar diferente liquidação daquela apresentada pelo MP[233], liquidação essa da competência do tribunal da

---

[232] *"Em caso de a pena ter sido cumprida ela é descontada no cumprimento da pena, estatui o art.º 78.º n.º 1, do CP, na sua redacção introduzida pela Lei n.º 59/2007, de 4/9, que suprimiu o requisito do antecedente a condenação anterior se não mostrar ainda cumprida, prescrita ou extinta, trazendo evidente vantagem ao arguido no caso de a anterior pena se mostrar cumprida, mas, escreve Paulo Pinto de Albuquerque, nenhum benefício se a pena anterior não for cumprida por qualquer motivo distinto, como, por exemplo, a amnistia ou o perdão-cfr. Comentário ao Código Penal, I, pág. 286 e Acs, deste STJ, de 8.10.2008, P.º n.º 2490/108-3.ª Sec., de 4.9.2009, in P.º n.º 59/2007 e 10/9/2008, P.º n.º 2500/08-3.ª Sec."* (Ac do STJ, Rel. Cons. Armindo Monteiro, proc. n.º 15/06.5JASTB-A.S1, 30.05.2012, consultado em www.dgsi.pt). Sobre a matéria veja-se ponto XXIII.

[233] *"I – A homologação do computo da pena, a que alude o n.º 4 do art.477.º do CPP, pressupõe a concordância do juiz com a liquidação efectuada, mas na inexistência de consenso, nada resulta daquele comando legal que permita concluir pela impossibilidade do juiz elaborar uma nova e diferente liquidação da pena e comunicá-la às entidades competentes. II – Os períodos de privação de liberdade deverão ser descontados no cumprimento da pena e não na pena concreta."* (Ac. da RE, Rel. Des. Renato Barroso, proc. n.º 353/10.2JAFAR-D.E1, 17.6.2014, consultado em www.dgsi.pt); *"1. O artigo 80.º do CP determina o desconto da detenção, da prisão preventiva e da obrigação da permanência na habitação, por inteiro no cumprimento da pena de prisão; o critério do desconto não deve ser o mesmo da pena, ou seja, aquele que o artigo 479.º prevê para acontagem da pena que, a seguir-se, prejudica o condenado por não permitir proceder ao efectivo desconto dos dias de detenção realmente sofridos. 2. A exigência legal expressa de homologação pelo juiz da liquidação da pena efectuada pelo Ministério Público (nova redacção dada, em 2010, ao n.º 4 do art. 477.º) envolve um controlo judicial que não se basta com a mera ordem de "comunicação" ou de "não comunicação" da liquidação da pena; a decisão judicial de "homologação" pressupõe a admissibilidade da rectificação, pelo juiz, da contagem da pena liquidada pelo Ministério Público."* (ac. da RE, Rel. Des. Ana Barata Brito, proc. n.º 1231/12.6PBFAR-B.E1, 10.7.2014, consultado em www.dgsi.pt). Em suma calcula-se o termo, o meio, dois terços e cinco sextos da pena e após faz-se o desconto, pois só assim se permite proceder ao efectivo desconto das privações da liberdade. Neste sentido ANTUNES, Maria João, Consequências Jurídicas do Crime, pág. 85. Aparentemente, em sentido contrário, entendendo que o desconto se faz na pena concreta, e após realizado o desconto é que se calcula o termo, o meio, dois terços e cinco sextos da pena, ac. da RG, Rel. Des. Ana Teixeira e Silva, proc. n.º 55/14.0YRGMR, 6.10.2014, consultado em www.dgsi.pt.

condenação e não do tribunal de execução de penas[234]. Assim, embora nada impeça que conste da sentença condenatória, não é imperioso[235].

§ 88. Em caso de recurso interposto pelo arguido, ou pelo MP em favor do arguido, de uma pena única em virtude de uma reformulação do cúmulo jurídico, por entenderem, por exemplo, que outras penas deveriam ser cumuladas, ou deveriam formar-se duas penas únicas a cumprir sucessivamente, a nova decisão a proferir deve ter sempre presente a proibição da *reformatio in pejus*, nunca se podendo agravar a reação e modo de cumprimento que emergia da decisão anulada[236]. Ou seja, se em virtude de recurso vier a ser englobada pena não atendida na decisão da 1.ª instância ou que decida que se deverão formar dois cúmulos jurídicos a cumprir sucessivamente, ou se anular a decisão, determinando que o tribunal *a quo* profira sentença/acórdão nesse sentido, nunca pode resultar um agravamento da pena. [237]

---

[234] Assim, ac. da RE, Rel. Des. Fernando Cardoso, proc. n.º 121/14.2YREVR, 28.10.2014, consultado em www.dgsi.pt.

[235] Cfr. Ac. STJ, 12.12.2002, proc. n.º 4404/02-5.ª, SATJ, n.º 66, 66. Maia Gonçalves aponta que o quantum a descontar pode constar da sentença ou despacho, embora seja preferível na sentença (Código Penal Português Anotado, 16.ª edição, 2004, Almedina, pág. 292). Também é este o entendimento de DIAS, Jorge de Figueiredo (As Consequências Jurídicas do Crime, Reimpressão, Coimbra Editora, pág. 299).

[236] "A proibição da reformatio in pejus, contida no art. 409.º, n.º 1, do CPP, dirige-se, directamente, ao próprio conteúdo da decisão do tribunal superior competente para conhecer do recurso. É uma medida protectora do direito de recurso em favor do arguido, visando garantir ao arguido recorrente ou ao MP quando recorre em exclusivo interesse do arguido que o arguido não será punido com sanções mais graves pelo tribunal superior competente para conhecer do recurso. (...) Não violou a proibição da reformatio in pejus, uma vez que sendo caso de cúmulos sucessivos, não foi excedida a medida da pena aplicada no cúmulo inicial. A decisão veio a ser anulada para reformulação do cúmulo, em dois cúmulos a cumprir sucessivamente, na sequência do determinado pelo acórdão deste Supremo supra referido, e em cada um dos cúmulos reformulados e a cumprir sucessivamente, não fixou pena única que agravasse a inicial" (Ac do STJ, Rel. Cons. Pires da Graça, proc. n.º 267/10.6TCLSB.S1, 30.05.2012, consultado em www.dgsi.pt)

[237] "Por força do princípio da proibição da reformatio in pejus, uma vez que só o arguido interpôs recurso, as penas em que o arguido venha a ser condenado, para serem cumpridas sucessivamente, não podem ultrapassar o limite já fixado na mesma decisão recorrida – Ac. de 17-06-2004, Proc. n.º 1412/04 – 5.ª. Deste modo, tem a decisão recorrida de ser anulada, nos termos do art. 379.º n.º 1 c) do CPP" (Ac do STJ, Rel. Cons. Rodrigues da Costa, proc. 07P3187, 9.04.2008, consultado em www.dgsi.pt). "Verificando-se que a decisão recorrida incluiu num mesmo cúmulo crimes cometidos antes e crimes cometidos depois do trânsito em julgado da primeira condenação, há que proceder a dois cúmulos jurídicos, respeitando-se, no entanto, o princípio da proibição da reformatio in pejus, por o recurso ter sido interposto

§ 89. *"Há que reformular de imediato o cúmulo jurídico em determinadas situações, quando qualquer pena parcelar englobada deixou de subsistir por motivo superveniente: v.g.: crime que foi descriminalizado; ou que foi amnistiado em sentido próprio"*[238]. Contudo, quanto à descrimiminalização veja-se o explanado em § 77 e § 78.

XVIII. Aplicação do regime especial de jovens

§ 90. A aplicação de uma pena única pressupõe o trânsito em julgado das penas que se encontram em concurso. Significa que excede o poder jurisdicional do juiz de cúmulo *reanalisar* os pressupostos da verificação dos crimes que estão em concurso, bem como os critérios que determinaram a aplicação das penas parcelares, quer das circunstâncias agravantes, quer das circunstâncias atenuantes[239].

O juiz de cúmulo deverá sempre atender às penas concretamente fixadas, não lhe competindo apreciar questões que competia equacionar e suscitar nos processos "englobados" e que, após o trânsito em julgado, *não mais poderão ser reponderadas*.

É o que sucede com a aplicação do *regime especial para jovens*, que não é aplicável em relação à pena única resultante do cúmulo jurídico superveniente. No que se reporta à pena única a mesma rege-se pelo art. 77.º do Código Penal, enquanto que as atenuações especiais previstas nos artigos 72.º e 73.º do Código Penal apenas se aplicam às penas parcelares[240].

---

apenas pelo arguido." (Ac do STJ, Rel. Cons. Rodrigues Costa, pr0c. n.º 6P4796, 15.03.2007, consultado em www.dgsi.pt).

[238] Maria do Carmo Silva Dias, apontamentos CEJ.

[239] Assim, ac. do STJ, Rel. Cons. Pires da Graça, proc. n.º 1213/09.SPBOER.S1, 5.12.2012, consultado em www.dgsi.pt. *"o objecto do processo é apenas a pena do cúmulo, e por conseguinte, fixadas que estão definitivamente as penas parcelares, não lugar à revisão desta e à convocação da atenuação especial.".* No mesmo sentido Ac. do STJ, Rel. Cons. Armindo Monteiro, proc. n.º900/05.1PRLSB.L1.S1, 3.10.2012, consultado em www.dgsi.pt. *"Em cúmulo o poder do tribunal não vai ao ponto de reponderar, no cúmulo, o acerto da pena parcelar, porque se não reconduz a um recurso dela, mas a uma operação de fixação de pena única, em obediência a critérios bem definidos".*

[240] Como escreve no ac. do STJ, Rel. Cons. Oliveira Mendes, proc. n.º 29/05.2GGVFX.L1.S1, 9.06.2010, consultado em www.dgsi.pt, *"(...) O momento processualmente adequado para ponderação da aplicação do regime penal especial para jovens – DL 401/82, de 23-09 – é o da determinação e cominação das penas singulares, e não o da determinação e cominação da pena conjunta. Aliás, o instituto*

Em suma, todas as circunstâncias que se prendem com os pressupostos dos crimes, qualificação jurídica, circunstâncias agravantes ou atenuantes ou aplicação de regime concretamente mais favorável nos termos do art. 371.º-A do CPP[241], têm o seu momento próprio de apreciação nos respetivos processos que conduziram à aplicação das penas parcelares em concurso, pelo que *pacificadas* que estão tais questões através do instituto do trânsito em julgado, o julgamento que conduz à aplicação da pena única é alheia às mesmas.

XIX. Cúmulo entre penas de prisão e penas de multa

§ 91. Pode suceder que as penas em concurso sejam uma pena de multa e uma pena de prisão, aplicada a título principal, ou substituída por pena não detentiva. Ou eventualmente existirem várias penas de multa (aplicadas como pena principal) e uma só pena de prisão. Ou pelo contrário, diversas penas de prisão e apenas uma pena de multa (ambas enquanto penas principais).

É importante relembrar, nesta sede, que as penas de prisão, quer as efetivas, quer as aplicadas em substituição daquelas, têm uma natureza totalmente diversa das penas de multa e que essa distinta natureza deverá sempre manter-se, independentemente das vicissitudes que ocorram após a aplicação das penas parcelares, sob pena se subverter o regime vigente. Eventualmente poderia o legislador adiantar soluções diversas, mas nos termos do art. 77.º, n.º 3 do CP o mesmo é claro quando delimita a fronteira impeditiva do cúmulo jurídico superveniente nas diferentes *naturezas das penas*.

Não significa que na decisão de um cúmulo jurídico superveniente se alcancem penas *compósitas* de prisão (eventualmente substituídas por penas

---

da atenuação especial da pena só é aplicável às penas singulares, como claramente resulta das normas que o regulam – arts. 72.º e 73.º do CP." É esta a posição uniforme da jurisprudência do STJ (Rel. Cons. Santos Cabral, proc. n.º 153/10.0PBVCT.S1, 21.03.2013, Rel. Cons.Pires da Graça, proc. n.º 1213/09.SPBOER.S1, 5.12.2012, Rel. Cons. Arménio Sottomayor, proc. n.º 471/06.1GALSD. P1.S1, 17.05.2012, Rel. Cons. Armindo Monteiro, proc. n.º900/05.1PRLSB.L1.S1, 3.10.2012, STJ, todos consultados em www.dgsi.pt).

[241] Neste sentido, sobre a incompetência do tribunal onde se procedeu ao cúmulo para ponderar a aplicação da lei penal mais favorável, porque depende do requerimento do arguido nos processos respetivos da reabertura da audiência nos termos do art. 371.º-A do CPP, ac. do STJ, Rel. Cons. Armindo Monteiro, proc. n.º900/05.1PRLSB.L1.S1, 3.10.2012, consultado em www.dgsi.pt.

não detentivas) e penas de multa. No entanto, o cúmulo jurídico sempre terá como elemento *aglutinador* as penas da mesma natureza pelo que, mesmo que todas as penas de multa estejam convertidas em prisão subsidiária, a execução da mesma em relação à pena única de prisão será *sucessiva*.

Entre as penas de prisão (efetivas e substitutivas) e as penas de multa (independentemente de terem sido convertidas em prisão subsidiária) apenas é possível uma acumulação material, mas nunca um cúmulo jurídico. Posição contrária é não atender à diversa natureza das mesmas, desconsiderar o regime próprio da pena de multa (pagamento voluntário, coercivo e sanção pelo incumprimento), alterando de forma indireta a pena parcelar aplicada, o que está vedado ao juiz do cúmulo, face ao trânsito em julgado. Aliás, tal já foi objeto de apreciação pelo Tribunal Constitucional que concluiu pela não desconformidade com a Constituição da República Portuguesa (cfr. ac. TC n.º 3/2006 – DR II, de 7.02.2006).

§ 92. O artigo 77.º, n.º 3 do CP optou claramente por um sistema de acumulação material de penas de diferente natureza. Apenas quando isso não sucede (ou seja, quando as penas têm a mesma natureza) é que tem aplicação os números anteriores, existindo lugar ao cúmulo jurídico de penas.

As penas de prisão e todas as penas substitutivas destas não podem ser cumuladas juridicamente com as penas de multa, não obstante tenham sido convertidas em prisão subsidiária (pois tal não implica que percam a sua natureza como resulta do facto do pagamento da multa determinar a extinção da prisão), ou tenham sido substituídas por admoestação.

A história do preceito demonstra claramente que se pretendeu excluir o cúmulo jurídico entre penas de prisão (aplicadas a título principal ou substitutivas) e as penas de multa (independentemente das suas vicissitudes, nomeadamente a conversão em prisão subsidiária), pois que diferente natureza das mesmas implica uma acumulação material e a formação de uma pena única compósita.

A redação do art. 77.º, n.º 3 do Código Penal ao apontar para a acumulação material mereceu críticas de Figueiredo Dias[242], defendendo a pena única conjunta, o que inclusive motivou que a Comissão de Revisão do

---

[242] DIAS, Figueiredo, in "Direito Penal Português, As Consequências Jurídicas do Crime", Notícias Editorial, 1993, pág. 289/290.

Código Penal se tenha pronunciado e produzido projeto segundo o qual seria aplicável uma única pena de prisão, de harmonia com os critérios consagrados nos números anteriores, «considerando-se as multas convertidas em prisão pelo tempo correspondente reduzido a dois terços»[243]. No entanto, essa posição não teve "vencimento", mantendo-se a acumulação material que até hoje vigora. Como refere Maia Gonçalves[244] o dispositivo do nº 3 distancia-se do projeto de revisão *"(...) segundo o qual seria aplicável uma única pena de prisão, de acordo com os critérios estabelecidos nos números anteriores, considerando-se as multas convertidas em prisão pelo tempo correspondente reduzido a dois terços. Tratava-se de um critério revestido de alguma dureza, que só encontrava justificação porque mantinha o sistema da pena conjunta"*.

Clarificada a história do preceito cremos ficar bem mais evidente que as penas com natureza de prisão e as que têm natureza de multa não podem cumular-se juridicamente. Os cúmulos jurídicos são realizados entre as penas da mesma natureza. As penas de diferente natureza mantêm a sua autonomia conduzindo à aplicação de uma pena final *compósita*. Será o caso do concurso de penas de prisão (efetivas ou substituídas por penas não detentivas) e as penas de multa (aplicadas a título principal, em execução, cumpridas, convertidas em prisão subsidiária, ou substituídas por admoestação[245]).

---

[243] Cfr. Atas e Projeto da Comissão de Revisão do Código Penal, edição do Ministério da Justiça, 1993, pág. 84.

[244] "Código Penal Português Anotado e Comentado", 12.ª edição, 1998, pág. 269.

[245] É esta a posição de Maia Gonçalves, assinalando que *"o cúmulo far-se-á entre as diversas espécies de penas, sendo a pena final uma pena compósita, composta por penas parcelares de espécies diferentes"* (Código Penal Português, 15ª ed., pág. 267). Esta é também a posição expressa pelos Conselheiros Leal Henriques e Simas Santos (Código Penal, 1º Vol., Rei dos Livros, pág. 608) e por Paulo Pinto de Albuquerque (Comentário do Código Penal, anotação 6ª ao artigo 77º, edª. 2008, pág. 244.), salientando que «Em caso de concurso de crimes punidos com penas de natureza diversa, a diferente natureza das mesmas mantém-se na pena única. Assim, havendo concurso de crimes punidos com pena de prisão e crimes punidos com pena de multa ou concurso de crimes punidos com pena de prisão e crimes punidos com pena de multa em cumulação com pena de prisão, ou concurso de crimes punidos com pena de prisão e crimes punidos com pena de prisão subsidiária resultante de multa não paga nem executada, verifica-se uma verdadeira cumulação material das penas, mantendo-se autonomamente as penas de multa, de multa em cumulação com prisão e de prisão subsidiária da multa, o que tem particular relevância prática para efeitos da extinção da pena de multa pelo pagamento (apontando já neste sentido, Cavaleiro de Ferreira, 198: 160). Portanto, as penas de multa são sempre acumuladas materialmente com a de prisão e quando não seja paga a pena de

§ 93. Contudo, *o grau de controvérsia* diverge consoante a pena de multa seja convertida, ou não, em prisão subsidiária. Assim, quando está em causa uma pena de prisão efetiva, ou substitutiva desta, e uma pena de multa, os tribunais e a maioria da doutrina, aponta veementemente para uma situação de acumulação material. A letra do art. 77.º, n.º 3 do Código Penal não admite qualquer outro tipo de interpretação, pelos motivos já evidenciados.[246]

Mas quando existe uma pena de multa convertida em prisão subsidiária, *destarte* quando cumprida total ou parcialmente[247], existem posições dissonantes.

Os argumentos usados por aqueles que defendem o cúmulo jurídico com as penas de prisão efetivas assentam essencialmente no facto de que em ambas as situações está em causa a privação de liberdade de um cidadão, a cumprir num estabelecimento prisional, não existindo destrinças

---

multa, a execução da prisão em que venha a ser convertida, seguir-se-á à execução da prisão *diretamente aplicada*».

[246] Contudo, em sentido distinto veja-se ANTUNES, Maria João, Consequências Jurídicas do Crime, Coimbra Editora, pag. 58 e mais recentemente na Revista de Legislação e de Jurisprudência, ano 144, Maio-Junho de 2015, páginas 406 e ss (anotação ao ac. da RP de 12 de Março de 2014) que defende o cúmulo entre as penas de prisão e de multa principal, convertendo esta em prisão subsidiária, podendo o condenado optar pelo pagamento da multa, caso em que a pena deixa de entrar no procedimento de determinação da pena conjunta. Nuno Brandão ("Conhecimento Superveniente Do Concurso E Revogação De Penas De Substituição", RPCC, Ano 15, n.º 1, pp. 135/136) é defensor de um cúmulo jurídico facultativo, cabendo ao condenado optar pelo cumprimento separado, ou pela realização de um cúmulo jurídico, com aplicação de uma pena única, convertendo-se as penas de multa em dias de prisão, à razão de 2/3, socorrendo-se de uma aplicação analógica do art. 49.º, n.º 1 do CP. Refutando esta interpretação veja-se, entre outros, ac. da RP, Rel. Des. Eduarda Lobo, proc. n.º 955/06.1TAFLG--A.P1 , 12.03.2014, consultado em www.dgsi.pt. O cúmulo jurídico facultativo é também a posição de COSTA, João, "Da Superação do Regime Actual do Conhecimento Superveniente do Concurso, Almedina 2014, págs 68, 69 e 72. Entendemos que a tese do cúmulo jurídico facultativo é uma interpretação que vai muita além da letra da lei, e cujo elemento literal, histórico e sistemático, não permitem tal acolhimento, reforçado com o facto da reforma de 2007 não ter consagrado tal, o que é sintomático e demonstrativo de não ser essa a intenção do legislador. Aliás, também Figueiredo Dias embora preferindo o sistema de cúmulo jurídico mesmo nestes casos, pois que as penas compósitas contrariam na sua ótica os fins de política criminal, não defende que no direito constituído seja possível tal interpretação (As Consequências Jurídicas Do Crime, Editorial de Notícias, p. 286 e. 289 e segs).

[247] E isto porque não estando ainda cumprida, total ou parcialmente, a prisão subsidiária, com a realização do cúmulo jurídico superveniente, esta passa a ser considerada como se não tivesse existido qualquer incumprimento, cumulando-se com as outras penas de multa.

quanto à exequibilidade das mesmas – em termos de conteúdo material –, sendo certo que a autonomia dogmática mantém-se intocável, já que a todo o momento o condenado pode pagar a pena de multa, extinguindo-se a prisão subsidiária e refazendo-se o cúmulo jurídico.[248] [249]

Os defensores da impossibilidade de realização do cúmulo argumentam que a diferente natureza das penas, à luz do art. 77.º, n.º 3 do CP, torna inadmissível essa "operação".

Afigura-se-nos a interpretação mais correta, como já salientámos. Ou seja, a prisão subsidiária mantém a natureza da pena de multa[250] pelo que apenas pode ser cumulada juridicamente com pena(s) de multa(s), efetuando-se na pena única o desconto relativo aos dias de prisão subsidiária cumpridos, sendo que, caso tenha sido integralmente cumprida, o desconto é total[251]. Isto porque a prisão subsidiária tem a natureza de uma pena de multa, não se tratando de uma pena principal, podendo ser extinta a todo o tempo pelo pagamento, bem como ser suspensa na sua execução (cfr. art. 49.º do Código Penal). Para além disso geraria desigualdades com aqueles que cumpriram a pena de multa [252] e possibilita que se ultrapasse o limite máximo legal dos 900 dias (art. 77.º, n.º 2 do Código Penal).[253]

---

[248] Neste sentido ac. da RC, Rel. Des. Mouraz Lopes, proc. 126/05.4GTCBR.C1, 9.12.2009, consultado em www.dgsi.pt.

[249] O proferimento de decisões condicionais, para o caso de pagamento de penas de multas, afigura-se-nos contudo, não admissível, já que a decisão de judicial tem que ser atualista.

[250] Ac. da RP, Rel. Des. Donas Botto, proc. n.º 419/08.0GAPRD-B.P1, 26.3.2014, consultado em www.dgsi.pt: *"A prisão a cumprir em vez da multa não satisfeita não é, nem sequer em sentido formal, uma pena de substituição, visando, antes, tão-só conferir consistência e eficácia à pena de multa, que não perde autonomia e nem desaparece".*

[251] Assim, enquanto que nas multas convertidas em prisão subsidiária, mas que não foram executadas, ainda será possível o cumprimento pelo pagamento, as já executadas, terão relevância para efeitos de desconto na pena única aplicada. Pelo que, conforme se chama a atenção no ac. do STJ, Rel. Cons. Raul Borges, proc. 93/10.2TCPRT.S1, 23.11.2010, consultado em www.dgsi.pt, é importante indagar devidamente, se as penas de multa foram convertidas em prisão subsidiária, e se foram cumpridos dias de prisão, total ou parcialmente, bem como apurar, se foi paga a multa total ou parcialmente.

[252] Os arguidos que tivessem pago as suas penas de multa não beneficiariam de qualquer cúmulo com as penas de prisão.

[253] Na doutrina, defendendo a impossibilidade de cumular pena de multa com penas de prisão, veja-se MESQUITA, Paulo Dá, O Concurso de Penas, Coimbra Editora, 1997, p. 28, 93 e 94. Na jurisprudência, acompanhando esta posição:
Ac. do STJ, Rel. Cons. Armindo Monteiro, proc. 2/03.5GBSJM.S1, 27.04.2011, consultado em www.dgsi.pt: *"(...) XV – Quando o tribunal aplique em concurso uma única pena de multa como pena*

E justamente porque a natureza é distinta não se deve cumular penas de multa com penas de prisão substituídas por multa[254], bem como, em caso de incumprimento que determina o cumprimento da pena de prisão principal, o cúmulo desta com prisão subsidiária. E também porque a natureza é distinta nenhum desconto se terá que fazer da pena de prisão subsidiária cumprida relativamente à pena única de prisão, já que se trata de uma execução coerciva da pena de multa[255].

principal ou alternativa à de prisão, com uma multa substitutiva da prisão, nos termos do art. 43.º, do CP, tais penas devem acumular-se materialmente, atenta a sua diferente natureza (...), a mesma situação vale, ainda, relativamente a penas mistas de prisão e de multa, bem como para o caso de penas sucedâneas, ou em caso de condenação em alternativa, nos termos do preceituado no art. 46.º, n.ºs 3 e 4, do CP (...) Uma pena subsidiária de prisão por incumprimento da multa, reduzida a 2/3, não passa a ser a pena principal e por isso não tem qualquer cabimento, dada a sua natureza diferenciada, que ela figurasse com outras penas em concurso. XVIII – A prisão subsidiária é uma prisão "pendente conditione", que só em derradeira hipótese se cumpre depois de esgotantemente percorrido o iter que a ela corresponde, previsto no art. 49.º, n.ºs 2 e 3, do CP." Ac. do STJ, proc. n.º 08P3628, de 4.12.2008, consultado em www.dgsi.pt, também se decidiu não integrar no cúmulo jurídico a prisão subsidiária, pois esta prisão não é equivalente à pena de prisão, já que, ao contrário desta, pode cessar a qualquer momento pelo pagamento da importância ainda em dívida ou provando que o não pagamento não é imputável ao condenado. Ac do STJ, Rel. Cons. Arménio Sottomayor, proc. 93/10.2TCPRT.S2, 7.02.2011, consultado em www.dgsi.pt: *" (...) V – As penas principais de multa, mesmo quando convertidas em prisão, não perdem a natureza de penas de multa, na medida em que a todo o tempo pode o condenado fazer cessar a prisão, pagando a multa, conforme lhe permite o art. 49.º, n.º 2, do CP. VI- As penas de multa que tiverem sido convertidas em prisão, mesmo que cumpridas, integram o cúmulo de que resultará a pena única de multa, sob pena de ser dado tratamento diferente a penas da mesma natureza, o que seria susceptível de prejudicar o condenado por, desse modo, poder ser ultrapassado o limite intransponível de 900 dias, que a lei prevê como sendo o máximo da pena única de multa".*
Ac da RP, Rel. Des. Pilar de Oliveira, proc. 246/07GEACB.C1, 23.11.2010, consultado em www.dgsi.pt: *"(...) Se a pena de prisão subsidiária é uma forma de cumprimento da pena de multa e corresponde a dois terços do tempo de multa, isso significa inequivocamente que não só não pode ser autonomizada, como deve ser descontada na pena de multa pelo tempo de multa a que corresponde."*

[254] Exceto se existir norma expressa em sentido contrário, de cariz excepcional (a propósito, veja-se o art. 6.º, n.º 1 do DL n.º 48/95 de 15 de Março).

[255] Apenas será de excecionar os casos em que, fruto do cúmulo jurídico das diversas penas de multa, em que alguma, algumas, ou todas elas tenham sidos convertidas em prisão subsidiária, se concluir que a prisão subsidiária cumprida, *excede* a pena única de multa, situação em que, pela similitude dos casos com o cumprimento de medidas de coação privativas da liberdade, se deverá fazer o desconto na pena de prisão que o arguido esteja a cumprir. Neste sentido Ac do STJ, Rel. Cons. Arménio Sottomayor, proc. 93/10.2TCPRT.S2, 7.02.2011: *"(...) À pena única de multa fixada em 900 dias correspondem 600 dias de prisão subsidiária. Havendo um excedente de prisão subsidiária já cumprida, esse excedente será descontado na pena de prisão, tal como sucede com o período em que o recorrente esteve sujeito à medida de coacção de prisão preventiva e com o*

§ 94. Quando o tribunal aplica em concurso uma única pena de multa, como pena principal ou alternativa à de prisão, segundo o dualismo previsto no tipo, com uma multa substitutiva da prisão, nos termos do art.º 43.º do CP, tais penas devem acumular-se materialmente, atenta a sua diferente natureza[256] e o diverso regime de incumprimento (o não pagamento da pena de multa substitutiva da pena de prisão determina a "execução" integral da pena de prisão, não podendo a multa ser paga após o despacho que determinou o cumprimento da pena de prisão, ao contrário da pena de prisão subsidiária, que corresponde a 2/3 da pena de multa e que pode ser paga a todo o tempo).[257]

§ 95. Apenas haverá necessidade de designar uma audiência de cúmulo quando existam penas de prisão ou penas de multa a cumular, sendo desnecessário a mesma quando nas penas a englobar esteja apenas em causa uma isolada pena de prisão ou de multa, ou quando, a pena, ou penas, em concurso, forem de diferente natureza.

Ou seja, se as penas parcelares tiverem diferente natureza não se justifica o cúmulo jurídico superveniente. A convocação e realização de uma audiência de cúmulo nestes casos redundaria na prática de um ato inútil[258] [259]

---

tempo que cumpriu pena à ordem do processo onde se procedeu a anterior cúmulo, que englobara penas parcelares integradas na nova pena única".

[256] A pena de multa é uma pena principal. Já a multa em substituição de uma pena de prisão, visa substituir a pena de prisão, pressupondo a prévia determinação desta.

[257] Na doutrina, MESQUITA, Paulo Dá Mesquita, in Concurso de Penas, ob. citada, pág. 28 e 94; no mesmo sentido ALBUQUERQUE, Paulo Pinto, ob. citada, pág. 284, para quem a hipótese é de *"verdadeira acumulação material de penas, mantendo-se autonomamente as penas de multa",* pois tratam-se *"com natureza distinta, cujo incumprimento tem consequências muito diversas".* Na jurisprudência, entre outros veja-se Ac da RE, Rel. Des Carlos Berguete Coelho, proc. 38/13.8GCCUB.E1, 7.01.2014, consultado em www.dgsi.pt

[258] Em sentido contrário, ac. da RE, Rel. Des. Ana Barata Brito, proc. 10043/10.0TDLSB-A. E1, 12.06.2012, consultado em www.dgsi.pt *"Há lugar à realização de cúmulo material de pena de prisão e de pena de multa, mesmo que superveniente, devendo para tanto realizar-se a audiência a que se refere o art. 472º do C.P.P."* No caso em concreto o arguido tinha sido condenado num processo em pena de multa e em um outro em pena de prisão. Não colocando em causa que tenham diferente natureza, e refutando que o art. 78.º, n.º 3 do CP admita o cúmulo jurídico, através da conversão da pena de multa em prisão subsidiária, ainda assim conclui pela obrigatoriedade da audiência de cúmulo para proceder à *"operação cumulatória (para cúmulo material de penas), por via da qual o arguido ficará condenado numa única pena, de prisão e multa."* (...) *"O que significa que a pena única assumirá, então, a forma de pena compósita cumulativa, por exemplo, "pena de um ano de prisão e trinta dias de multa à razão de...".* Sobre a relevância de uma decisão visando a adição de

já que a acumulação necessariamente será material, não se vislumbrando qualquer utilidade prática e, na nossa perspetiva, não tendo acolhimento legal. Passe a *tautologia* a audiência de cúmulo jurídico só deverá ser realizada se existir um concurso superveniente que justifique a reformulação do cúmulo jurídico, o que pressupõe a existência dos requisitos previstos no art. 77.º, n.º 3 do Código Penal [260] (no entanto, se o arguido entretanto

penas que apenas se cumulam materialmente, entende que a mesma não é inconsequente para o arguido, face às desigualdades daquele que foi julgado por todos os crimes num só processo, nomeadamente pelas diferenças no registo criminal, já que a *"condenação plural e a consequente inscrição plural no C.R.C. tem sempre – só pode ter – na sua base uma sucessão de penas correspondente a uma sucessão de crimes"*. Sobre a utilidade da audiência que se cinge a uma acumulação material afirma que *"Não vemos razão para excluir, contra legem, a operação em causa (de cúmulo meramente material de penas) da precedência da audiência a que se refere o art. 472º do C.P.P., que será, no caso, necessariamente muito elementar. E é precipitado afirmar que sempre se trataria de um acto inútil. Recorda-se que a decisão de cúmulo de penas, material ou não, não se esgota na graduação da pena dentro da moldura abstracta; ela pressupõe outras decisões, como a da prévia identificação do concurso (efectivo/real) de crimes, da identificação das penas elegíveis, da escolha e selecção dessas penas em casos de cúmulo por arrastamento, entre outras. E uma audiência é tanto um direito dos sujeitos processuais se fazerem ouvir antes que o tribunal tome uma decisão que pessoalmente os afecte, como o meio ideal de dotar o próprio julgador dos instrumentos necessários à boa decisão".*

[259] Também entendendo, que não é motivo para excluir o cúmulo jurídico superveniente a diferente natureza das penas ac. da RE, Rel. Des. Berguete Coelho, 19/04.2PEBJA.E1, 24.09.2008, consultado em www.dgsi.pt *1- Pressuposto essencial para a efectivação de cúmulo jurídico de diversas penas parcelares é a prática de diversas infracções pelo mesmo agente antes de transitar em julgado a condenação por qualquer delas. 2. A diversa natureza da pena de multa relativamente a outras penas de prisão a incluir no cúmulo a efectuar, nos termos do disposto no art.77º, n.º.3, "ex vi" art.78º, n.º.1, ambos do CP, não constitui fundamento para a respectiva exclusão, já que, desde que se verifiquem os pressupostos de punição pelo concurso, se manterá (...) Sem embargo, a solução correcta tem, porém, de passar pela inclusão dessa pena no cúmulo, por respeito ao indicados normativos e das consequências que sempre, ulteriormente, são susceptíveis de verificação, no sentido de que a operação cumulatória agora realizada poderá não ser a última a que o ora recorrente se sujeita e que uma outra eventual condenação e em pena de multa (que dê lugar a outro cúmulo de penas e em que a pena aludida seja incluída) fará renascer a utilidade da mesma e do respectivo desconto que deva ser então efectuado.* E igualmente ac. da RL. Rel. Des. Carlos de Sousa, proc. n.º 3469/2004-3, 2.06.2004, consultado em www.dgsi.pt, defendendo que sempre será necessário realizar a acumulação material da pena de multa à pena única de prisão, mantendo a distinta natureza. E justifica a necessidade da realização deste ato reduzida aos acrescentos da pena de multa e da pena acessória de proibição de conduzir veículos nos seguintes termos: *"tem a utilidade de reunir no mesmo tribunal a execução de uma pena, pena única, além do mais, de modo a prevenir que não sejam ultrapassados os limites máximos a aplicar às penas de prisão e de multa – cfr. art.ºs 77º, n.ºs 2, 3 e 4, e 78º, do C.Penal revisto."*

[260] Neste sentido, ac. da RP, Rel. Des. Maria do Carmo Silva Dias, proc. n.º 1122/09.8JPPRT. P1, 3.04.2013, consultado em www.dgsi.pt: " (...) *Mesmo tratando-se de conhecimento superveniente de concurso de crimes, considerando o princípio da legalidade, a remissão do disposto no art. 78º nº 1 e*

for condenado em pena da mesma natureza, num outro processo, passará a ser relevante a audiência, de modo a reformular a decisão cumulatória).

Convém frisar que a realização de audiência de cúmulo nestes casos pode gerar instabilidade e desigualdades[261]. Na verdade, aberta uma audiência de cúmulo as penas parcelares voltam a ganhar autonomia, não "bastando" uma mera acumulação. É *novamente* necessário realizar o cúmulo jurídico das penas parcelares da mesma natureza. A mera adição material de penas de natureza distinta não impede que se discuta novamente a bondade da pena única, no que se reporta às penas da mesma natureza. Por tudo mencionado conclui-se que só se farão os cúmulos jurídicos entre as penas da mesma natureza, mesmo em caso de cúmulo jurídico superveniente. Ou seja, se estiveram em "concurso" processo em que se aplicou

---

nº 2 para as regras do art. 77º, neste particular, seu nº 3, ambos do CP, apenas pode ser interpretado no sentido de que não há lugar à realização de cúmulo jurídico entre uma pena de multa e várias penas de prisão (ainda que neste caso concreto algumas penas de prisão tenham sido suspensas na sua execução e pelo menos em relação a uma delas a suspensão até já foi revogada), não se podendo sequer entender que o acréscimo à pena única de prisão, resultante da existência de uma só pena de multa, determine a elaboração de um cúmulo material de penas, que, aliás, o legislador quis afastar atenta a ratio do preceito em questão. Atento o princípio da legalidade, tendo em atenção o disposto no art. 78º, nº 1, do CP, que remete para a aplicação das regras do art. 77º do CP, logo nos deparamos com a ausência de um dos requisitos apontados no nº 3 do mesmo art. 77º, a saber, a existência de mais do que uma pena de multa concretamente aplicada ao arguido".
Com a mesma posição ac. da RP, Rel. Des. Eduarda Lobo, proc. n.º 955/06.1TAFLG-A.P1 , 12.03.2014, consultado em www.dgsi.pt : *"Caso as penas sejam de diferente espécie, o direito vigente abandona entre elas o sistema da pena única – e portanto da pena conjunta e do cúmulo jurídico – para seguir na essência um sistema de acumulação material. Nestes termos, quando o tribunal aplique pela prática de um dos crimes em concurso a pena de multa como pena principal e a outro ou outros crimes, penas de prisão ou de multa em substituição da pena de prisão, as penas em concurso devem ser cumuladas materialmente pois têm diferente natureza. Quando o nº 3 do artº 77º do Cód. Penal manda aplicar os critérios referidos nos números anteriores refere-se obviamente ao cúmulo que houver de ser feito entre cada uma das diferentes espécies de penas – ou seja, no cúmulo jurídico de diversas penas de multa e no cúmulo jurídico de diversas penas de prisão, o juiz deverá observar os critérios definidos nos nºˢ 1 e 2 do mesmo preceito. Estando em causa, como nos presentes autos, uma situação de concurso superveniente de penas de espécie diferente, não se justifica a realização de cúmulo de penas, como pretende o recorrente, já que os artºˢ. 78º do Cód. Penal e 471º nº 1 do C.P.P. apenas têm aplicação quando estiver em causa a necessidade de realização de concurso superveniente de penas da mesma natureza ou em que, pelo menos, duas das penas do concurso sejam da mesma espécie."*

[261] Na pena de multa, passa a ter novo prazo para pagar. E na prisão subsidiária, ainda não executada, "retoma-se" a pena "originária" de multa. Não gerará desigualdades com aquele que foi logo condenado e que não terá estas oportunidades?

uma pena de prisão e dois outros em que se aplicou pena de multa, só quanto a estes últimos se torna necessário realizar o cúmulo. E vice-versa[262].

XX. Realização de cúmulo jurídico de/com penas substitutivas da pena de prisão e da pena de multa

§ 96. Quando se verifica uma situação de conhecimento superveniente significa que os julgamentos parcelares que conduziram às penas parcelares foram necessariamente incompletos já que ao não atenderem a *todos* os crimes perpetrados, consequentemente, o juízo de prevenção realizado poderá estar incorreto.

A lei ao admitir e permitir a realização dos cúmulos jurídicos supervenientes reconhece que por razões de prevenção se torna necessário *reformular* a pena, impondo uma análise conjunta de toda a factualidade criminosa que permita uma decisão atualista. Pretende-se uma pena unitária ajustada à personalidade do arguido, suficiente em termos de prevenção geral e especial, e adequada à *culpa global*. A possibilidade de interligar todos os factos praticados permite uma melhor perceção da atitude pessoal, desconsideração que demonstrou pelo ordenamento jurídico, se estamos perante um agente com propensão para o crime, ou se estamos perante comportamentos localizados num determinado espaço temporal, que tiveram em causa um motivo concreto e que estão ultrapassados, ou se a conduta posteriormente adotada permite atenuar as exigências de prevenção.

A estabilização e o caso julgado definitivo apenas se logra quando todas as penas em concurso são cumuladas juridicamente pelo que os julgamentos parcelares que conduziram à aplicação de penas substitutivas *não são intangíveis*. Na verdade, também quanto a estas, a decisão de substituição é *incompleta*, já que o julgador não estava munido de toda a factualidade criminosa. Estava "privado" de uma análise final global, da panorâmica, extensão e gravidade de toda a atividade delituosa do arguido.[263]

---

[262] Naturalmente que existirá essa relevância para aqueles que admitem o cúmulo jurídico de penas de prisão com penas de multa.

[263] Como se escreveu no Ac do STJ, Rel. Cons. Pereira Madeira, proc. 06P4357, 21.12.2006, consultado em www.dgsi.pt: " (...) *sendo o cada julgamento parcelar hoc sensu incompleto por deficiência de elementos de facto, não repugna tê-lo como julgamento condicional, rebus sic stantibus, sempre ultrapassável, na hipótese de surgirem os novos elementos de facto então faltosos, «o conhecimento*

Assim, todas as penas parcelares adquirem nova autonomia e passam a ser "reconsideradas" na pena única a decidir a final, o que se coaduna com a teleologia do cúmulo jurídico superveniente, devendo salientar-se que *"tal solução é infinitamente preferível à solução alternativa (que seria a de condenar o agente em duas penas que ele teria de cumprir sucessivamente)"*.[264]

Justamente, porque o conhecimento superveniente de penas permite aplicar uma pena única, que responda às efetivas necessidades de prevenção, e não se formando caso julgado no que concerne às penas parcelares, todas as operações de substituição realizadas nos julgamentos parcelares são "anuladas", devendo atender-se às penas principais, quer de prisão, quer de multa.

Pelo que, as penas de prisão parcelares suspensas na execução, substituídas por trabalho a favor da comunidade, por multa, por proibição de exercício de funções ou atividade ou executadas em regime de obrigação de permanência na habitação, dias livres ou em regime de semi-detenção, readquirem a sua autonomia, e passam a ser consideradas *per si* no cúmulo jurídico superveniente. E o mesmo quanto às penas de multa substituídas por admoestação (ainda não executadas), ou convertidas em prisão subsidiária, pois a realização do cúmulo jurídico por conhecimento superveniente do concurso de crimes *implica atender novamente às penas principais de multa*.

Na verdade, não existindo qualquer norma legal a estabelecer um mecanismo de conversão da pena substitutiva para efeitos de cúmulo jurídico superveniente deverá considerar-se a pena principal[265]. E o facto do art. 77.º, n.º 3 do CP apenas se referir a *penas de natureza distinta*[266] (sendo as

superveniente» a que se reporta o artigo 78.º citado, que, justamente por isso, suplanta o normal regime de intangibilidade do caso julgado, se é que de caso julgado puro se pode falar nestas singulares circunstâncias, em que os julgamentos parcelares foram avante sem o inteiro domínio do facto pelos respectivos tribunais, e, assim, com uma realidade fáctica truncada e insuficiente. E o caso julgado tout court pressupõe a estabilidade das circunstâncias do julgamento, nomeadamente do quadro de facto que lhe subjaz".

[264] Ac do STJ, Rel. Cons. Pereira Madeira, proc. 06P4357, 21.12.2006, consultado em www.dgsi.pt.

[265] Assim, Ac. do STJ, Rel. Cons. Pereira Madeira, proc. 06P4357, 21.12.2006, consultado em www.dgsi.pt

[266] *" (...) Na realização do cúmulo jurídico a lei não dá qualquer tratamento diferenciado às diferentes penas de substituição, e estando provisórias ou condicionadas, as penas de substituição perdem a sua autonomia para efeitos da realização do cúmulo. (...) O legislador limitou a ressalva expressa no nº 3 do artº 77º, do CP, às situações de "penas de natureza distinta", ou seja, às situações de prisão e multa, em*

penas substitutivas formas de execução alternativas da pena principal, mas com a mesma natureza), é mais um argumento para a necessidade de realização do cúmulo jurídico superveniente nestes casos. Também razões de igualdade o justificam, já que se assim não fosse, geraria desigualdades, relativamente ao arguido que foi julgado, *contemporaneamente*, por todos os crimes que cometeu, tendo tal sido ponderado para verificar dos pressupostos da substituição[267].

§ 96-A. No cúmulo jurídico superveniente atende-se à medida das penas principais (de prisão e de multa)[268] e só aquando da determinação da pena única é que o tribunal equacionará a possibilidade e conveniência da substituição [269].

---

que a diferente natureza se mantém" (Ac. da RL, Rel. Des. Vasco Freitas, proc. 980/10.8PBPDL-A.L1-3, 24.10.2012, RL, consultado em www.dgsi.pt).

[267] Ac. da RL, Rel. Des. Cid Geraldo, proc. 33/07.6PDFUN-A.L1-9, 22.09.2011, consultado em www.dgsi.pt: *"O pressuposto que está na base da aplicação das mesmas regras, seja o concurso conhecido integralmente ou não no momento da condenação pela prática de cada um dos crimes, é o de garantir um tratamento igual em ambos os casos, sendo precisamente o princípio constitucional da igualdade que determina a aplicação de idênticas regras na operação de cúmulo jurídico contemporânea ou posterior à condenação por cada um dos crimes e, igualmente, é ele que justifica que não ocorra em sentido técnico estrito trânsito em julgado em relação à pena única enquanto for possível a realização de novo cúmulo jurídico segundo as regras dos artigos 77º e 78º do Código Penal pois, só assim, se garante a efectivo tratamento igual do que é igual. É que a pena única final que reúna as penas parcelares aplicadas por cada um dos crimes em concurso não pode ter resultado diferente em função do momento da realização das operações de cúmulo jurídico, posto que tal não constitui circunstância que possa e deva influir no doseamento da pena".*

[268] Na realização do cúmulo jurídico, a pena a ter em conta é a pena principal aplicada e não a pena de substituição. Entres outros Ac. da RL, Rel. Des. Cid Geraldo, proc. 33/07.6PDFUN-A.L1-9, 22.09.2011 e Ac. da RL Rel. Des. Vasco Freitas, proc. 980/10.8PBPDL-A.L1-3, 24.10.2012, ambos consultados em www.dgsi.pt.

[269] É a posição maioritária da jurisprudência e doutrina (DIAS, Figueiredo, Direito Penal Português, As consequências Jurídicas do crime, 1993, pág. 285; ANTUNES, Maria João, ob. cit. p. 34, ALBUQUERQUE, Paulo Pinto, Comentário do Código Penal, p. 245, MESQUITA, Paulo Dá, O concurso de penas, 1997, pág. 28.]. Na jurisprudência, entre outros, acórdãos da RP,Rel. Des. Maria Dolores Silva e Sousa, proc. 1351/09.4PBMTS.P1, 22.02.2012, consultado em www.dgsi.pt: " *(...) só a final, em face da pena conjunta e das exigências de prevenção sentidas no caso concreto, o tribunal decidirá da eventual substituição da pena de prisão principal única por uma pena de substituição (...)",* ac. da RL, Rel. Des. Vasco Freitas, proc. 980/10.8PBPDL-A.L1-3, 24.10.2012, consultado em www.dgsi.pt: " *(...) Só depois de realizado o cúmulo, pode/deve voltar a ser ponderada a aplicação de uma pena substitutiva quanto à pena conjunta que resultar do cúmulo, desde que verificados os necessários pressupostos (...)"* e ac da RC, Rel. Des. Fernando Chaves, proc. n.º 57/09.9GCPBL,

O tribunal não está vinculado à substituição que foi feita, nem à pena substitutiva escolhida[270]. Tanto se pode decidir por pena substitutiva distinta, se o considerar mais adequado às razões de prevenção, como pode optar por não substituir a pena principal, ou nem sequer ter a possibilidade de o fazer, pelo facto da medida da pena única final não o permitir.

Mas também pode suceder que o arguido condenado em penas de prisão parcelares, ou penas de prisão parcelares e penas substitutivas, ou penas de multa, venha a ser condenado, na reformulação do cúmulo jurídico, por conhecimento superveniente, numa pena substitutiva e, inclusivamente, na pena substitutiva pelo qual tinham sido substituídas as penas parcelares, ou alguma delas[271].

§ 97. Se é admissível o cúmulo jurídico com e entre penas de substituição, questão diversa é de apurar até que momento é possível englobar tais penas.

Relativamente às penas substitutivas extintas não detentivas[272] as mesmas não devem ser englobadas no cúmulo jurídico, por uma questão de paz jurídica do condenado. O alargamento das molduras abstratas e o facto de existirem penas substitutivas para os quais não está previsto qualquer desconto (prisão substituída por multa, suspensão da execução da pena de prisão e pena de admoestação) e aquelas para os quais está previsto não contemplarem um desconto integral da pena de prisão (proibição de exercício de funções, profissão ou atividade e trabalho a favor da comunidade[273])

C1, 27.2.2013, consultado em www.dgsi.pt: "*havendo lugar a cúmulo jurídico as penas de substituição são aplicadas apenas à pena conjunta e não às penas parcelares aplicadas a cada crime*".

[270] Ac. da RP, Rel. Des. Maria Dolores Silva e Sousa, proc. 1351/09.4PBMTS.P1, 22.02.2012, consultado em www.dgsi.pt: "*(...) A aplicação de diversas penas de substituição, não faz caso julgado, nem condiciona, em absoluto, a aplicação de pena de substituição à pena única. Encontrada a pena única e verificados os pressupostos objectivos de aplicação de pena de substituição essa é outra e autónoma tarefa a empreender pelo julgador que não está necessariamente vinculado na escolha da pena de substituição da pena única, pelas de substituição das penas parcelas, ou pela efectividade da prisão nessas penas. Como inicialmente se afirmou, relativamente à pena única põe-se uma autónoma questão da sua substituição.*"

[271] Assim, ac. da RL, Rel. Des. Cid Geraldo, proc. 33/07.6PDFUN-A.L1-9, 22.09.2011, consultado em www.dgsi.pt.

[272] Pena de prisão substituída por multa, proibição de exercício de funções, profissão ou actividade, trabalho a favor da comunidade, suspensão da execução da pena de prisão e pena de admoestação.

[273] Não expressamente, mas para o caso de revogação, cfr. arts 43.º, n.º 7 e 59.º, n.º 4 do CP.

determinariam um "renascimento" da pena que muito provavelmente agravaria a situação do condenado. Às situações de extinção deverão ser equiparados os casos em que a pena substitutiva já foi cumprida ou em condições de ser extinta (por uma questão de igualdade substancial).[274] [275]

No que se reporta às penas de prisão de substituição impróprias (detentivas), como seja a obrigação de permanência na habitação, prisão por dias livres ou em regime de semidetenção, tratando-se de formas de execução da pena de prisão, mesmo que já cumpridas, poderão integrar o cúmulo jurídico (cfr. art. 78.º, n.º 1, parte final do CP). No entanto, uma vez que a parte final do n.º 1 do art. 78.º do CP visa não prejudicar o condenado não será de incluir no cúmulo caso seja desvantajoso (v.g. o alargamento da moldura abstrata impede a aplicação de uma pena substitutiva).Veja-se § 107.

Relativamente às penas de substituição próprias e impróprias que estão em cumprimento integrarão o cúmulo, realizando-se um desconto do

---

[274] Afirmando a impossibilidade da pena substitutiva da pena de prisão integrar o cúmulo jurídico quando foi declarada extinta ou está cumprida ANTUNES, Maria João, Consequências Jurídicas do Crime, pág. 60 e MESQUITA, Paulo Dá, O Concurso de Penas, págs 90 e 91, 94, 95 e 121.
Em sentido contrário, admitindo o cúmulo jurídico de penas substitutivas cumpridas, a propósito das penas de prisão substituídas por multa ac. da RP, Rel. Des. Élia São Pedro, proc. 0812842, 14.05.2008, consultado em www.dgsi.pt " (...) *Se, depois de transitada em julgado a sentença que condenou o agente pela prática de determinado crime na pena de 1 ano de prisão, se verifica que ao condenado fora anteriormente aplicada a pena de 6 meses de prisão, substituída por pena de 180 dias de multa, por cada um de dois outros crimes, que estão em situação de concurso com aquele, deve efectuar--se o cúmulo dessas três penas, ainda que tenham sido pagas as multas de substituição (...) Deste modo, a questão que o arguido levanta no recurso, sobre o alegado pagamento das multas em que foi condenado, em substituição das penas de prisão, não obsta ao cúmulo jurídico efectuado, sendo antes uma questão de liquidação da respectiva pena global. Por isso, e apenas no caso de se mostrarem efectivamente cumpridas as penas de substituição englobas no cúmulo, deverão as mesmas ser descontadas no cumprimento da pena única aplicada ao concurso.*" Também admitindo a inclusão de penas substitutivas extintas (e também prescritas) se for mais favorável ao arguido COSTA, João, "Da Superação do Regime Actual do Conhecimento Superveniente do Concurso, Almedina 2014, págs 117 a 122.

[275] Deverão equiparar-se aos casos de cumprimento, sob pena de violação do princípio da igualdade, as situações em que a pena não está cumprida por motivo não imputável ao arguido (v.g. guias de multa emitidas tardiamente ou elaboração de plano de trabalho muito retardado, existindo sérios indícios de que o arguido já teria cumprido a pena se não tivesse existido tal demora – por exemplo já pagou três das quatro prestações – ou ainda não faltou ao trabalho).
Por outro lado, por uma questão de razoabilidade e proporcionalidade deverão equiparar-se às situações da pena substitutiva estar em "condições de ser extinta" os casos de iminência de extinção (vg. falta pagar uma prestação da pena de multa, ou quatro horas de trabalho ou uma semana para terminar a proibição de exercício de funções, profissão ou actividade).

cumprimento parcial da pena[276]. Também integrarão o cúmulo jurídico quando tenham sido incumpridas[277].

A linha delimitadora e que é impeditiva da inclusão no cúmulo jurídico é o facto da pena substitutiva (própria) ter sido declarada extinta, ou estar já cumprida ou em condições de ser extinta. Assim, não será de incluir as penas de prisão substituídas por pena de multa ou por trabalho a favor da comunidade já declaradas extintas pelo cumprimento, ou cuja multa já foi paga ou o trabalho já foi realizado, mas ainda não foram declaradas extintas. O mesmo relativamente à pena substitutiva da pena de prisão por proibição de exercício de funções, atividade ou profissão, quando já decorreu o prazo e está em condições de ser decidida a extinção.

Já se as penas substitutivas ainda não se iniciaram ou estão em curso (v.g. ainda não foi emitida a guia para pagamento da pena de multa, foi deferido o pagamento em prestações ou está suspensa, ainda não foi elaborado ou homologado plano de prestação de trabalho, este ainda não se iniciou ou não se concluiu, ou ainda não decorreu o prazo de proibição de exercício de funções), ou foram incumpridas, deverão integrar o cúmulo jurídico.

---

[276] Neste sentido ANTUNES, Maria João, Consequências Jurídicas do Crime, págs 60 e 61. Já MESQUITA, Paulo, referindo-se às penas de prisão substituídas por multa e trabalho a favor da comunidade, entende que esta integração no cúmulo jurídico apenas pode ser até ao início do cumprimento, para não inverter o projeto ressocializador.
No que se reporta à pena de prisão suspensa não se encontra previsto nenhum desconto e não parece que seja possível. Relativamente às penas substitutivas de trabalho a favor da comunidade e proibição de exercício de funções, profissão ou actividade, embora não expressamente previsto o desconto para estas situações, poderá chamar-se à colação os arts. 43.º, n.º 3 e 59.º, n.º 4 do CP, pelo que se deve descontar o tempo de proibição (cfr. art. 43.º, n.º 3 do CP) e por cada hora de trabalho deve-se descontar um dia de prisão (cfr. art. 58.º, n.º 3 do CP).
Quanto às penas substitutivas de obrigação de permanência na habitação, prisão por dias livres e regime de semi-detenção, deverá fazer-se o desconto correspondente às privações da liberdade.
[277] É o que ocorre, nos casos de revogação, por exemplo, de uma pena de prisão substituída por multa (artº 43 nº2 e 49 nº3, do C. Penal), de uma pena de proibição do exercício de profissão (artº 43 nºs 5, 7 e 8 do C. Penal), do regime de permanência na habitação (artº 44 nº4 do C. Penal), de prestação de trabalho a favor da comunidade (artº58 e 59 nº4 do C. Penal).

XXI. Cúmulo jurídico de penas de prisão com penas de prisão suspensas na sua execução

§ 98. Uma questão que suscitou/a mais controvérsia reporta-se às situações em que a pena de prisão está em concurso com uma pena de prisão suspensa, ou casos em que estão em concurso duas, ou várias, penas suspensas, ou até, penas suspensas com outras penas substitutivas de prisão.[278].

Sinteticamente salienta-se que aqueles que defendem que nesses casos não existe qualquer óbice à realização do cúmulo jurídico superveniente assinalam que o cúmulo jurídico não é uma forma de execução de penas parcelares, mas um *caso especial de determinação da pena, o caso julgado forma--se quanto à medida da pena e não quanto à sua execução* e trata-se de *penas com a mesma natureza*, pelo que deverá realizar-se o cúmulo jurídico e, a final, de forma atualística, perante a determinação da pena única, ponderar da substituição da pena, *destarte* nova suspensão na sua execução.

Já aqueles que entendem que não é possível a realização do cúmulo jurídico argumentam, essencialmente, com a *natureza diversa das penas, o caso julgado, e as expectativas e confiança do condenado na pena que lhe foi aplicada.*

Existe um *tertium generus*, ou seja, quem entenda que os cúmulos jurídicos de penas suspensas (v.g. ambas com cinco anos de prisão) não devem ser realizados, caso se conclua que o arguido teve uma "reação favorável" à suspensão e se possa fazer um *juízo de prognose positivo*, no sentido de que, em liberdade, continuará o seu processo de ressocialização, *existindo vantagens em manter a suspensão*. Defende-se um *cúmulo jurídico facultativo*, ou seja, quando se antevê que a realização do cúmulo jurídico das penas suspensas irá "conduzir" a uma pena efetiva, mas o arguido alterou o seu comportamento na vigência das execuções das penas, entende-se que não há obrigatoriedade em realizar o cúmulo jurídico.[279] Distingue-se daqueles que defendem um *cúmulo jurídico facultativo, consoante a vontade do arguido*, já que neste caso o mesmo fica *dependente* deste[280].

---

[278] Quando no decurso da suspensão o arguido comete um novo crime, não estamos perante um concurso, mas sim uma sucessão de crimes, pelo que nestes casos não haverá lugar a qualquer cúmulo jurídico (Ac.do STJ, 6.07.1994, CJ STJ 1994, III, 188).
[279] Assim, Ac. STJ, 24/1/96, CJ STJ 1996, I, 184.
[280] O cúmulo jurídico facultativo de penas de substituição é defendido por Nuno Brandão ("Conhecimento Superveniente Do Concurso E Revogação De Penas De Substituição", RPCC,

§ 99. Assinaladas sinteticamente as posições vamos então analisar mais profundamente a argumentação.

A posição minoritária é no sentido de que as penas de prisão suspensas na sua execução não podem ser cumuladas com penas efetivas. Os argumentos prendem-se, essencialmente, com o facto de se entender que têm diferente natureza, já que para além da pena suspensa não implicar privação da liberdade, também *"tem requisitos específicos de imposição, como ainda (...) tem (...) regras próprias de cumprimento – que podem abranger a imposição de regras de conduta ou deveres específicos (art^{os} 50 a 54 do C. Penal) – e de eventual revogação (arts. 55 a 57 do mesmo diploma legal)*[281]. Ou seja, as regras que regem a reclusão são completamente distintas da pena substitutiva de suspensão executada em liberdade. Ademais, a pena suspensa só pode ser revogada em caso de incumprimento culposo do condenado. Só com a revogação (art. 55.º e 56.º do Código Penal) é que se "retorna" a uma pena privativa da liberdade, e só nesses casos seria possível a realização do cúmulo jurídico. Entendimento diverso, nomeadamente a realização do cúmulo para se alcançar uma pena única, sem que tenha existido, ou apurado, o incumprimento culposo do condenado, consubstanciaria uma violação da lei, que apenas admite a substituição e revogação em casos expressamente previstos.

Defendem ainda que o comportamento do arguido anterior à aplicação da pena suspensa é atendido para a decisão de suspensão da execução da pena de prisão.

Argumenta-se também que as privações da liberdade são descontadas na pena única (artigos 80.º a 82.º do Código Penal), ao contrário da revogação da suspensão que necessariamente determina o cumprimento da pena de prisão fixada na sentença (artº 57 nº2 do C. Penal), pelo que se tem de concluir *"que, na óptica do legislador, uma pena de prisão suspensa na sua execução, não pode ser objecto de cúmulo jurídico, uma vez que a obrigatoriedade de cumprimento integral da pena de prisão inicialmente fixada, se mostra incompatível*

Ano 15, n.º 1, páginas 117 e ss). Também é a posição de COSTA, João, "Da Superação do Regime Actual do Conhecimento Superveniente do Concurso, Almedina 2014, pág. 84.
[281] Neste sentido ac da RL, Rel. Des. Margarida Ramos de Almeida, proc. 108/08.4SFLSB-A.L1-3, 11.09.2013 , consultado em www.dgsi.pt.

com aquele instituto jurídico, designadamente, com a fórmula legal prevista para a fixação da pena única (vide artº 77 nº2 do C. Penal)."[282]

Outro dos argumentos prende-se com o caso julgado, salientando-se que se forma com o trânsito em julgado da decisão que suspendeu a execução da pena de prisão, pelo que a partir de tal *momento temporal* o condenado deve poder contar que se trata de decisão irreversível e definitiva. É a posição de Nuno Brandão[283], para quem a interpretação que admite que as penas de substituição aplicadas por condenações transitadas em julgado possam ser revogadas e substituídas por uma pena única conjunta de prisão efetiva é inconstitucional, por violação do caso julgado, consagrado no art. 29.º nº 5 da Constituição, consubstanciando uma restrição de um direito, liberdade e garantia fundamental que não só não se encontra expressamente prevista na Constituição (art. 18.º-2 da CRP), como ainda, e decisivamente, afeta o conteúdo essencial do princípio non bis in idem (art. 18.º-3 da CRP).[284] Para Nuno Brandão o que justifica a aplicação ao concurso supervenientemente conhecido das regras do cúmulo jurídico é unicamente a aplicação de uma pena mais favorável ao condenado e,

---

[282] Neste sentido ac da RL, proc. 108/08.4SFLSB-A.L1-3, 11 de Setembro de 2013, Rel. Des. Margarida Ramos de Almeida, consultado em www.dgsi.pt.

[283] BRANDÃO, Nuno, comentário ao Ac. do STJ de 03-07-2003, na RPCC, 2005, n.º 1, págs.117-153.

[284] É uma posição minoritária na doutrina. A posição largamente maioritária na doutrina e jurisprudência admite a realização do cúmulo jurídico entre as penas efetivas e penas suspensas na execução e entre penas suspensas. Na doutrina ver: DIAS, J. Figueiredo, As Consequências Jurídicas do Crime, § 430, p. 295; MESQUITA, P. Dá, O Concurso de Penas, pp. 96-97; ANTUNES, Maria João Antunes, Consequências jurídicas do crime, p. 46; LEITE, André, "A Suspensão da Execução da Pena Privativa de Liberdade sob Pretexto da Revisão de 2007 do Código Penal", Estudos em Homenagem ao Prof. Jorge Figueiredo Dias, vol. II, pp. 608-609; ALBUQUERQUE, P. Albuquerque, Comentário do Código Penal, 2ª ed., p. 287. Para uma recensão de vários arestos jurisprudenciais nesse sentido Ac. do STJ, Rel. Cons. Maia Costa, proc.n.º 153/09.2PHSNT.S1, 21.11.2012, consultado em www.dgsi.pt:."*Na jurisprudência, ver os acórdãos mais recentes deste Supremo Tribunal, todos no mesmo sentido: de 2.2.2011, proc. nº 994/10.8TBLGS.S1 (Cons. Raul Borges); de 17.2.2011, proc. nº 518/03.3TAPRD-A.S1 (Cons. Isabel Pais Martins); de 18.5.2011, proc. nº 667/04.0TAABF.S1 (Cons. Armindo Monteiro); de 16.11.2011, proc. nº 150/08.5JBLSB.L1.S1 (Cons. Santos Cabral); de 11.1.2012, proc. nº 5745/08.4PIPRT.S1 (Cons. Armindo Monteiro); de 8.2.2012, proc. nº 8534/08.2TAVNG.S1 (Cons. Rodrigues da Costa); de 29.3.2012, proc. nº 316/07.5GBSTS.S1 (Cons. Raul Borges); de 29.3.2012, proc. nº 117/08.3PEFUN-C.S1 (Cons. Santos Carvalho); de 10.5.2012, proc. nº 60/11.9TCLSB.S1 (Cons. Rodrigues da Costa); de 5.7.2012, proc. nº 134/10.3TAOHP.S1 (Cons. Isabel Pais Martins); de 15.11.2012, proc. nº 114/10.9PEPRT.S1 (do presente relator)."*

por isso, se tal não acontecer, deve ser atribuída ao condenado a faculdade de optar entre a acumulação das penas e o cumprimento separado das mesmas. Atento o seu raciocínio, no concurso entre penas de prisão efetivas e suspensas a realização do cúmulo dependeria do consentimento do condenado.

§ 100. Inclinamo-nos no sentido da posição maioritária que admite o cúmulo jurídico entre penas de prisão e penas suspensas, não obstante exista um agravamento da medida da pena única, ou o cúmulo entre penas suspensas, ou entre estas e outras penas substitutivas, mesmo que tal determine a aplicação de uma prisão efetiva.

Repare-se que o juízo de prognose feito pelo julgador (do julgamento *parcelar*) não teve por base toda a panóplia dos crimes cometidos. Os pressupostos e fundamentos nos quais assentou a sua decisão podem já não se verificar, perdendo a sua atualidade, precisão e argumentação com o conhecimento superveniente de novos crimes (não atendidos no raciocínio que determinou a medida da pena parcelar).

O argumento do caso julgado não é decisivo já que é o próprio legislador que considerando preferível a realização de um cúmulo jurídico numa situação de conhecimento superveniente, ao invés da acumulação material, estabelece regras para fixação de uma pena única, após o trânsito em julgado das penas parcelares. Caso se ignore a *"perda de autonomia das penas parcelares que é pressuposto do concurso, não se vislumbra porque (...) não se leva o raciocínio ao limite, defendendo que todas as penas parcelares que tenham transitado, e pelo simples facto de terem, são afastadas do cúmulo*[285].

Para além disso o *"caso julgado abrange (...) somente a medida concreta da pena de prisão (principal), mas não a forma da sua execução*[286], e embora tendencialmente inatingível, tal sempre dependerá de que não exista um conhecimento superveniente de novos factos que não foram considerados,

---

[285] Ac. do STJ, Rel. Cons. Santos Cabral, proc. n.º 153/10.0PBVCT.S1, 21.03.2013, consultado em www.dgsi.pt.
[286] Ac. Do STJ, Rel. Cons. Maia Costa, proc. n.º 153/09.2PHSNT.S1, 21.11.2012, consultado em www.dgsi.pt.

valendo *rebus sic stantibus*[287] [288]. *"O caso julgado relativo à formação do cúmulo jurídico entre as penas de um processo vale rebus sic stantibus, ou seja, se as circunstâncias se alterarem por, afinal, do concurso fazer parte outro crime e outra pena, o caso julgado fica sem efeito e as penas parcelares adquirem toda a sua autonomia para a determinação da nova moldura penal do concurso"*.[289]

A lei impõe um juízo abrangente, global e único sobre todos os factos praticados pelo condenado (art. 77º, nº 1, do CP), de modo a apreciar corretamente a sua personalidade, ajustando a pena às razões de prevenção e culpa do agente. Ao optar pelo sistema da pena única, o legislador afastou a *definitividade* das apreciações parcelares, porque insuficientes para concluir pela pena necessária ao caso concreto, optando sempre por uma avaliação global de toda a conduta. Assim, só "a final" se poderá equacionar a possibilidade e adequação das penas substitutivas. Ou seja, só aquando da pena única definitiva se pode analisar corretamente, de forma integral e sem as condicionantes dos julgamentos parcelares, se à luz do regime legal vigente a atuação, ou omissão, preenche os pressupostos para uma suspensão da execução da pena de prisão[290].

---

[287] No mesmo sentido se pronuncia LEITE, André Lamas, in *"A suspensão da execução da pena privativa de liberdade sob pretexto da revisão de 2007 do Código Penal"*, STVDIA IVRIDICA 99, Ad Honorem – 5, Boletim da Faculdade de Direito da Universidade de Coimbra, Separata de ARS IVDICANDI, Estudos em Homenagem ao Prof. Doutor Jorge de Figueiredo Dias, Volume II, Coimbra Editora, 2009, págs. 608 a 610, referindo que o caso julgado em tais circunstâncias não se encontra coberto por um carácter de absoluta intangibilidade, mas sim por uma cláusula *rebus sic stantibus*.

[288] Como se escreve no Ac da RP, Rel. Artur Oliveira, proc. n.º 0842597, 28.05.2008, consultado em www.dgsi.pt, *"o caso julgado forma-se quanto à medida da pena e não quanto à sua execução. A suspensão da execução da pena de prisão é, por natureza, provisória e condicional, dependendo a sua subsistência não só da conduta posterior do condenado, mas também da superveniência do conhecimento da prática, anterior àquela decisão, de outro ou outros crimes que imponham e justifiquem a aplicação de uma pena conjunta de prisão efectiva desde que, nesta última hipótese, ao ponderar globalmente o conjunto dos factos e a personalidade do agente, o tribunal competente para efectuar o cúmulo das penas em concurso conclua que não se justifica ou é legalmente inadmissível, a manutenção da suspensão da execução da pena de prisão agora reportada à pena única, ou seja a pena conjunta"*.

[289] Ac. do STJ, Rel. Cons. Pires da Graça, STJ, proc. n.º 21/06.0GCVFX-A.S1, 28.11.2012, consultado em www.dgsi.pt.

[290] Assim, ac. da RP, Rel. Des. Artur Vargues, proc. n.º 394/10.0TCPRT.P1, 10.11.2010 , consultado em www.dgsi.pt: *"I- A avaliação das circunstâncias com vista à aplicação da pena (de substituição) de suspensão de execução da prisão reporta-se ao momento em que é proferida a decisão. II- Assim, no caso de sentença referente a um concurso de crimes de conhecimento superveniente – que elabora o cúmulo jurídico das penas aplicadas ao arguido – tal avaliação deve reportar-se ao momento em que ela é proferida*

Como em outros casos de conhecimento superveniente "tudo se passa" como o conhecimento tivesse sido contemporâneo, de modo a lograr-se uma pena única atualizada de acordo com as exigências de prevenção. Só após se determinar a medida daquela pena é que se pode equacionar a suspensão. Não existe qualquer revogação das suspensões, simplesmente funciona o sistema da pena única legalmente consagrada[291], que implica que adquiram novamente autonomia todas as penas parcelares aplicadas, anulando-se anteriores penas únicas em resultado de cúmulos jurídicos e considerando apenas as penas principais em que o arguido foi condenado, razão pelo qual é imposta uma nova audiência de cúmulo [292].

Não existe qualquer tipo de vinculação neste domínio aos juízos parcelares pelo que a pena única pode ser, caso seja viável, no sentido de suspender a pena, ou pelo contrário, de aplicação de uma pena de prisão efetiva. Tal como o concurso de penas efctivas não impede uma pena única suspensa[293], também o cúmulo das penas suspensas não impede uma pena única de prisão efetiva[294], sendo certo que as suspensões de execuções da

---

e não ao momento em que foi proferida cada uma das decisões englobadas no cúmulo. O mencionado juízo de prognose favorável, como tem sido salientado pela jurisprudência dos nossos Tribunais Superiores, reporta-se ao momento da decisão, ou seja, no caso dos presentes autos, tem de se reportar ao momento em que o tribunal que realizou o cúmulo jurídico aprecia da adequação da aplicação da pena de substituição, pois este consubstancia-se num verdadeiro julgamento de mérito em que são considerados e ponderados, não apenas as penas já aplicadas, mas também os factos e personalidade do agente."

[291] Assim, Ac da RC, Rel. Des. Maria Pilar Oliveira, proc. n.º 6/08.1GGCBR.C3, 15.06.2011 e Ac da RL, Rel. Des. Artur Vargues, proc. 66/10.5SVLSB.L1-5, 6.3.2012, consultados em www.dgsi.

[292] *"(...) A efectivação de cúmulo jurídico das penas em concurso deve ser efectuado em audiência e, por conseguinte, trata-se de um verdadeiro julgamento de mérito em que o tribunal profere uma nova decisão final em que entra como factor a personalidade do agente, a qual constitui, aliás, o elemento aglutinador da pena aplicável aos vários crimes e tem, por força das coisas, carácter unitário. Esta decisão sobrepõe-se às decisões anteriormente proferidas por cada crime que foi objecto das penas parcelares, as quais engloba na pena única resultante da efectivação do cúmulo. (...) Na reformulação de um cúmulo jurídico, as penas parcelares reassumem a sua autonomia originária, mesmo que, anteriormente, se tivesse procedido a outro ou outros cúmulos, perdendo-a, com a fixação da nova pena única"* (Ac da RC, Rel. Des. Fernando Chaves proc. n.º 57/09.9GCPBL.C1, 27.2.2013, consultado em www.dgsi.pt).

[293] Embora, diga-se, em circunstâncias excecionais e residuais.

[294] *Podem " no conhecimento superveniente de concurso, ser revogadas as penas suspensas que entram nesse concurso. Como pode igualmente, caso se verifique o condicionalismo legal, formal e material, ser suspensa a pena única de um concurso entre penas suspensas e penas efetivas de prisão"* (Ac do STJ, relator Maia Costa, 515/09.5PHOER.S1, 8 de Maio de 2013, www.dgsi.pt). A *"(...) a suspensão da execução de uma pena não obsta a que a mesma seja englobada num cúmulo jurídico com outras penas não suspensas, ainda que esse englobamento implique o afastamento da suspensão"* (Ac. da RL, Rel.

pena de prisão necessariamente serão um factor a ponderar na nova decisão de cúmulo, *"no que concerne à fixação da pena unitária e à eventual manutenção ou não de tal suspensão"*.[295].

Pode suceder, inclusive, que em virtude do cúmulo necessariamente se antecipa que a pena única será efetiva, como sucede, por exemplo, no caso de concurso de duas penas de prisão de cinco anos suspensas na execução[296]. Mas tal não é critério para afastar a realização do cúmulo jurídico. O facto de ser prejudicial ao arguido é um critério casuístico que gera desigualdades com os outros arguidos que foram julgados *contemporaneamente* por todos os factos e foram condenados em penas de prisão efetivas, para além de terem sido penas provisórias, inacabadas, incompletas, por estar vedada a visão completa do acontecimento, e não necessariamente por "culpa" do sistema[297].

Acresce que a *" aplicação das regras do concurso (de conhecimento simultâneo, art. 77º do CP) ao concurso de conhecimento superveniente (art. 78º do CP) não tem em vista beneficiar o condenado. Tal poderá acontecer e acontecerá com frequência. Mas não é esse o fundamento da solução legislativa. A intenção da lei é tratar de forma igualitária os dois tipos de concurso, já que, no caso de concurso de conhecimento superveniente, só por razões aleatórias ou fortuitas o tribunal não procedeu atempadamente à aplicação da pena única. Sendo assim, nenhuma razão de ordem material existe para distinguir entre as duas situações. São essencialmente razões de política criminal que fundamentam o sistema da pena conjunta: a definição da pena adequada, no caso de pluralidade de penas, em função da globalidade dos factos apurados e da personalidade revelada pelo condenado. São, pois, interesses eminentemente de ordem pública que fundamentam o sistema da pena conjunta".* [298]

Des. Abrunhosa Carvalho, proc. n.º 621/09.6PHLRS.L1-9, de 10.01.2013, consultado em www.dgsi.pt); *"A circunstância de duas penas suspensas na sua execução serem transformadas numa pena conjunta de cumprimento efectivo, sendo possível, dependerá do juízo de prognose a fazer no momento de decidir a forma de execução dessa pena"* (Ac. da RE, Rel. Des. João Gomes de Sousa, proc. n.º 295/09.4GBPSR.E1, 30.4.2013, consultado em www.dgsi.pt).

[295] Ac da RC, Rel. Des. Fernando Chaves, proc. n.º 57/09.9GCPBL.C1, 27.02.2013, consultado em www.dgsi.pt.

[296] Embora não sendo impossível a pena de prisão suspensa, caso se faça corresponder a pena concreta ao limite mínimo.

[297] Imagine-se situação de julgamento parcelar retardado pelo facto do arguido andar fugido da justiça, tendo sido declarado contumaz.

[298] Ac. do STJ, Rel. Cons. Maia Costa, proc. n.º 153/09.2PHSNT.S1, 21.11.2012, consultado em www.dgsi.pt

Justamente porque o juízo de prognose do tribunal aquando da pena parcelar foi incompleto e os factos conhecidos supervenientemente podem alterar (ou não) a medida da pena e a opção pela pena substitutiva, porque inerente a uma pena conjunta estão subjacentes interesses de segurança, pena justa e igualdade nas decisões judiciais, não merece prevalência a expectativa do condenado em ver extinta a pena suspensa parcelar[299]. Primeiro, porque ao praticar outros factos criminosos, antecipa uma sanção e reação estadual por tais atos e segundo, porque não existe qualquer exceção legal no sentido de que a realização de um cúmulo jurídico superveniente é proibido quando prejudicial ao arguido, *destarte* quando implica que as penas suspensas sejam reequacionadas, podendo vir a ser privado da liberdade ou quando a pena de prisão a cumprir venha a ser aumentada.[300]

Ademais, também não se pode falar em violação do princípio da confiança, já que a possibilidade das penas parcelares adquirirem nova autonomia está previsto na lei penal há vários anos, com uma interpretação quase unânime[301]. E nem se pode argumentar com a violação do artigo 29.º, n.º 5 da Constituição da República Portuguesa, isto é, do princípio *ne bis in idem*, já que quando se procede ao cúmulo e determinação de pena única no caso de conhecimento superveniente, não se alteram as penas

---

[299] Por exemplo equacione-se uma situação em que o arguido é condenado num processo em pena suspensa pelo crime de homicídio na forma tentada, mas em outro processo é julgado por dois crimes de homicídio praticados no dia seguinte, e em que foi condenado em 8 anos de prisão.

[300] A *"proteção da (...) "expetativa" do condenado só se justificaria se o instituto da pena conjunta se fundasse no favor rei. (...) não é assim. São razões de ordem pública que o justificam. São essas razões que impõem o tratamento igualitário do concurso de penas, seja ele de conhecimento contemporâneo, seja de conhecimento superveniente"* (Ac. do STJ, Rel. Cons. Maia Costa, proc. n.º 153/09.2PHSNT.S1, 21.11.2012, consultado em www.dgsi.pt). Assim, apenas concebemos que em situações excecionais e residuais se não realize o cúmulo, não com fundamento de que seria prejudicial ao arguido, mas convocando justamente os fins das penas. Ou seja, quando a aplicação da pena única se torna totalmente desnecessária, uma vez que os fins foram logrados inteiramente com as penas parcelares.

[301] Assim, ac. da RE, Rel. Des. João Gomes de Sousa, proc. n.º 295/09.4GBPSR.E1, 304.2013, consultado em www.dgsi.pt, salientando não existir violação do princípio da confiança *"no caso de perda de autonomia de uma pena de prisão suspensa incluída em cúmulo de pena superveniente, já que essa é uma previsão legal de fundas raízes na tradição legislativa, e o arguido não é surpreendido com um sistema legal/jurisprudencial – artigos 78 e 50 do Código Penal – que constitua um conjunto de normas que seja demasiado opressivo "àqueles mínimos de certeza e segurança que as pessoas, a comunidade e o direito têm de respeitar, como dimensões essenciais do Estado de direito democrático".*

parcelares, mas reequaciona-se a pena única, atenta a avaliação global dos factos e personalidade do arguido[302].

Nada na lei existe a determinar que o cúmulo jurídico tem como escopo apenas o benefício do arguido. Optando-se pelo sistema da pena única (que assenta numa avaliação conjunta dos factos e da personalidade do arguido[303], e que confere ao caso julgado das penas parcelares um carácter provisório, condicionado, ao facto de se virem a descobrir outras penas, que terão que integrar o concurso e implicam a reformulação da pena) não é defensável negar a realizar do cúmulo jurídico, por ser mais favorável para o arguido a manutenção da pena parcelar de substituição, não se tratando nenhuma forma de compensar ou garantir antecipadamente ao condenado que a sua pena virá a ser extinta no futuro[304]. Como já salientámos tal ofende o princípio da igualdade gerando tratamentos diferenciados, consoante todos os crimes tivessem sido julgados *ab initio*, ou tenham sido objeto de julgamentos parcelares que determinem um cúmulo jurídico superveniente[305].

E como também já se referiu, e se reafirma, a consagração da possibilidade do cúmulo jurídico superveniente manifesta a prevalência do legislador na prolação de penas únicas que satisfaçam razões de prevenção, se ajustem à culpa, e permitam um tratamento igualitário dos condenados pelo sistema punitivo estadual. E portanto a consagração da pena única em virtude da prevalência de tais interesses é uma exceção aos efeitos normais do caso julgado que implicam, em regra, a definitividade da decisão. E daí

---

[302] Conforme se refere no acórdão do Tribunal Constitucional nº º 112/2011, a decisão que procede ao cúmulo e à determinação da pena única no casso de conhecimento superveniente do concurso *"aceita integralmente a condenação e as penas que haviam sido, anteriormente, aplicadas ao arguido. E aceita-as justamente com o intuito exclusivo de as colocar ao lado de outra ou outras penas, para assim ser possível uma correcta avaliação do comportamento global do agente, ..."*.

[303] *"A exclusão das penas suspensas do concurso invalidaria a visão conjunta que a lei considera determinante para a imposição de uma pena única"* (Ac. do STJ, Rel. Cons. Maia Costa, proc. n.º 114/10.9PEPRT.S1, 15.11.2012, consultado em www.dgsi.pt).

[304] Assim, ac. da RL, Rel. Des. Agostinho Torres, proc. n.º 289/11.0TCLSB.L1-5, 17.04.2012, consultado em www.dgsi.pt.

[305] *"Mais uma vez a questão deve ser equacionada em termos do princípio da igualdade; de tratamento igual do que é igual (artigo 13º da CRP) não se justificando que o momento em que se realiza o cúmulo jurídico seja o factor determinante para incluir ou deixar de incluir uma pena na operação de cúmulo jurídico. E se a interpretação da lei deve antes de mais encontrar conformidade constitucional, esta é a única que não ofenderá o princípio da igualdade"* (www.dgsi.pt).

que *"na medida em que a lei excepciona neste caso as regras do caso julgado, não se pode falar em ofensa do mesmo"*, sendo que o caso julgado apenas se forma quanto à medida da pena e não quanto à sua execução[306].

Por outro lado, o legislador ao não ter estabelecido nenhum mecanismo de conversão das penas substitutivas significa que pretende que se atenda às penas principais para efeito de cúmulo jurídico, já que a realidade conhecida posteriormente implica uma reformulação global da análise judicial. E também se diga que as *"penas de prisão e as penas de prisão suspensa na execução têm a mesma natureza"*[307]. Passe a tautologia a pena de prisão suspensa na execução, é uma pena de prisão cuja execução apenas se iniciará caso o condenado não adote um comportamento compatível com o juízo de prognose favorável que foi feito[308].

Relembre-se, também a este propósito, que o Tribunal Constitucional, no Acórdão n.º 3/2006, de 3 de Janeiro de 2006, processo n.º 904/05-2.ª Secção, publicado in DR – II Série, de 07-02-2006, decidiu não julgar inconstitucionais as normas dos artigos 77.º, 78.º e 56.º, n.º 1, do Código Penal, interpretados no sentido de que, ocorrendo conhecimento superveniente de uma situação de concurso de infrações, na pena única a fixar pode não ser mantida a suspensão da execução de penas parcelares de prisão, constantes de anteriores condenações.

XXII. A extinção das penas de prisão suspensas e de outras penas substitutivas

§ 101. Só pode ser considerada para efeitos de pena única as penas de prisão suspensas caso ainda não tenham sido declaradas extintas. Por uma questão de igualdade também aquelas que estão cumpridas ou em condições para

---

[306] Ac da RC, Rel. Des. Maria Pilar Oliveira, proc. n.º 6/08.1GGCBR.C3, 15.6.2011 e Ac da RC, Rel. Des. Fernando Chaves, proc. n.º 57/09.9GCPBL.C1, 27.02.2013, consultados em www.dgsi.pt

[307] Assim, ac. do STJ, Rel. Cons. Pires da Graça, proc. n.º 1213/09.SPBOER.S1, 5.12.2012 e ac. da RE, Rel. Des. João Gomes de Sousa, proc. n.º 295/09.4GBPSR.E1, 30.4.2013, ambos consultados em www.dgsi.pt

[308] Conforme se assinala no ac. da RL, Rel. Des. Agostinho Torres, proc. n.º 289/11.0TCLSB.L1-5, 17.04.2012, consultado em www.dgsi.pt , a pena suspensa é a *"mesma pena qua tale imposta originariamente, com a diferença apenas de que "essa mesma pena" fica adiada na sua execução"*.

serem extintas. O mesmo sucede relativamente às outras penas substitutivas da pena de prisão[309] e multa. Veja-se §97.

§ 102. Nas penas de prisão suspensas ou ainda não decorreu o período de suspensão (inicial ou em virtude de prorrogação) e, nesse caso, a mesma deverá ser considerada para efeitos de formação da pena única, ou já decorreu o período de suspensão e, se assim for, deverá previamente apurar-se se a suspensão foi revogada, ou se foi extinta, sendo que tal omissão integra a nulidade a que se refere o artigo 379º, nº 1, alínea c), do CPP[310].

Se existir despacho transitado em julgado de revogação da pena suspensa a pena de prisão será englobada no cúmulo jurídico. Se pelo contrário, a pena suspensa tiver sido declarada extinta nos termos do art. 57.º, n.º 1 do Código Penal, existindo trânsito em julgado[311], a mesma não pode ser englobada para efeitos de determinação da pena única[312], pelo que não podem ser objeto de cúmulo jurídico penas de prisão suspensas cujo prazo já se encontre decorrido sem que ainda haja decisão sobre extinção, revogação ou prorrogação do prazo de suspensão[313].

---

[309] A propósito das penas de prisão substituídas por multa veja-se o ac. da RP, Rel. Des. Artur Oliveira, proc. n.º 45/11.5PBCHV.P1, 15.10.2014, consultado em www.dgsi.pt: *"No conhecimento superveniente do concurso de crimes não devem ser cumuladas juridicamente uma pena de prisão e uma pena de prisão substituída por multa, extinta pelo pagamento"*.

[310] Ac. do STJ, Rel. Cons. Henriques Gaspar, proc. 287/12.6TCLSB.L1.S1, 14.3.2012, Ac. do STJ, Rel. Cons. Armindo Monteiro, proc. n.º 15/06.5JASTB-A.S1, 30.05.2012 e Ac. do STJ, Rel. Cons. Santos Carvalho, proc. n.º 117/08.3PEFUN-C.S1, 29.03.2012, todos consultados em www.dgsi.pt.

[311] Se tiver sido interposto recurso, a pena também será englobada, caso o Tribunal Superior, ao contrário do Tribunal a quo, entender que a suspensão é para revogar, ou prorrogar.

[312] Como refere LAMAS, André, in "A suspensão da execução da pena privativa de liberdade sob pretexto da revisão de 2007 do Código Penal", STVDIA IVRIDICA 99, Ad Honorem – 5, Boletim da Faculdade de Direito da Universidade de Coimbra, Separata de ARS IVDICANDI, Estudos em Homenagem ao Prof. Doutor Jorge de Figueiredo Dias, Volume II, Coimbra Editora, 2009, pág. 610, citando acórdão do Supremo Tribunal de Justiça, de 15-02-2001, da 5.ª Secção, se a pena suspensa inicialmente aplicada for declarada extinta pelo cumprimento (artigo 57.º, n.º 1), não será tida em conta para efeitos de reincidência. Daqui decorre que a pena de substituição extinta por tal modo deve ser colocada no mesmo plano de desconsideração, quer se esteja face a cúmulo jurídico por conhecimento superveniente, ou fora desse quadro, para efeitos de não consideração da agravativa de reincidência.

[313] Neste sentido ac. do STJ, Rel. Cons. Santos Carvalho, proc. n.º 117/08.3PEFUN-C.S1, 29.03.2012 e ac da RC, Rel. Des. Pilar de Oliveira, proc. n.º 246/07GEACB.C1, 23.11.2010, ambos consultados em www.dgsi.pt. Se uma pena suspensa extinta foi indevidamente objeto do cúmulo jurídico superveniente, deverá reformular-se a pena única, excluindo essa pena, logo

Repare-se que as penas de suspensão substituem a execução da pena de prisão aplicada a título principal, sendo tal pena extinta caso sejam respeitadas as obrigações impostas. No entanto, porque não se trata do cumprimento efetivo da pena de prisão tem se entendido que não podem ser descontadas na pena única de reclusão que resulte da realização do cúmulo jurídico. O seu englobamento iria determinar um agravamento da pena única final, resultante do aumento dos limites máximos da moldura abstrata de cúmulo.[314]

§ 103. O entendimento de que a pena suspensa ou outra pena substitutiva (própria) extinta, não pode ser objeto de desconto, não viola o art. 78.º, n.º 1 do Código Penal, uma vez que esta norma apenas se refere ao *desconto no cumprimento da pena única, da pena parcelar cumprida*[315]. Ou seja, quando se tratam de penas substitutivas das penas de prisão que foram declaradas extintas, em virtude do acatamento das obrigações subjacentes determinadas por tal substituição, não existe um cumprimento da pena de prisão[316]. Significa que nos casos em que existe extinção, por motivos

---

que detetado, conforme ac. da RP, Rel. Des. Marques Salgueiro, proc n.º 9810097, 11.11.1998, consultado em www.dgsi.pt: *"(...) se na formação de um cúmulo jurídico se fez entrar indevidamente no concurso uma pena suspensa entretanto declarada extinta, o que o tribunal desconhecia, impõe-se a formação de novo cúmulo, em que se exclua a pena declarada extinta, nada obstando o trânsito em julgado da decisão que operou o primeiro cúmulo."*

[314] Assim, ac. da RE, Rel. Des. Martinho Cardoso, proc. 164/05.7 GBCCH.E2, 8.5.2012, consultado em www.dgsi.pt: *"No concurso de crimes superveniente não devem ser englobadas as penas suspensas já anteriormente declaradas extintas nos termos do art.º 57.º, n.º 1, do Código Penal, pois, não tendo sido cumpridas as penas de prisão substituídas e, portanto, não podendo as mesmas serem descontadas na pena única, tal englobamento só agravaria injustificadamente a pena única final."*

[315] Como se assinala no Ac. da RE, Rel. Des. Martinho Cardoso, proc. 164/05.7 GBCCH.E2, 8.5.2012, consultado em www.dgsi.pt, o art. 78.º, n.º 1 do Código Penal *"(...) não manda integrar no concurso superveniente as penas já extintas, mas as penas já cumpridas, o que não pode gerar confusão, pois há outras causas de extinção das penas que não o cumprimento e não faria sentido que entrassem na pena única, por exemplo, penas parcelares amnistiadas ou prescritas. Ora, a extinção da pena suspensa prevista no art.º 57.º, n.º 1, não resulta do cumprimento da pena de prisão subjacente à suspensão, mas de não ter ocorrido durante o respectivo período alguma das circunstâncias referidas no art.º 56.º, pelo que tal pena, já extinta mas sem ser pelo cumprimento, nunca poderia ser descontada na pena única, nos termos do art.º 78.º, n.º 1. A entender-se que, nesses casos, já se verificou o "cumprimento" da pena, tal só se pode fazer por referência ao "cumprimento" da pena de substituição, mas não ao da pena de prisão, pois este, efectivamente, não se verificou."*

[316] Neste sentido ac. da RG, Rel. Des. Maria Augusta, proc. n.º 99/09.4GBFLG.G1, 10.10.2011, consultado em www.dgsi.pt: *"A extinção da pena suspensa prevista no art.º 57.º, n.º 1 do Código Penal,*

diversos do cumprimento da pena de prisão (por cumprimento da pena substitutiva (própria) – que é distinto do cumprimento da pena de prisão –, por amnistia, prescrição ou perdão[317]), não só não deverá englobar-se a pena declarada extinta, como não haverá lugar a qualquer desconto.

Caso se abarcasse na pena única estas penas declaradas extintas isso determinaria, como referimos, um agravamento da situação do arguido, que se veria confrontado com um alargamento da moldura abstrata[318], numa violação da sua paz jurídica[319].

não resulta do cumprimento da pena de prisão subjacente à suspensão, mas de não ter ocorrido durante o respectivo período alguma das circunstâncias referidas no art.º 56.º daquele Código". Também ac. do STJ, Rel. Cons. Arménio Sottomayor, proc. n.º 471/06.1GALSD.P1.S1, 17.05.2012, consultado em www.dgsi.pt: *"(...)as penas de prisão de execução suspensa não devem integrar o cúmulo jurídico quando oportunamente tenham sido declaradas extintas nos termos do art. 57.º do CP, uma vez que não podem ser consideradas penas cumpridas na acepção da lei, por não se tratar de penas executadas"*.

[317] Assim, ALBUQUERQUE, Paulo Pinto, referindo não existir o benefício do desconto se a pena anterior não for cumprida por qualquer motivo distinto, como, por exemplo, a amnistia ou o perdão (Comentário ao Código Penal, I, pág. 286). Veja-se igualmente Ac do STJ, Rel. Cons. Raul Borges, proc. n.º 76/06.7JBLSB.S1, 12.07.2012, consultado em www.dgsi.pt, no sentido de que as penas prescritas ou extintas não integram o cúmulo jurídico superveniente, já que a modificação legislativa operada no artigo 78.º, n.º 1, do Código Penal, em 2007, apenas foi no sentido de incluir no cúmulo jurídico as penas já cumpridas, descontando-se na pena única o respectivo cumprimento, e a inclusão de tais penas extintas intervirem "como um injusto factor de dilatação da pena única, sem justificação material, já que essas penas, pelo decurso do tempo, foram "apagadas".

[318] Ac do STJ, Rel. Santos Cabral, proc. n.º 182/03.0TAMCN.P2.S1, 17.10.2012, www.dgsi.pt: *"(...) a admissibilidade de consideração da pena substitutiva extinta para efeito de cúmulo consubstanciaria "uma inadmissível afronta ao propósito pretendido pelo legislador pois que significaria o ressuscitar de uma pena já desaparecida com a única finalidade de potenciar a expansão quantitativa do cúmulo em termos de pena conjunta."*

[319] Para Paulo Dá Mesquita, no caso de penas de substituição da prisão já extintas (caso da pena suspensa na execução, entretanto, declarada extinta ou de penas de substituição cumpridas como por ex. multa de substituição, prestação de trabalho a favor da comunidade e pena de admoestação) é inadmissível efetuar cúmulo jurídico com outras penas por cumprir sob pena de violação da paz jurídica do condenado, que não pode ser prejudicado pelo facto de se ter conhecimento supervenientemente de um concurso de penas. Defende Paulo Dá Mesquita, nas situações em que é declarada extinta a pena de suspensão de prisão " a paz jurídica do indivíduo derivada do trânsito em julgado do despacho que declarou a pena extinta, não pode ser prejudicada pelo facto de se ter conhecimento de que aquela pena está em concurso com outra(s)devendo, em consequência, ser cumulada juridicamente e dar lugar a uma pena conjunta e cuja execução pode não ser suspensa. E, mesmo nas situações em que o agente foi condenado na outra pena em concurso antes de estar decorrido o período da suspensão, caso em que a pena foi indevidamente declarada extinta, a força do caso julgado do despacho impede que a situação seja revista" ("O Concurso de Penas", Coimbra Ed., 1997, págs. pág.s 90 e 91).Na jurisprudência

Na verdade, a possibilidade de desconto na pena de prisão que permite o art. 78.º, n.º 1 do CP apenas será possível caso o condenado tenha sofrido penas parcelares *privativas da liberdade*[320] (penas de prisão ou penas substitutivas impróprias – permanência na habitação, prisão por dias livres e regime de semidetenção). E nas penas de multa, caso tenha cumprido voluntária, ou coercivamente, as mesmas, pelo que, pela mesma ordem de razões, também não é de englobar no cúmulo jurídico de penas de multa as penas substitutivas de admoestação extintas pelo cumprimento, não passíveis de desconto.

§ 104. Note-se ainda que a declaração de extinção de uma pena substitutiva, transitada em julgado, consubstancia caso julgado sendo duvidoso, inclusive, que seja modificável a decisão mediante recurso de revisão.

Na verdade, o despacho que declarou extinta a pena, ao contrário do que sucedia no código de processo penal de 1929, não tem natureza *rebus sic stantibus*. Transitará em julgado caso não venha a ser interposto recurso, mesmo que existam alterações às circunstâncias que estiveram na base da prolação do despacho de extinção[321], sob pena de violação do princípio da confiança e do *ne bis in idem* (art. 29.º, n.º 5 da Constituição da República Portuguesa)[322]. E quanto a um possível recurso de revisão afigura-se-nos

---

invocando a violação da paz jurídica veja-se, entre outros, ac do STJ, Rel. Cons. Oliveira Mendes, proc. 521/07.4TAPFR.S1, 25.1.2012, consultado em www.dgsi.pt *"Com efeito, a paz jurídica do indivíduo, que viu já a sua pena de substituição extinta, não pode ser prejudicada pela anulação desta e pela integração da pena substituída na pena única que pode ser de prisão efectiva".*

[320] Defendendo que as extinções de penas que não correspondem ao cumprimento de pena de prisão, por não estar em causa privação de liberdade, não podem ser descontadas, já que o desconto só pode "operar em relação a medidas ou penas privativas da liberdade" veja-se Ac do STJ, Rel. Cons. Raul Borges, proc. 76/06.7JBLSB.S1, 12.07.2012 e Ac. da RC, Rel. Des. Orlando Gonçalves, proc. n.º 543/08.8GASEI.C1, 21.06.2011, consultado em www.dgsi.pt

[321] Ac. da RP, Rel. Des. Moreira Ramos, proc. n.º 54/05.3PTVNG.P1, 27.01.2010, consultado em www.dgsi.pt: *"(...) o despacho que julgue extinta a pena, até então suspensa na sua execução, transita definitivamente em julgado, obviamente, caso dele não seja interposto recurso. Curiosamente, nessa anterior fase, a do Código de Processo Penal de 1929 (...) tais decisões eram modificáveis, assim o exigissem as circunstâncias, conforme previa o artigo 635º, § 5, daquela codificação, onde se estipulava que "Se, posteriormente ao despacho que declarou sem efeito a pena suspensa, se verificar que o réu, durante o período da suspensão, cometeu qualquer crime que determine a caducidade da suspensão, aquele despacho será livremente revogável".*

[322] Assim, também assinalando que a formação da pena única e cúmulo jurídico não devem abranger penas já declaradas extintas, sob pena de violação do princípio *ne bis in idem*, consagrado no art. 29.º, 5 da CRP, Ac do STJ, Rel Cons. Oliveira Mendes, proc. 521/07.4TAPFR. S1, 25.01.2012 e ac do STJ, Rel. Cons. Maia Costa, proc. 515/09.5PHOER.S1, 8.5.2013, ambos consultados em www.dgsi.pt.

não se circunscrever no número restrito de situações que legitimam uma modificabilidade da decisão transitada em julgado[323].

Acresce ainda que, por uma questão de coerência sistemática, sendo a pena extinta desconsiderada para efeitos de reincidência, também o deverá ser para efeitos de cúmulo jurídico superveniente, já que resulta a vontade do legislador de que tais penas não sustentem circunstâncias agravantes da pena final a aplicar[324].

§ 105. Pelos motivos expostos sempre que o tribunal pretender cumular penas substitutivas (v.g. as penas suspensas), deverá indagar qual o seu estado de execução, *destarte* se existiu revogação da pena substitutiva, se a mesma foi prorrogada ou se a mesma foi declarada extinta. É uma questão fulcral para aferir da inclusão/exclusão no cúmulo jurídico. Em consequência, a ausência de tais diligências (pedido de certidão atualizada, de informações a outros tribunais e de despachos proferidos), inquina a decisão cumulatória do vício de nulidade, por omissão de pronúncia, nos termos do art. 379.º, n.º 1, al. c) do CPP[325]. Implicará a remessa dos autos à 1.ª instância para efeitos de obter tais informações e diligenciar no sentido de apurar se as penas foram declaradas extintas. E se o tribunal *a quo* constatar que as penas foram declaradas extintas deverá reformular o cúmulo jurídico em conformidade[326].

---

[323] Assim, ac. da RP, Rel. Des. Joaquim Gomes, proc. n.º 460/06.6GFVNG.P1, 16.12.2009, consultado em www.dgsi.pt.

[324] Assim, a propósito da pena suspensa declarada extinta LEITE, André Lamas, in "A suspensão da execução da pena privativa de liberdade sob pretexto da revisão de 2007 do Código Penal", STVDIA IVRIDICA 99, Ad Honorem – 5, Boletim da Faculdade de Direito da Universidade de Coimbra, Separata de ARS IVDICANDI, Estudos em Homenagem ao Prof. Doutor Jorge de Figueiredo Dias, Volume II, Coimbra Editora, 2009, pág. 610. No mesmo sentido ac do STJ, Rel. Cons. Raul Borges , proc. 76/06.7JBLSB.S1, 12.07.2012, consultado em www.dgsi.pt

[325] "*Incluindo a decisão, na pena conjunta, penas de prisão suspensas na sua execução, já com o prazo de suspensão esgotado, sem que previamente se averiguasse se as mesmas foram declaradas extintas ou se foi revogada a suspensão, existe omissão de pronúncia, nos termos do artigo 379.º, n.º 1, alínea c), do Código de Processo Penal, que determinam a sua nulidade*" (Ac. da RC, Rel. Des. Orlando Gonçalves, proc. n.º 543/08.8GASEI.C1, 21.6.2011, consultado em www.dgsi.pt).

[326] Como já fizemos notar o mesmo raciocínio deverá ser aplicável a todas as penas substitutivas e não apenas relativamente à pena suspensa. Assim sucederá, por exemplo, no caso das penas de prisão substituídas por multa, trabalho a favor da comunidade, ou proibição no exercício de funções. No caso da pena de prisão substituída por multa, se tiver decorrido o prazo de pagamento, deverá aguardar-se se existe despacho de extinção ou de cumprimento; no trabalho a favor da comunidade deverá aferir-se se existe despacho de extinção (caso em que não será englobada),

Repare-se que nas penas suspensas decorrido o período da suspensão a mesma só poderá ser revogada caso se constate que no decurso da mesma o condenado praticou outro crime que defraude as expetativas em si depositadas, ou se porventura tiver já sido suscitado o incidente de incumprimento. Se o incidente de incumprimento não foi suscitado atempadamente[327], ou não se deu início ao despoletar do regime de prova[328], isso não implica

de prorrogação ou se está pendente incidente para apurar se existiu incumprimento culposo (caso em que deverá aguardar-se a decisão), ou despacho de incumprimento (caso em que a pena de prisão deverá ser cumulada). O mesmo sucederá com a pena de proibição de exercício de funções, devendo aguardar-se pelo despacho que analisa se a obrigação foi cumprida, se tiver decorrido o prazo imposto, caso contrário, será incluído no cúmulo jurídico superveniente. Será o tribunal da condenação onde foi proferida a pena substitutiva, que em caso de cumprimento parcial, deverá operar o desconto e determinar a pena de prisão remanescente que terá que cumprir, sendo esta a considerar aquando da realização do cúmulo jurídico superveniente. Repare-se que quanto às obrigações de permanência na habitação, prisão por dias livres ou em regime de semi-detenção, tratam-se verdadeiramente de modos diversos de execução da pena de prisão, pelo que a pena de prisão deve ser cumulada, descontando as privações da liberdade, nos termos do código de processo penal.

[327] Numa situação em que a obrigação da pena suspensa obrigava a tratamento médico, o facto de se despoletar o incidente de incumprimento após o decurso do prazo de suspensão, impede que esta venha a ser revogada. Veja-se, debruçando-se sobre esta situação ac. da RE, Rel. Des. António Latas, proc. n.º 107/08.6GBPSR.E1, 29.1.2013, consultado em www.dgsi.pt: *"(...) A execução da pena suspensa e o respetivo período de suspensão iniciam-se sempre com o trânsito em julgado da sentença condenatória, pois é com aquele trânsito que se produz o efeito intimidatório resultante da simples advertência de que o condenado poderá ter que cumprir a prisão suspensa se vier a cometer novos crimes, o que corresponde ao conteúdo executório mínimo e – pelo menos historicamente – matricial, da pena suspensa. c) Concluído o período da suspensão em 01.03.2011, como referido, só a pendência do incidente por eventual incumprimento da condição imposta ou a pendência de processo por crime que pudesse determinar a sua revogação, poderiam obviar à extinção da pena de substituição pelo decurso do período de suspensão, conforme estabelecido nos n.ºˢ 1 e 2 do art. 57.º do C. Penal.(...) se no momento em que se completa o período de suspensão não se tiver iniciado o incidente de incumprimento, impõe-se declarar extinta a pena de substituição em face da aludida regra geral do n.º1 do art. 57.º do C. Penal".*
[328] *"O início do período da suspensão da execução da pena de prisão conta-se a partir do trânsito em julgado da sentença – ainda que condicional, sob condição resolutiva ou rebus sic stantibus –, não sendo «imputável» à condenada uma menor diligência das entidades que operam no seio do sistema de justiça, designadamente no que concerne à omissão dos procedimentos necessários a assegurar e acompanhar a execução da referida pena de substituição"* (ac. da RC, Rel. Des. Maria José Nogueira, RC, proc. n.º 158/03.7JACBR-D, 24.09.2014, consultado em www.dgsi.pt). No mesmo sentido, se pronuncia Paulo Pinto de Albuquerque, quando escreve: «A execução da suspensão da execução da pena de prisão (incluindo a obrigação da satisfação dos deveres, regras de conduta e regime de prova) só se inicia a partir do trânsito em julgado da sentença condenatória. No caso de suspensão da execução com regime de prova, o prazo de duração da suspensão da execução também se conta a partir do trânsito em julgado da decisão condenatória, mas a homologação

que não se extinga a pena, já que a contagem do prazo de suspensão é desde o seu trânsito em julgado, e não desde o início do cumprimento das obrigações impostas, conforme art. 50.º, n.º 5 do Código Penal.

Se das informações recolhidas se constatar que se encontram em curso diligências para apurar se existe incumprimento o tribunal que irá realizar o cúmulo jurídico superveniente não tem que sobrestar a realização do julgamento e prolação da decisão, inexistindo qualquer motivo legal para o efeito[329], exceto se o despacho (sobre a extinção da pena substitutiva) estiver prestes a ser proferido, ou apenas aguarde o trânsito em julgado, caso em que (se não retardar intoleravelmente o julgamento de cúmulo), por uma questão de economia de atos e meios, se justifica aguardar.

Aliás, ressalte-se que normalmente existe uma fase prévia de *instrução* realizada pelo tribunal[330]. Na ausência de prazos legais e utilizando como único critério a realização do cúmulo jurídico das penas parcelares em concurso num *período de tempo razoável*, a recolha de tais elementos deve ter um prazo adequado e proporcional à complexidade da causa, número de crimes em concurso, dimensão dos "processos a englobar".

Por outro lado, uma vez que conforme já analisado, as penas de prisão cujo prazo de suspensão já decorreu não podem integrar o cúmulo jurídico superveniente, enquanto não houver decisão sobre a revogação ou extinção, significa que não é possível ao juiz do processo cujo prazo de suspensão já decorreu, não apreciar essa questão, com o motivo de que a mesma irá integrar o cúmulo jurídico em outro processo, ou eventualmente aguardando informação se o tribunal que realizará o cúmulo jurídico superveniente entende que será de englobar tal pena suspensa[331].

---

posterior do plano de reinserção social não constitui causa de suspensão do prazo da suspensão ...» (cf. "Comentário do Código Penal", Universidade Católica Portuguesa, 2008, pág. 195).

[329] A propósito, numa situação paralela, salientando que quanto às penas *parcelares* "*não se poderá estar à espera que todas elas transitem em julgado, sob pena de, na prática, não se poder proceder ao cúmulo das várias condenações que a um mesmo arguido forem sendo impostas, designadamente, tal entendimento, poderá acarretar a impossibilidade de o arguido cumprir continuamente a pena conjunta resultante das várias penas parcelares*", ac. da RP, Rel. Des. Arlindo Oliveira, proc. n.º 0545573, 01.02.2006, consultado em www.dgsi.pt.

[330] Para economizar trabalho material na prolação da decisão cumulatória, poderá ser relevante solicitar o envio em suporte digital das decisões parcelares proferidas.

[331] Assim, ac. do STJ, Rel. Cons. Santos Carvalho, proc. n.º 117/08.3PEFUN-C.S1, 29.03.2012, consultado em www.dgsi.pt: "*Identicamente, não poderia o tribunal onde a pena foi suspensa sustar a aplicação dos art.ºs 56.º e 57.º do CP com o fundamento de que a mesma iria ser englobada num futuro*

XXIII. Cúmulo jurídico com penas cumpridas e o desconto. As penas prescritas, amnistiadas, perdoadas e o indulto

§ 106. Antes da reforma de 2007 o art. 78.º, n.º 1 do Código Penal, dispunha que *"Se, depois de uma condenação transitada em julgado, mas antes de a respectiva pena estar cumprida, prescrita ou extinta, se mostrar que o agente praticou, anteriormente àquela condenação, outro ou outros crimes, são aplicáveis as regras do artigo anterior"*.

Discutia-se à luz desta redação, na jurisprudência, sobre a admissibilidade de incluir no cúmulo jurídico superveniente uma pena cumprida, não obstante a norma literalmente o excluir. Argumentavam os defensores da inclusão na pena única com o facto de que ao arguido não podem ser imputáveis os atrasos do sistema judicial. Vedar a possibilidade da realização de um cúmulo jurídico seria violador de um processo equitativo e leal, do princípio da proporcionalidade e igualdade, atentador do art. 18.º da CRP, padecendo essa interpretação de uma inconstitucionalidade material, pelo que apenas não seria de englobar num cúmulo superveniente se fosse prejudicial ao arguido[332].

Mas já então a querela situava-se, principalmente, ao nível das penas principais parcelares (prisão ou multa), que tinham sido cumpridas ou declaradas extintas pelo cumprimento. Quanto às penas prescritas ou no que concerne às penas substitutivas declaradas extintas, era reconhecido maioritariamente que não deviam integrar o cúmulo jurídico[333].

§ 107. A Lei 59/2007, alterou a redação do art. 78.º do CP. Suprimiu-se do texto do n.º 1 a expressão *"mas antes de a respectiva pena estar cumprida, prescrita ou extinta"*. Por outro lado, foi aditado àquele texto a expressão *"sendo a pena que já tiver sido cumprida descontada no cumprimento da pena única aplicada ao concurso de crimes"*.

---

cúmulo jurídico, quando se verifica que, antes de formulado tal cúmulo, o prazo de suspensão já se esgotou e a pena suspensa pode já estar na situação de, por força da lei, ser declarada extinta".
[332] Em sentido oposto, CJSTJ 1998, tomo 2, pág. 248. Também entendendo que as penas cumpridas não deveriam ser englobadas no cúmulo jurídico, se pronunciava, à luz da lei então em vigor, Figueiredo Dias, in Direito Penal Português, As consequências jurídicas do crime, 1993, § 426, págs. 293/4.
[333] O Ac. STJ 31/5/2000, CJ STJ 2000, II, 207, já defendia que as penas extintas pelo cumprimento (v.g. suspensão da pena de prisão), embora impostas em condenações anteriores, não podem ser consideradas para efeitos de cúmulo jurídico com outras penas.

Atenta a nova redação é hoje evidente que as penas cumpridas integram o concurso. Devem ser descontadas no cumprimento da pena única final, não acarretando nenhum prejuízo para o arguido, mas sim um benefício, atento o desconto que necessariamente diminuirá a pena a cumprir[334].

A interligação com o desconto e o motivo da alteração evidenciam que o legislador apenas visou abranger no concurso superveniente as penas (principais) de prisão e as penas de multa cumpridas[335]. Ou seja, pretendeu--se que as privações da liberdade e execução das penas de multa fossem descontadas na pena única a formular, devendo incluírem-se no cúmulo jurídico, mesmo que já cumpridas.

O preceito abrange as penas principais de prisão ou de multa (cumprida voluntária ou coercivamente, através de execução patrimonial ou conversão em prisão subsidiária), e também outras formas de cumprimento de penas de prisão, ou seja, obrigação de permanência na habitação, prisão por dias livres e em regime de semidetenção (penas de substituição que consistem no cumprimento da pena principal de uma "forma diferente" – na habitação, aos fins de semana ou conjugando o confinamento no EP com saídas ao exterior -conforme resulta dos artigos 44.º, 45.º e 46.º do CP). O cumprimento destas penas implica o desconto integral do *quantum* das penas parcelares de prisão e de multa.

A extinção de (outras) penas substitutivas das penas de prisão (substituição por pena de multa, proibição de exercício de profissão, função ou actividade, trabalho a favor da comunidade, suspensão da execução da pena de prisão), ou da pena de multa (admoestação) não estão abarcadas por este normativo. Note-se que nestes casos não existe um cumprimento da

---

[334] A justificação dada (para tal opção legislativa) na proposta de Lei n.º 98/X, que esteve na base da Lei n.º 59/2007, foi a seguinte: *"prescreve-se que o conhecimento superveniente de novo crime que integre a continuação criminosa ou o concurso acarreta sempre a substituição da pena anterior, mesmo que já executada, depois de se ter procedido ao correspondente desconto, no caso de a nova pena única ser mais grave. Deste modo, assegura-se o máximo respeito pelo princípio non bis in idem, consagrado no n.º 5 do artigo 29.º da Constituição".*

[335] Também neste sentido GONÇALVES, Jorge Baptista, A revisão do Código Penal: alterações ao sistema sancionatório relativo às pessoas singulares, Revista do CEJ, n.º 8 (especial, pág. 30), salientando que a alteração veio reconhecer a "tese" daqueles que defendiam que ao abrigo do princípio da igualdade deviam ser consideradas para efeito de cúmulo jurídico as penas cumpridas, desde que pelo menos uma das penas em concurso não estivesse totalmente cumprida, no entanto, quanto à problemática das penas de substituição a "revisão do Código Penal não acrescenta novos dados ao debate sobre o tema".

pena principal, mas sim uma extinção da pena principal pelo cumprimento da pena substitutiva, que são conceitos distintos (conforme art. 43.º, n.º 6, 59.º, n.º 3 e 57.º do CP, as penas de prisão substituídas por proibição de exercício de profissão, função ou actividade, por trabalho a favor da comunidade e suspensas na execução são declaradas extintas caso se cumpram as obrigações da pena substitutiva. O mesmo sucede com a pena de multa).

§ 108. Outra questão é se é exigível que na decisão cumulatória seja narrado factualmente todos os períodos de privação da liberdade das penas de prisão cumpridas, bem como das medidas de coação restritivas da liberdade, devendo os autos previamente estarem munidos documentalmente de todos os elementos probatórios que permitam essa "contabilização".

Os defensores desta posição entendem que face à nova redação é imperioso tal narração, de modo a permitir a realização do desconto, nos termos do art. 78.º, n.º 1 e 80.º, n.º 1, todos do Código Penal (sob pena de nulidade por omissão de pronúncia nos termos do art. 374.º, n.º 2 e 379.º, n.ºs 1 e 2[336]), exigindo-se que na própria decisão de cúmulo se realize o desconto.[337]

Em sentido diverso argumenta-se que a decisão cumulatória não tem que fazer tais menções já que a matéria relativa ao desconto apenas deve ser apurada aquando da liquidação da pena única[338].

---

[336] Assim, ac do STJ, Rel. Cons. Arménio Sottomayor, proc. 471/06.1GALSD.P1.S1, 17.05.2012, e ac. do STJ, Rel. Cons. Raul Borges, proc. n.º 316/07.5GBSTS.S1, 29.03.2012, ambos consultados em www.dgsi.pt. Existe quem entenda que a consequência é que o tribunal de recurso remeta ao tribunal *a quo* os autos para suprir tais nulidades e proferir nova decisão (ac. da RC, Rel. Des. Orlando Gonçalves, proc. n.º 781/10.3JACBR.C1, de 13.06.2012, consultado em www.dgsi.pt). Outra jurisprudência, defende que essa devolução é desnecessária, se o processo estiver munido documentalmente de todo a informação para realização do desconto legal (ac do STJ, 25.09.2008, Rel. Cons. Raul Borges, proc. 08P2891, de 25.09.2008, consultado em www.dgsi.pt: *"I – A circunstância de o tempo de prisão já sofrido pelo recorrente não ter sido abordado nem incluído na decisão de cúmulo jurídico de penas, embora constituindo uma insuficiência para a decisão da matéria de facto provada (vício decisório previsto no art. 410.º, n.º 2, al. a), do CPP), não reverte em decisão de reenvio quando, como é o caso, os autos fornecem os elementos necessários e suficientes para a plena integração da questão, emergindo todos eles de documentos autênticos (certidões) constantes do processo"*).
[337] Assim, ac. do STJ, Rel. Cons. Santos Cabral, proc. n.º 182/03.0TAMCN.P2.S1, de 17.10.2012, consultado em www.dgsi.pt: *"Face à actual redacção da norma é necessária a realização do concurso mesmo nestes casos, o que implica pelo tribunal que realiza o concurso o ónus de descontar a pena já cumprida, quando da efectivação da pena conjunta do concurso."*
[338] Neste sentido. ac. do STJ, Rel. Cons., proc. n.º 1213/09.SPBOER.S1, de 5.12.2012, consultado em www.dgsi.pt: *"Não é necessário que a decisão alude e precise o desconto de prisão parcialmente*

Cremos que a solução preferível é intermédia. Um *tertium generus*. Ou seja, é pertinente apurar do cumprimento das penas a incluir no cúmulo jurídico, bem como dos períodos de privação de liberdade e elencar tais factos na fundamentação. Não só é relevante para determinação da pena única, de modo a aferir os efeitos que os cumprimentos de penas ou privações da liberdade tiveram no comportamento do arguido, mas também, no caso de se concluir que a pena única – de prisão ou de multa – já tenha sido cumprida, determina que imediatamente se declare[339].

Nos casos em que assim não sucede, ou seja, quando realizado o desconto se conclui que existe pena única a cumprir, deverão distinguir-se duas situações.

Tratando-se de pena única de multa, o desconto das penas parcelares cumpridas poderá desde logo realizar-se na decisão cumulatória, "liquidando-se" e determinando qual a pena única a cumprir.

No entanto, sendo a condenação em pena de prisão efetiva, não se verificando o caso das privações da liberdade terem atingido a pena fixada, então deverá proceder-se à liquidação nos termos legais. Aguardar o trânsito em julgado, após o qual o MP deverá realizar a liquidação, destarte os descontos necessários (que eventualmente poderão englobar descontos de privações da liberdade que se desconhecia aquando da prolação da decisão cumulatória), e que após homologação do juiz, serão comunicadas ao TEP, para decidir da liberdade condicional. Note-se que a própria lei refere que o

---

cumprida, uma vez que é de natureza oficiosa, resultando da liquidação da pena e com relevo para a concessão de liberdade condicional, e quanto ao tempo de prisão preventiva rege o disposto no artº 80º do CP, que não impõe alusão expressa na decisão condenatória, nem tampouco consta das exigências do artº 374º do CPP". Também aparenta ser a posição de GONÇALVES, Jorge Baptista, A revisão do Código Penal: alterações ao sistema sancionatório relativo às pessoas singulares, Revista do CEJ, n.º 8 (especial), pág. 29, quando alude que as privações da liberdade serão consideradas na "liquidação" da pena.

[339] Por exemplo se a pena de multa única é de 270 dias, e o arguido cumpriu – total ou parcialmente, voluntária ou coercivamente – penas parcelares que no total atingem os 270 dias, na decisão cumulatória deverá desde logo declarar-se extinta pelo cumprimento. O mesmo quanto à pena de prisão única, se em virtude das privações da liberdade sofridas nos processos englobados no cúmulo ter atingido a medida da pena conjunta. E no caso de prisão preventiva, se a pena única corresponder ao período de tempo que esteve privado da liberdade deve ser imediatamente libertado.

desconto é no cumprimento da pena e não desconto diretamente na pena, o que implica "operações" posteriores à decisão de cúmulo[340].

§ 109. As penas substitutivas (próprias) da pena de prisão extintas (substituição por multa, trabalho a favor da comunidade, proibição de exercício de proibição, função ou actividade, suspensão da execução) não devem ser englobadas no cúmulo jurídico a realizar (ver §97 e §101), o que não afasta a conclusão da possibilidade do desconto da prisão preventiva ou outra medida privativa da liberdade que o arguido sofreu no processo onde foi aplicada a pena substitutiva[341], caso se trate de uma pena única de prisão. No entanto se a pena única for substitutiva será duvidosa a possibilidade de desconto dos períodos de detenção, obrigação de permanência na habitação e prisão preventiva sofrida pelo arguido.[342]

---

[340] Caso se ordene o cumprimento sucessivo de duas penas únicas, em virtude da necessidade de realizar dois cúmulos jurídicos, pode suceder que as penas parcelares de prisão englobadas no 1.º cúmulo excedam a pena única. Afigura-se-nos que nestes casos o remanescente deve ser descontado na 2.ª pena única, de modo a que todas as privações da liberdade sejam contabilizadas. Outra questão que se discute é se no desconto da pena se atende ao período de liberdade condicional, ou as saídas precárias. Assim, *"A pena é descontada "na medida em que já estiver cumprida", ou seja, incluindo o tempo de liberdade condicional, pois que esta é uma forma específica que assume o cumprimento da pena de prisão, já que o legislador quis que, por imperativos de reinserção social, o condenado passasse uma fase do cumprimento da pena de prisão, em que foi condenado, sujeito a um regime que lhe facultasse a necessária adaptação à vida em liberdade. Daí que também tenha que ser considerado, em cumprimento de pena de prisão, quem se encontrar a beneficiar de uma saída precária prolongada, ou em regime penitenciário aberto para o interior, ou sobretudo para o exterior, da prisão, sem que o tempo a eles respeitante se exclua do desconto"* (Ac do STJ, Rel. Cons. Souto Moura, proc. 19996/97.1TDLSB.S2, 11.3.2010, consultado em www.dgsi.pt).

[341] *"As penas suspensas anteriores que já tiverem sido declaradas extintas nos termos do art.º 57.º, n.º 1, do CP, não são de considerar na formulação da pena única, sem prejuízo de desconto de prisão preventiva neles eventualmente sofrida (art.º 78.º, n.º 1, do CP)"* (ac do STJ, Rel. Cons. Santos Carvalho, proc. 08P2818, 25.9.2008, consultado em www.dgsi.pt).

[342] No sentido de não haver lugar desconto num caso de pena suspensa ac do STJ, Rel. Cons. Raul Borges, proc. 328/06.6GTLRA.S1, 17.12.2009, consultado em www.dgsi.pt. Se a pena única for uma pena suspensa, a prisão preventiva ou efetiva, sofrida à ordem dos processos que foram englobados, não determina qualquer desconto, o que apenas ocorrerá, caso a suspensão seja revogada e haja necessidade de cumprir a prisão efetiva, momento em que terá que se efectuar a liquidação da pena, onde se realizarão os descontos legais (ac. da RG, Rel. Des. Anselmo Lopes, proc. 1041/08-1, 06.2008, consultado em www.dgsi.pt). Caso a pena única seja de prisão substituída por trabalho a favor da comunidade ou proibição de exercício de funções, proibição ou actividade, poderá convocar-se a conversão prevista no art. 43.º, n.º 3

§ 110. Se uma pena for amnistiada, ou objeto de indulto, não será cumulada juridicamente, e se o foi, deve ser dado sem efeito [343]. No caso de já ter sido realizado o cúmulo e existirem outras penas deverá reformular-se o cúmulo jurídico, "retirando" do mesmo as penas objeto de amnistia e indulto. Não obstante, se a pena amnistiada ou que foi extinta por indulto já tiver sido cumprida parcialmente, cremos ter interesse a realização do cúmulo jurídico, para efeitos de desconto.

§ 111. A pena perdoada ou perdoável [344], sob condição resolutiva de não praticar crimes em determinado período temporal, se estiverem em concurso com outras penas, perdoadas ou perdoáveis ou outras que não o sejam, são cumuladas juridicamente.[345] E assim será mesmo que ambas as penas a cumular tenham sido totalmente perdoadas, de modo a fixar uma pena única sobre o qual incidirá o perdão, e mesmo que tal resulte da necessidade de cumprimento da pena remanescente [346]. Isto porque a aplicação de perdões a penas parcelares, ou a penas únicas anteriores, não

---

e 59.º, n.º 4 do CP. No caso de prisão substituída por multa, pelo menos será possível chamar à colação o art. 80.º, n.º 2 do CP.

[343] "Não deve conhecer-se do recurso interposto do cúmulo jurídico das penas aplicadas ao recorrente quando tenha sido declarado amnistiado o crime relativo à pena determinante do referido cúmulo, o qual ficará sem efeito" (ac do STJ, Rel. Cons. Afonso de Melo, proc. 044540, 10.11.1994, consultado em www.dgsi.pt).

[344] Mais desenvolvidamente sobre a questão do cúmulo jurídico de penas sobre as quais incidiu perdão genérico MESQUITA, Paulo Dá (O Concurso de penas, páginas 106 e ss). Veja-se também a propósito do cúmulo com penas perdoadas COSTA, Artur Rodrigues, O Cúmulo Jurídico na Doutrina e na Jurisprudência do STJ, Julgar n.º 21, págs 197 e ss.

[345] A propósito, ac. da RL, Rel. Des. Cabral Amaral, proc. n.º 0031585, 23.05.2000, consultado em www.dgsi.pt: "(...) é de efectuar o cúmulo jurídico entre duas penas que se encontram em acumulação, ainda que uma delas tenha sido declarada totalmente perdoada. Também ac. da RL, Rel. Des. Agostinho Torres, proc. n.º 75/2006-5, RL, 9.05.2006, consultado em www.dgsi.pt: "A Lei de Clemência n.º 29/99 não afasta as regras de cúmulo perante a hipótese de concurso real entre infracções criminais, mesmo quando uma delas implique uma pena perdoada ou perdoável mas revogável por violação da condição resolutiva de não prática de crime superveniente durante os três anos subsequentes à sua entrada em vigor".

[346] "Conhecida, posteriormente ao trânsito em julgado, a relação de concurso entre crimes julgados em processos autónomos e cujas penas foram totalmente perdoadas, deve, mesmo assim, proceder-se ao cúmulo jurídico das penas de forma a fixar a pena unitária sobre o qual haverá de incidir o perdão, ainda que daí resulte remanescente de pena a cumprir." (ac. da RL, Rel. Goes Pinheiro, proc 0062025, 15.12.1998, , consultado em www.dgsi.pt).

forma caso julgado[347]. É através do cúmulo jurídico superveniente que, colmatando o facto de não ter sido possível julgar simultaneamente toda a factualidade, se procura alcançar uma pena final única que abarque a globalidade dos factos e personalidade do arguido[348] [349].

Se uma pena tiver sido perdoada, ou parcialmente perdoada, sob condição resolutiva de não praticar um crime, e o arguido, posteriormente ao *direito de graça* tem um comportamento criminoso, a pena a integrar

---

[347] *"A aplicação imediata do perdão às penas parcelares que foram ocorrendo não prejudica a possibilidade de ulterior formulação do cúmulo jurídico e reconstituição do perdão, não formando assim, tais decisões, para esse efeito, caso julgado"* (ac. da RP, Rel. Marques Salgueiro, proc n.º 9411204, RP, 1.03.1995, consultado em www.dgsi.pt).

[348] *"No caso do concurso de crimes, do mesmo modo que uma condenação parcelar transitada fica sujeita a ser substituída por outra, que em cúmulo jurídico a abrangia, também a declaração de perdão, quando referida a essa condenação parcelar, logicamente tem de se considerar provisória ou precária, enquanto não for aplicada ao cúmulo que no caso couber, pois à pena unitária e em função desta é que as leis do perdão mandam aplicá-lo (...) Na linha de tal entendimento é que, ao declarar-se o perdão quanto a condenações parcelares, por vezes se ressalva expressamente a hipótese de tal ulterior cúmulo. E essa ressalva deve considerar-se implícita, quando não tenha ficado expressa"* (ac do STJ, Rel. Cons. Pedro Marçal, proc. 047618, 27.9.1995, consultado em www.dgsi.pt).

[349] No concurso de penas, quando estão em causa penas susceptíveis de ser perdoadas e outras não, para realizar o cúmulo jurídico a jurisprudência seguiu duas correntes, cuja resenha foi feita no ac da RP, Des Orlando Gonçalves, proc. 0311626, 28.5.2003, consultado em www. dgsi.pt: *"Para uma delas, em primeiro lugar aplica-se o perdão à pena que dela beneficia e, caso exista remanescente, este deverá ser cumulado com a pena excluída do perdão. Em caso de serem várias as penas que beneficiam do perdão, procede-se ao cúmulo parcelar das penas abarcadas pela possibilidade de perdão, ou seja com exclusão da pena cominada ao crime que não beneficia do perdão, e sobre este sub-cúmulo aplica-se o perdão, entrando o remanescente em cúmulo, a final, com a pena do crime excluído do perdão. – Cfr., entre outros, os acórdãos do STJ, de 23 de Novembro de 2000 (C.J., A.S.T.J., ano VIII, 3º, pág. 217) e de 10 de Maio de 2000 (C.J., A.S.T.J., ano VIII, 2º, pág. 184). – Para outra posição, procede-se ao cúmulo da pena abarcada pela possibilidade de perdão, com a pena cominada ao crime que não beneficia do perdão, e aplica-se o perdão sobre a pena única, calculado previamente face à pena que dele beneficia. Em caso de serem várias as penas que beneficiam do perdão, procede-se ao cúmulo parcelar das penas abarcadas pela possibilidade de perdão, servindo tal cúmulo intermédio apenas para determinar a extensão do perdão; calculado o perdão aplicável, procede-se à reformulação do cúmulo geral de todas as penas e à pena única de tal cúmulo global desconta-se o perdão previamente determinado. Não se procederá assim, porém, quando o perdão exceder a pena única resultante do "sub-cúmulo" das penas parcelares abrangidas pelo perdão, pois em tal hipótese o perdão deve ser aplicado de imediato, uma vez que extingue tal pena (restando então a pena ou penas que não beneficiam do perdão) – Cfr., entre outros, o voto de vencido no citado acórdão do STJ, de 23 de Novembro de 2000, e acórdãos do mesmo Tribunal, de 17 de Janeiro de 2000 (C.J., A.S.T.J., ano VIII, 1º, pág. 173), de 12 de Outubro de 2000 (C.J., A.S.T.J., ano VIII, 3º, pág. 205), de 12 de Janeiro de 2000 (C.J., A.S.T.J., ano VIII, 2º, pág. 205) e 26 de Janeiro de 2000 (BMJ n.º 493, pág. 179)."*

no cúmulo jurídico superveniente será a originária, face à revogação do perdão [350], não sendo óbice à realização do mesmo [351].

Naturalmente se os factos que determinam a revogação do perdão são posteriores ao trânsito em julgado da decisão condenatória que aplicou a pena que foi, total ou parcialmente, perdoada, não existe concurso superveniente, nem possibilidade de cúmulo jurídico, já que estamos perante uma sucessão de penas.[352]

§ 112. Relativamente às penas prescritas, não obstante o legislador tenha suprimido o "trecho" que as mencionava expressamente, não parece que tenha pretendido alterar a posição pacífica de que a inclusão das mesmas no cúmulo jurídico é violadora da paz social do arguido. E a sua inclusão apenas seria prejudicial por alargar a moldura abstrata. A pena prescrita "não pode renascer, por qualquer via", pois "existe uma morte jurídica da pena para todos os efeitos e não se coloca qualquer problema de violação do princípio da igualdade", não podendo "ser atingida a paz jurídica do arguido decorrente da prescrição penal" (Paulo Dá Mesquita, O Concurso de Penas, pág. 90)[353].

---

[350] A competência da revogação do perdão é do tribunal que aplicou a pena perdoável, e não do tribunal da última condenação das penas em concurso (ac. da RL, Rel. Gonçalves Loureiro, processo n.º 0001425, 16.04.1996, consultado em www.dgsi.pt). *"Tendo sido revogado o perdão de que o arguido beneficiara em determinado processo e, tendo de cumprir a pena ou parte da pena (perdoada), há que proceder ao cúmulo jurídico desta pena com a que fora imposta noutro processo por crimes em relação de concurso com o primeiro"* (ac. da RL, Rel. Cabral Amaral, proc n.º 0080095, RL, 3.03.1998, consultado em www.dgsi.pt).

[351] Assim, a propósito do art. 4.º da Lei n.º29/99 ac. da RL, Rel. Des. Agostinho Torres, proc. n.º 75/2006-5, 9.05.2006, consultado em www.dgsi.pt.

[352] *"Condenado o arguido em 1994 em pena de prisão, de que lhe foi perdoado um ano por aplicação do disposto na alínea d) do n.1 do artigo 8 da Lei n.15/94, de 11 de Maio, pena essa que veio a integrar um cúmulo jurídico efectuado no mesmo processo, tendo o arguido saído em liberdade após o cumprimento da pena única, mas vindo novamente a ser condenado em 1999 na pena de 3 anos de prisão por crime ocorrido posteriormente a 1994, o que determinou a revogação do perdão anteriormente concedido, não há lugar ao cúmulo jurídico da pena aplicada em 1999 com a pena de 1 ano correspondente ao perdão revogado, por inaplicação das regras, dos artigos 77 e 78 do Código Penal, tratando-se de uma sucessão temporal de crimes a que corresponde uma sucessão de penas"*. Relator Conceição Gomes, proc n.º 0240026, RP, 29.05.2002, consultado em www.dgsi.pt

[353] No mesmo sentido GONÇALVES, Jorge Baptista, A revisão do Código Penal: alterações ao sistema sancionatório relativo às pessoas singulares, Revista do CEJ, n.º 8 (especial, pág. 30) e ANTUNES, Maria João, Consequências Jurídicas do Crime, pág. 60.

XXIV. Concurso de penas de multa

§ 113. As penas de multa também se cumulam juridicamente. Nos casos em que supervenientemente se constata que não foram consideradas todas aquelas em que o arguido tenha sido condenado, deverão englobar-se as que faltam, de modo a que, numa apreciação global da factualidade e da personalidade do arguido, se logre a aplicação de uma pena de multa única, que satisfaça as razões de prevenção geral e especial de forma proporcional, adequada e não excessiva, sem ultrapassar os limites da culpa.

§ 114. Nos casos em que as penas de multa têm taxas diárias diversas existe quem defenda que essas taxas estão abrangidas pelo caso julgado das penas parcelares, não podendo ser modificáveis, pelo que na pena única a aplicar deveria distribuir-se as taxas pelos dias fixados em proporção.
Outros entendem que a fixação da taxa diária deverá *partir* das taxas diárias fixadas nas penas parcelares estabelecendo um montante equitativo.
A resposta deverá buscar-se na *ratio* do cúmulo jurídico por conhecimento superveniente do concurso de crimes. Como já se analisou, através do cúmulo jurídico superveniente pretende-se que através de um juízo atualístico e atendendo à globalidade da factualidade e personalidade revelada, se determine uma pena única justa. Ao se reformular a pena única ou realizando o cúmulo jurídico de diversas penas parcelares de multa necessariamente a "segunda operação" (a 1.ª é a determinação da pena única) prende-se com a concretização da taxa diária ajustada, face às condições económico e sociais do arguido para que não se revele excessiva ou, pelo contrário, insuficiente para satisfazer as razões de prevenção. Assim, na realização do cúmulo jurídico atende-se aos dias de multa das penas parcelares para fixar a moldura abstrata, sendo estes os únicos limites intransponíveis do caso julgado fixados pela lei. Determinada a pena única existe plena liberdade para determinar a taxa diária mais adequada ao caso em concreto, em termos atualísticos.

§ 115. As penas de multa atenta a diversa natureza não são cumuláveis com as penas de prisão, ou penas de prisão substitutivas, mesmo que se trate de pena de prisão substituída por multa, mantendo-se a diferente natureza na decisão do cúmulo, verificando-se pois uma acumulação material (cfr. art. 77.º, n.º 3 do Código Penal).

As penas de multa serão cumuladas juridicamente com outras penas de multa, inclusive as declaradas extintas pelo seu cumprimento, e mesmo que se tratem de penas de multa convertidas em prisão subsidiária[354]. A pena de multa deve ser cumulada juridicamente com as penas de multa convertidas em penas de prisão subsidiária, mesmo que esta já tenha sido total ou parcialmente cumprida (realizando-se o respetivo desconto cfr. art. 78.º, n.º 1 do Código Penal), ou esteja suspensa na sua execução, e mesmo que o arguido não manifeste interesse na realização da audiência de cúmulo e prolação de decisão cumulatória[355]. Deverá fixar-se uma pena de multa única, e o arguido passará a dispor do prazo de 15 dias para pagamento, o que o beneficiará nas situações em que existam penas de multa parcelares convertidas em prisão subsidiária, mas que ainda não tenham sido executadas.

Sobre esta matéria confronte-se XIX.

§ 116. Como já assinalado as penas de multa convertidas em prisão subsidiária devem ser descontadas na pena única de multa não se cumulando

---

[354] A conversão em prisão subsidiária, não tem o condão de por si, alterar a natureza da pena principal, que é uma multa. Trata-se de situação totalmente distinta de uma pena de prisão, aplicada a título principal, ou por revogação da pena substitutiva. Estamos no domínio da execução da pena de multa, tendo o legislador estabelecido um regime específico e operando aqui a pena de prisão como uma sanção para o não pagamento da multa. A diluição resultante da realização de um cúmulo jurídico com outras penas de prisão, adulterava essa intenção do legislador. Acresce que, tal posição, geraria decisões cumulatórias instáveis, uma vez que a todo o tempo, podendo efetuar o pagamento da pena de multa, tal implicaria a reformulação do cúmulo jurídico. Ademais, sempre suscitaria intrincadas e complexas operações para determinar qual o montante a pagar para se considerar cumprida a pena de multa. E por fim, não se afigura legalmente admissível, a fixação de penas alternativas e condicionais para o caso de vir a ser paga a pena de multa.

[355] Assim, ac. da RE, Rel. Des. Ana Barata Brito, proc n.º 80/09.3GBTVR-A.E1, 16.4.2013, consultado em www.dgsi.pt: " *O cúmulo jurídico de penas de multa correspondentes a crimes em concurso efectivo é obrigatório, devendo englobar também as multas cumpridas e extintas. (...) O condenado tem direito à pena única, (...) Achando-se cumpridas e, nessa medida, extintas duas das penas de multa a integrar num cúmulo, mas permanecendo por cumprir ainda uma terceira, não pode considerar-se que essa audiência se traduzirá numa inutilidade, sendo incontroverso que o cúmulo jurídico beneficiará o arguido, pois as multas cumpridas descontam-se "no cumprimento da pena única aplicada ao concurso de crimes". (...) Também o eventual desinteresse do arguido na realização da audiência nunca seria critério de decisão quanto à sua (in)utilidade. A audiência a que se refere o art. 472º do Código de Processo Penal é obrigatória, sendo o arguido aí assistido ou representado pelo defensor.*"

juridicamente com as penas de prisão[356], nem devendo efetuar-se nenhum desconto à pena de prisão única. Daí que, nos casos em que a pena de multa convertida em prisão subsidiária e já cumprida, está em concurso com outras penas de prisão, não há nenhum interesse e necessidade em ser englobada na decisão cumulatória. É que não existindo outras penas de multa, nenhuma consequência surtirá, nomeadamente, para efeitos de desconto[357]. Veja-se VIII e XIX.

XXV. Concurso de penas e pena relativamente indeterminada

§ 117. A propósito do concurso de infrações e de condenação em pena relativamente indeterminada, já numa decisão de 1992 se afirmava que não *"constitui obstáculo à efectivação de cúmulo jurídico em obediência ao ditame dos artigos 78.º n.º 1 e 79.º do Código Penal, a circunstância de uma das penas ser relativamente indeterminada"*[358].

Seguindo os ensinamentos de Maria João Antunes nas situações de concurso de crimes, em que quanto a alguns deles foram aplicadas penas e a outros penas relativamente indeterminadas, deve considerar-se as penas concretas aplicadas a cada um dos crimes em concurso e quanto à pena relativamente indeterminada, deverá considerar-se a pena que em **concreto** caberia ao crime cometido. A moldura abstrata do concurso é calculada nos termos do art. 77.º n.º 2 do CP. Seguidamente fixa-se uma pena única,

---

[356] (...) *"será praticamente pacífico (ou quase) que uma pena de prisão subsidiária de multa inicialmente aplicada mas não cumprida não passa a ser a pena principal e por isso não será cabível, ela mesmo, em cúmulo jurídico com outras penas de prisão por crimes em concurso, dadas as naturezas diferenciadas"* (Relator Agostinho Torres, proc. n.º 75/2006-5, RL, 9.05.2006, consultado em www.dgsi.pt).

[357] *"I – No acórdão recorrido não foi considerada, para efeitos de cúmulo jurídico de penas, uma pena de multa. Ora, apesar de posteriormente convertida em pena de prisão subsidiária reduzida a 2/3, nos termos do disposto no art. 49.º, n.º 1, do CP, tal pena conserva a sua natureza originária de pena de multa, mesmo que tendo sido, como foi, executada, em conformidade com o estatuído no n.º 3 do mesmo normativo. Sendo assim, a pena referida, mesmo que entrasse no cúmulo jurídico, não seria descontada na pena de prisão, tanto mais que, as penas de diferente natureza, sendo umas de prisão e outras de multa, conservam essa distinta natureza na operação de cúmulo. II – Por conseguinte, tendo essa pena sido declarada extinta pelo cumprimento e não havendo outras penas de multa nas quais fosse de considerar o cumprimento daquela, não subsistia interesse na sua inclusão no referido cúmulo jurídico"* (Ac. do STJ, Rel. Cons. Rodrigues da Costa, proc n.º 218/06.2PEPDL.L3.S1, 10.1.2013, consultado em www.dgsi).

[358] Ac. da RP, processo n.º 9140897, 29.01.1992, consultado em www.dgsi.pt.

considerando os factos no conjunto e a personalidade do arguido (cfr. art. 77.º, n.º 1 do CP). A determinação da pena relativamente indeterminada é a partir da pena conjunta encontrada na operação anterior, nos termos dos arts. 83.º n.º 2 e 84.º nº 2 do CP, o que significa que a pena relativamente indeterminada terá um mínimo que correspondente a 2/3 da pena única de prisão que concretamente caberia ao concurso de crimes e um máximo correspondente a esta pena acrescida de 6 ou 4 anos, respetivamente[359]. Em suma, em primeiro determina-se a pena única e depois fixa-se a pena relativamente indeterminada. No entanto, o procedimento acima assinalado apenas será possível se em relação a todos os crimes se verificarem os pressupostos formais – "prática de certo número de crimes, doloso, aos quais corresponda ou tenha correspondido prisão efectiva ou prisão efectiva por certo tempo, deixando qualquer crime de contar quando entre a sua prática e do crime tiverem decorrido mais de 5 anos" – e os pressupostos materiais – "acentuada inclinação para o crime resultante da análise conjunta dos factos e personalidade do agente" – necessários para aplicar uma pena relativamente indeterminada pelo que, se por exemplo, apenas se preencherem os pressupostos para aplicação de uma pena relativamente indeterminada em relação a um deles, esta deve acumular com a pena única aplicada aos outros crimes[360]. Como salienta Maria João Antunes aplicar uma pena relativamente indeterminada quando não se verificassem os pressupostos formais e materiais para essa punição em relação a todos os crimes feria o princípio da legalidade (arts. 1.º e 2.º do CP). E seguindo os ensinamentos dessa mesma Autora a acumulação material entre uma pena e uma pena relativamente indeterminada, ou uma entre uma pena única e uma pena relativamente indeterminada ou entre duas penas únicas, sendo que uma delas uma pena única indeterminada, justifica-se pelo facto da pena relativamente indeterminada se autononomizar da pena de prisão determinada, tratando-se de uma sanção de natureza mista (primeiro atende-se às regras da execução de penas e depois de cumprir a pena que concretamente caberia ao crime cometido é executada segundo as regras próprias da medida de segurança).

---

[359] Ac. STJ 19/4/95, anotado por ANTUNES, Maria João, RPCC 6, 1996, fasc. 2, p. 314 e ss; ver também ac. STJ 5/2/2003, Rel. Cons. Pereira Madeira.
[360] ANTUNES, Maria João, ob. citada, páginas 317 a 320.

XXVI. Cúmulo jurídico das penas acessórias

§ 118. O artigo 77º do Código Penal dedica às penas acessórias o seu número 4, no qual se enuncia que *"as penas acessórias e as medidas de segurança são sempre aplicadas ao agente, ainda que previstas por uma só das leis aplicáveis"*. Por sua vez, o artigo 78º do mesmo diploma – que versa sobre o conhecimento superveniente do concurso – refere-se às penas acessórias no seu nº 3, dispondo que *"as penas acessórias e as medidas de segurança aplicadas [se] mantêm, salvo quando se mostrarem desnecessárias em vista da nova decisão; se forem aplicáveis apenas ao crime que falta apreciar, só são decretadas se ainda forem necessárias em face da decisão anterior"*.

§ 119. Existem divergências na doutrina e jurisprudência sobre a possibilidade das penas acessórias poderem ser cumuladas juridicamente.
A posição daqueles que defendem que as penas acessórias não podem ser cumuladas juridicamente, mas apenas acumuladas materialmente, assenta essencialmente na argumentação de que o legislador disciplinou expressamente e normativamente esta matéria. Assim, no caso de concurso de infracções o art. 77.º, n.º 4 do Código Penal, impõe a aplicação de uma pena acessória ao agente ainda que prevista por uma só das leis aplicáveis. Já o art. 78.º, n.º 3 do Código Penal estabelece como regra a manutenção das penas acessórias aplicadas na sentença anterior admitindo porém, a título excepcional, a sua revogação por desnecessidade face ao teor da nova decisão e, sendo unicamente aplicáveis ao crime que falta apreciar só serão decretadas se ainda foram necessárias em face da decisão anterior. Perante esta "regulamentação" normativa e inexistindo qualquer lacuna seria contra-legem uma interpretação diversa. A nível das penas acessórias de proibição de conduzir argumenta-se com a incongruência relativamente ao Código de Estrada, onde se encontra consagrado que as sanções acessórias de inibição de conduzir são acumuladas materialmente[361].

---

[361] No sentido de que as penas acessórias não podem ser cumuladas juridicamente, apenas materialmente, veja-se ALBUQUERQUE, Paulo Pinto de, in Comentário do Código Penal, 2008, UCE, pág. 226, DIAS, J.Figueiredo, As Consequências Jurídicas..., pág. 292, §423. Na jurisprudência, entre outros, ac. da RP, Rel. Des. Maria Dolores Silva e Sousa, proc. n.º 1316/10.3PTPRT.P2, 13.3.2013, consultado em www.dgsi.pt.

§ 120. Entendemos contudo que é mais correto em termos hermenêuticos a interpretação que admite o cúmulo jurídico das penas acessórias (da mesma natureza), originária ou supervenientemente, pelos seguintes motivos:

1. As penas acessórias são "verdadeiras" penas, encontrando-se intrinsecamente ligadas ao facto praticado e à culpa do agente, pelo que são aplicáveis com as devidas adaptações, as disposições dos artigos 77º e 78º do Código Penal, devendo as mesmas serem cumuladas juridicamente e na determinação da medida da pena conjunta (conforme estabelece o n.º 1 do art. 77.º do CP), serão considerados em conjunto os factos e a personalidade do agente, tendo-se em conta o número, espécie e gravidade dos factos[362]

2. Da letra da lei não é possível extrair que as penas acessórias não podem ser cumuladas juridicamente. O que resulta do n.º 4 do art. 77.º do CP é que as penas acessórias *são sempre aplicadas em caso de concurso, mesmo que uma das incriminações não preveja a pena acessória como coadjuvante da pena principal*. E no que se reporta ao n.º 3 do artigo 78.º *"parece visar prevenir situações de pura redundância, como sucederá – quedando-nos pelo direito penal rodoviário – quanto a um dos crimes tiver sido aplicada a pena acessória de proibição de conduzir e a outro uma medida de segurança de cassação ou de interdição da concessão do título de condução de veículo a motor, sendo, então, de considerar que a primeira se torna desnecessária face à segunda*[363]. Ou seja, o n.º 4 do art. 77.º e n.º 3 do art. 78.º do CP só disciplinam aquelas situações em que as penas acessórias não concorrem entre si. O n.º 4 do art. 77.º do CP "afirma" que a pena acessória se aplica, mesmo que a pena principal de que é coadjuvante se cumule juridicamente com outra pena principal, cujo crime a que se reporta, não preveja a possibilidade de pena acessória. No caso do n.º 3 do art. 78.º do CP verifica-se uma determinada circunstância que afasta a necessidade da aplicação da pena acessória, por exemplo quando se aplica uma medida de segurança que em termos finalísticos acaba por afastar o perigo que se pretendia tutelar com a pena acessória[364]. O facto de se referir

---

[362] Ac. do STJ, Rel. Cons. Oliveira Mendes, proc. n.º 15/08.0GAVRL.P1.S1, 31.10.2012, consultado em www.dgsi.pt.

[363] Ac da RP, Rel. Des. Vítor Morgado, proc. 969/12.2PWPRT.P1, 11.12.2013, consultado em www.dgsi.pt.

[364] *"Pode, pois, dizer-se que tais preceitos só singularizam as penas acessórias relativamente a situações em que estas não concorrem entre si, estando apenas adjacentes a uma das penas principais."* (Ac da RP, Rel. Des. Vítor Morgado, proc. 969/12.2PWPRT.P1, 11.12.2013, consultado em www.dgsi.pt).

expressamente às penas acessórias em dois preceitos, significa apenas que quis particularizar as situações descritas nas normas do n.º 4 do art. 77.º e n.º 3 do art. 78.º do CP nos termos enunciados, mas não excecionar das regras gerais previstas nos demais preceitos.

3. Seria uma incoerência permitir o cúmulo jurídico das penas principais e não das penas acessórias que são "verdadeiras" penas. O argumento de que tal é incoerente com o regime do Código de Estrada, aqui nos reportando à pena acessória de proibição de conduzir (pois aquele prevê a acumulação material da sanção acessória de inibição de conduzir) é uma falácia. Na verdade, o art. 134.º, n.º 3 do CE manda cumular materialmente todas as sanções aplicáveis a contraordenações previstas no mesmo diploma e não só as acessórias e nem por isso se deve defender *"que as penas aplicáveis aos crimes rodoviários se cumulem materialmente"*[365]. Também não se pode afirmar que a "defesa" de que as penas acessórias se cumulam juridicamente é mais benéfico para o agente e mais gravoso o resultante do regime contraordenacional. O desvalor social de quem pratica um crime é sempre maior e as molduras abstratas em regra são mais gravosas [366]. Mais gravoso e incoerente é defender a nível do regime penal uma diferenciação entre as penas principais e as penas acessórias, quanto à realização do cúmulo jurídico[367]. Ademais, *"o art.º 134.º, n.º 3, do Código da Estrada, é uma norma especial, que se aplica às sanções previstas no Código da Estrada e no âmbito das contra-ordenações rodoviárias. Mesmo no regime geral das contra-ordenações e coimas aprovado pelo DL 433/82, de 27/10, na versão actual, prevê-se também uma regra de cúmulo jurídico das coimas, o que também se aplica às sanções acessórias, atento o princípio da acessoriedade (cfr. o seu art.º 19.º e sgs)*[368].

4. Sendo a pena acessória uma "verdadeira pena", nunca pode exceder a medida da culpa, nem se revelar desproporcional, o que sucederá caso se defenda uma acumulação material, pois só o cúmulo jurídico, permitindo

---

[365] Ac da RP, Rel. Des. Vítor Morgado, proc. 969/12.2PWPRT.P1, 11.12.2013, consultado em www.dgsi.pt.

[366] Também salientando este aspeto no domínio dos ilícitos fiscais continuados SILVA, Germano Marques, Direito Penal Tributário, pág. 74 Universidade Católica Editora.

[367] Ac. da RP, Rel. Des. Ernesto Nascimento, proc. n.º 151/11.6PTPRT.P1, 3.4.2013, RP, consultado em www.dgsi.pt.

[368] Ac. da RP, Rel. Des. Donas Botto, proc. n.º 387/12.2PTPRT.P1, 30.10.2013, consultado em www.dgsi.pt.

visualizar a imagem global do ilícito, permite ajustar a medida da pena acessória às necessidades de prevenção geral, especial e ilícito e culpa global do agente[369]. Entendimento diverso pode determinar a aplicação de penas desproporcionadas e excedendo largamente a culpa do agente. Ou seja, as mesmas desvantagens imputadas ao sistema da acumulação material das penas principais é aplicável *mutatis mutandi* às penas acessórias. Uma vez que legislador penal é claro que nenhuma pena pode exceder a medida da culpa e a Constituição impõe penas proporcionais, necessárias e não excessivas (art. 18.º da CRP) não se vislumbra que o legislador tenha pretendido que as penas acessórias se afastassem desses princípios[370].

XXVII. Cúmulo jurídico superveniente de penas aplicadas às pessoas coletivas

§ 121 As penas principais que podem ser aplicadas às pessoas coletivas e entidades equiparadas são as penas de multa ou de dissolução (cfr. art. 90.º-A, n.º 1 do CP). As penas de multa podem ser substituídas pelas penas substitutivas de admoestação, caução de boa conduta e vigilância judiciária (art. 90.º-C a 90.º-E do CP). Relativamente ao concurso de penas de multa, concurso entre penas de multa e penas substitutivas da pena de multa e

---

[369] Neste sentido Faria Costa em «Penas acessórias: cúmulo jurídico ou cúmulo material? [a resposta que a lei (não) dá]», publicado na Revista de Legislação e de Jurisprudência, Ano 136.º, n.º 3945, Julho-Agosto de 2007, páginas 322 a 328. Salientando este aspeto veja-se também ac. da RC, Rel. Des. Jorge Gonçalves, proc226/08.9GTCBR-A.C1, 9.09.2009, consultado em www.dgsi.pt

[370] Assim, ac. da RP, Rel. Des. Ernesto Nascimento, proc. n.º 151/11.6PTPRT.P1, 3.4.2013, consultado em www.dgsi.pt, defendendo que em termos de interpretação, quer gramatical, teleológica ou racional parece a interpretação mais curial. No mesmo sentido ac. da RP, Rel. Des. Donas Botto, proc. n.º 387/12.2PTPRT.P1, 30.10.2013, consultado em www.dgsi.pt: "As penas acessórias, porque de verdadeiras penas se trata, devem ser cumuladas juridicamente." *o legislador não previu o tratamento a dar às penas acessórias aplicadas em sede de crimes que se encontrem em situação de concurso real (...) não obstante a pena acessória ter, face à pena principal, uma função mais restrita, a determinação da sua medida é ainda feita por recurso aos critérios gerais constantes do art. 71.º do Código Penal. (...)se fosse de efectuar o cúmulo material das referidas penas acessórias, estar-se--ia a tratar a pena acessória de forma muito mais severa que a própria pena principal. Assim, a fixação das penas acessórias tem que funcionar dentro dos limites da culpa e visando, tal como a pena principal, exigências de prevenção".

desconto vide VIII, IX e XIV. Em síntese: a) no cúmulo de penas de multa deve proceder-se ao desconto das penas de multa parcelares cumpridas total ou parcialmente; b) as penas substitutivas das penas de multa também são abarcadas pelo cúmulo, considerando-se os dias de multa aplicadas a título principal, sendo que a final se decidirá da aplicação de uma pena substitutiva; c) as penas de substituição já declaradas extintas não podem ser descontadas na pena única, razão pelo qual não devem ser consideradas no cúmulo jurídico, sob pena de alargar em prejuízo da arguida sociedade a moldura abstrata.

§ 122. Podem ser aplicadas como penas acessórias a injunção judiciária, interdição do exercício de atividade, proibição de celebrar certos contratos ou contratos com determinadas entidades, privação do direito a subsídios, subvenções ou incentivos, encerramento de estabelecimento, publicidade de decisão condenatória (cfr. art. 90.º-A, n.º 2 do CP). Relativamente a idênticas penas acessórias deverão ser cumuladas juridicamente. Nos restantes casos serão cumuladas materialmente, mantendo-se na pena única exceto no caso de se revelarem desnecessárias (v.g. proibição de atividade quando foi determinada a dissolução).

§ 123. A pena de dissolução não é passível de cúmulo jurídico com a pena de multa, devendo existir uma acumulação material. Responderá pela pena de multa o património (em liquidação), cfr. art. 127.º, n.º 2 do CP.

§ 124. Aplicada a pena única poderá proceder-se à publicação nos casos previstos no art. 90.º-M do CP.

§ 125. Estabelece o art. 77.º, n.º 2 do CP que no caso do cúmulo jurídico superveniente de penas de multa o limite máximo da moldura abstrata são 900 dias. Esta norma não foi alterada com a reforma de 2007, criando-se uma incongruência perante a punição prevista no art. 90.º-B, n.ºs 1 e 2 do CP, que estabelece limites máximos de pena de multa para as pessoas coletivas que podem ultrapassar a pena prevista para os casos de conhecimento superveniente de concurso de crimes.
Embora não tenha sido "criado" um normativo específico acompanhamos Nuno Brandão quando enuncia que deverá considerar-se como limite máximo da moldura abstrata de penas de multa aplicadas a pessoas

coletivas nas situações de cúmulo jurídico o correspetivo a 25 anos de prisão, ou seja, 3000 dias de multa[371].

XXVIII. Concurso de medidas de segurança

§ 126. Se ao arguido tiverem sido aplicadas várias medidas de segurança poderá o tribunal da última condenação realizar um "cúmulo jurídico" das mesmas. Existe quem entenda que n.º 3 do art. 78.º do CP demonstra que as medidas de segurança não podem ser "cumuladas".

Como primeiro tópico importa ressaltar que o art. 78.º, n.º 3 do Código Penal visa solucionar os casos em que existe um concurso entre penas e medidas de segurança e não se refere aos casos de "concurso" de medidas de segurança.

Ademais, não obstante quando estão em causa medidas de segurança não possa ser convocado literalmente o art. 78.º do Código Penal (já que está expressamente vocacionado para o cúmulo jurídico por conhecimento superveniente do concurso de crimes), não significa que o legislador pretendesse excluir a aplicação de uma medida de segurança única para os casos de conhecimento superveniente de um concurso de medidas de segurança. Se assim não fosse geraria-se uma flagrante desigualdade com os inimputáveis que foram julgados contemporaneamente por todos os factos ilícitos típicos que cometeram e foram sujeitos a uma só medida de segurança.

É certo que não é possível "construir" a moldura abstrata prevista no art. 77.º do Código Penal, já que não existe um *quantum* exato das medidas de segurança (apenas é estabelecido um limite mínimo e máximo). Contudo, afigura-se-nos que as razões subjacentes à aplicação de uma pena única justificam a aplicação de uma medida de segurança única. O tribunal da última condenação tem uma visão global dos ilícitos típicos praticados pelo arguido o que lhe permite percecionar melhor a sua perigosidade. Está assim em melhores condições para aplicar uma medida de

---

[371] BRANDÃO, Nuno, O Regime Sancionatório das Pessoas Colectivas na Revisão do Código Penal, Jornadas sobre a Revisão do Código Penal, CEJ, n.º 8. Embora não existindo norma expressa para pessoas coletivas as regras do cúmulo jurídico superveniente deverão ser aplicadas por analogia, admissível por ser in bonam partem, como também defende aquele Autor.

segurança proporcional e conforme às necessidades de prevenção geral e especial do condenado (v.g. aplicação de internamento psiquiátrico, não obstante terem sido aplicadas medidas de segurança que suspendiam esse internamento, ou vice-versa)[372].

Deve ser fixada uma medida de segurança única[373] apreciando globalmente a conduta do arguido, definindo um limite mínimo e máximo de acordo com o estatuído nos artigos 91.º e 92.º do Código Penal e atendendo ao facto ilícito típico a que corresponda a moldura abstrata mais grave[374].

No entanto, não será aplicável o pressuposto exigido no art. 78.º do CP quanto à anterioridade da prática do facto ilícito típico em relação ao trânsito em julgado da decisão que aplicou outra medida de segurança. No caso de inimputáveis justifica-se a aplicação de uma medida de segurança única mesmo que os factos típicos ilícitos sejam posteriores. Existirá assim uma *"aplicação analógica não perfeita das normas dos arts. 30.º, 77.º e 78.º do CP à efectivação de um "cúmulo" entre medidas de segurança"*[375].

No que se reporta à forma de execução da pena e da medida de segurança privativa da liberdade encontra-se disciplinado no art. 99.º do Código Penal.

---

[372] *"Nesta perspectiva, o tribunal que procede à última apreciação, pela submissão a julgamento de novos factos ilícitos típicos entretanto praticados pelo mesmo agente, ou só posteriormente conhecidos, é o que está em condições de fazer a tal avaliação conjunta, para o efeito de determinar, à luz global dos factos e do agente, a medida adequada, bem como a especificação do tipo de instituição em que deve ser cumprido o internamento, nos termos do n.º 1 do art. 501.º do CPP"* (Ac. do STJ, Rel. Cons. Rodrigues da Costa, proc. n.º 1638/2004, 23.09.2004. consultado em www.verbojuridico.com/jurisp_stj/integral/2004/stj04_1638.html).
[373] Ac. do STJ, Rel. Cons. Rodrigues da Costa, proc. n.º 1638/2004, 23.09.2004. consultado em www.verbojuridico.com/jurisp_stj/integral/2004/stj04_1638.html e Ac. do STJ, de 8/7/03, publicado na CJ – ACS STJ – Ano XI, T. 2.º,p. 236 e ss., e de que foi relator o Conselheiro Carmona da Mota.
[374] Assim VEIGA, António Miguel, "Concurso" de crimes por inimputáveis em virtude de anomalia psíquica: "cúmulo" de medidas de segurança?, JULGAR, n.º 23, pág. 264.
[375] VEIGA, António Miguel, "Concurso" de crimes por inimputáveis em virtude de anomalia psíquica: "cúmulo" de medidas de segurança?, JULGAR, n.º 23, pág. 264.

XXIX. Concurso entre crimes e contra-ordenações e concurso de coimas

§ 127. Se um facto constituir simultaneamente crime e contraordenação o agente é sempre punido a título de crime, sem prejuízo da aplicação das *sanções acessórias previstas para a contra-ordenação* (art. 20.º, 82.º e 90.º, n.º 2 do DL nº 433/82). Contudo, deve atender-se a regimes especiais, como seja o art. 134.º do CE e outros em legislação dispersa.

§ 128. Em caso de concurso entre várias coimas o art. 19.º do DL nº 433/82 estabelece as diretrizes para o cúmulo "jurídico". A moldura terá como limite mínimo a mais elevada das coimas concretamente aplicadas às várias contra-ordenações e como limite máximo a soma das coimas concretamente aplicadas às infrações em concurso, não podendo a coima final aplicável ultrapassar o dobro do limite máximo mais elevado das contra-ordenações em concurso. No entanto, existem normas especiais, como seja a nível do Código de Estrada, que no seu art. 134.º, n.º 3 determina que exista uma acumulação material, ou seja, somam-se todas as coimas.

§ 129. Cabe aqui destacar, pela sua relevância prática, o concurso entre contra-ordenações conexas com crimes, no âmbito do Código de Estrada. Quando as contra-ordenações são causais do acidente que deu origem ao crime opera-se a consunção e só há lugar à punição pelo crime. Caso contrário, as contra-ordenações são autónomas da conduta criminosa, e embora mantendo uma conexão objetiva ou subjetiva, são também sancionadas autonomamente. O mesmo se passa em relação ao crime do art. 291.º CP (condução perigosa de veiculo rodoviário)[376]. Mas, há posições diferentes na jurisprudência sobre este mesmo assunto.

---

[376] Maria do Carmos Silva Dias, apontamentos do CEJ, 2006. Neste sentido ac. TRL 24/2/99, sumariado BMJ 484/433. Em sentido contrário Ac. TRC 19/5/99, CJ 1999, III, 51, defendendo o concurso real, mesmo que sejam contra-ordenações causais porque estas protegem uma pluralidade de bens jurídicos que vão além do protegido pelo crime, não sendo suficiente a sanção acessória do art. 69.º do CP. Germano Marques da Silva defende que basta que os factos relativos à contra-ordenação constituam elementos do crime para operar a consunção (Crimes Rodoviários/Penas Acessórias e Medidas de Segurança, Universidade Católica Editora, pág. 42).

§ 130. No caso de concurso entre pena acessória do Código Penal e sanção acessória da contra-ordenação rege o art. 20º. do DL 433/82. O art. 20º do DL 433/82 tem de ser interpretado em termos amplos, sob pena de o agente ser punido plurimamente com sanções de conteúdo material idêntico pela prática do mesmo facto. Sendo o facto o mesmo, e as sanções tendo conteúdo e finalidades idênticas, não se justifica uma acumulação material. Está em causa o *princípio ne bis in idem e a desnecessidade da dupla intervenção do Estado* (art. 18.º, n.º 2 da CRP), quando os bens jurídicos que se visam tutelar com a sanção acessória (ainda que de forma mediata ou antecipada), forem idênticas ao da pena acessória. Já será de admitir a acumulação material quando a contra-ordenação e sanção acessória se destinar a proteger bens jurídicos diferentes ou outros distintos para além dos tutelados na incriminação penal.

§ 131. No caso de sanções acessórias aplicadas nos termos do Código da Estrada o n.º 3 do art. 134.º dispõe claramente que *"As sanções aplicadas às contra-ordenações em concurso são sempre cumuladas materialmente"*, afastando expressamente a possibilidade de realizar cúmulo jurídico, incluindo as sanções acessórias de inibição de conduzir, determinado que nestes casos se realize uma acumulação material[377].

XXX. Início da contagem dos prazos de prescrição

§ 132. A questão que se poderá equacionar é se, com a determinação de uma pena conjunta, o prazo prescricional a atender é em função da espécie e medida da pena conjunta ou se, porventura, é possível aplicar os prazos de prescrição às penas parcelares.

---

[377] Ac da R.G., Rel. Des. Nazaré Saraiva, proc. n.º 2243/04-1, 10.02.2005, consultado em www.dgsi.pt : *"Havendo lugar à aplicação simultânea de duas sanções acessórias pela prática de duas contra--ordenações estradais sancionadas nos termos do Código da Estrada, coincidentes no tempo e no espaço, não há lugar à realização de qualquer cúmulo jurídico em relação a ambas (...)o legislador do Código da Estrada, de forma expressa, afasta a possibilidade da efectivação do cúmulo jurídico no que concerne às sanções estabelecidas, incluindo, pois, as sanções acessórias de inibição de conduzir, ou seja, a possibilidade de estabelecer uma sanção conjunta, optando pela acumulação material, em que as regras da punição operam exclusivamente por referência a cada uma das contra-ordenações em concurso, ou seja, em que cada uma das penas aplicadas conserva toda a sua individualidade."*

Primeiro ponto de ordem é que sendo o cúmulo jurídico superveniente uma "operação" que engloba várias penas aplicadas em diversas decisões condenatórias transitadas em julgado a prescrição do procedimento criminal deverá ser suscitado nesses processos.

Atentemos agora na prescrição das penas.

Se existem penas parcelares que prescreveram pelo decurso do tempo o tribunal deve declará-las extintas não podendo incluí-las no cúmulo a realizar[378].

Situação diversa é se, após a aplicação de uma pena única, o arguido vem invocar a prescrição de todas ou várias penas parcelares, "efectuando" a contagem a partir do trânsito em julgado das diversas decisões parcelares condenatórias.

Ora, neste caso, com a realização do cúmulo jurídico superveniente e trânsito em julgado da decisão que concretizou a pena única, as penas parcelares perdem toda a sua autonomia, razão pelo qual os prazos de prescrição apenas a esta podem atender. Não vislumbramos que artigo 122.º, n.º 2, do Código Penal, onde se afirma: *"2. O prazo de prescrição começa a correr no dia em que transitar em julgado a decisão que tiver aplicado a pena"*, admita qualquer outro tipo de interpretação. O legislador é muito claro em estipular o início da contagem na data do trânsito em julgado da decisão que tiver aplicado a pena, quer seja pena singular, quer seja a pena conjunta, resultante de um cúmulo jurídico contemporâneo ou superveniente[379].

Aliás, impondo o legislador a realização do cúmulo jurídico superveniente,

---

[378] A melhor interpretação do artigo 78.º, n.º 1, do Código Penal, é no sentido de não incluir no cúmulo jurídico as penas já prescritas. Ver § 112.

[379] *" Em caso de cúmulo jurídico de penas, o prazo de prescrição da pena conta-se a partir do trânsito em julgado da decisão que opera o cúmulo e acha-se em função da medida da pena única. (...) A particularidade do sistema do cúmulo jurídico reside, precisamente, na avaliação conjunta da personalidade do agente e dos factos concretos para fundamentar a constituição de uma pena única, obtida por combinação das penas parcelares e às quais se sobrepõe, erigindo-se como única referência de punição. É essa pena única resultante da operação do cúmulo que o recorrente terá de cumprir; e é em função da sua medida e da data do seu trânsito em julgado que se acham e se contam os prazos de prescrição respectivos [artigo 122.º, n.º 1, alínea d) e 2, do Código Penal] uma vez que até à realização do cúmulo nenhuma das penas parcelares havia prescrito. Vão nesse sentido, na jurisprudência e na doutrina:. O acórdão do Supremo Tribunal de Justiça, de 19.04.2007 [Relator: Pereira Madeira], processo 07P1431, inhttp://www.dgsi.pt/jstj.nsf/Pesquisa+Campo?OpenForm, acedido em Janeiro de 2008"* (Ac da RP, Rel. Des. Artur Oliveira, proc. n.º 0840088, 20.02.2008, consultado em www.dgsi.pt). Aparentemente em sentido diverso no que se reporta às penas de multa Ac da RE, Rel. João Gomes de Sousa, proc. n.º 1.715/03.7PBFAR.E1, 15.10.2013, consultado em

sem excecionar a manutenção de quaisquer efeitos das penas parcelares (destarte prescrição), entendimento contrário violaria frontalmente as finalidades do instituto, que responde não só à necessidade de definir a culpa conjunta, mas tem presente as necessidade de prevenção geral ou especial, que poderiam sair defraudadas, caso a contagem dos prazos de prescrição das penas parcelares não fosse "absorvida" pela reformulação das penas.

XXXI. Cúmulo jurídico com penas aplicadas no estrangeiro

§ 133. Relativamente à relevância das penas ou privações da liberdade aplicadas no estrangeiro existem dois normativos que podem ser chamados à colação. Ao contrário do cúmulo jurídico, no que se reporta à reincidência e desconto o Código Penal consagra a sua "operatividade". Assim, nos termos do art. 75.º, n.º 3 do CP "as condenações proferida por tribunais estrangeiros contam para a reincidência, desde que o facto constitua crime segundo a lei portuguesa". E o art. 82.º do CP determina o desconto da medida processual ou pena que o agente tenha sofrido, pelo mesmo, ou pelos mesmos factos, no estrangeiro. Este último normativo explica-se pela proibição do ne bis in idem e a relevância para efeito de reincidência assenta na necessidade de prevenção inerente à punição. Desde que os factos sejam punidos segundo a lei portuguesa a análise global dos crimes, independentemente do local, permite melhor percecionar e determinar a medida da pena.

Já quanto ao cúmulo jurídico não existe norma expressa. Será possível a aplicação de um cúmulo jurídico com penas aplicadas no estrangeiro? Atualmente não. Na verdade, desde logo ao "englobar" uma pena estrangeira o Tribunal Português ultrapassaria claramente a sua jurisdição, pelo que nenhum efeito teria no processo daquela pena parcelar. Em termos pragmáticos, e caso fosse possível, implicaria uma forte interligação e comunicação entre ambos os processos, o que por vezes se revelaria impossível. Seria, contudo, aconselhável, que a nível da UE fosse consagrada uma Diretiva que permitisse a realização de cúmulos jurídicos entre penas aplicadas nos Estados Membros. No entanto, face à diversidade de

---

www.dgsi.pt: *"I – No caso de penas de multa, refazer o cúmulo de penas não altera o início de contagem – já iniciada – de prazo de prescrição da pena aplicada em decisão judicial já transitada."*

ordenamentos jurídicos e de regras de cúmulo, será tarefa que implicará um esforço de uniformização por parte de todos os países.

XXXII. Cúmulo jurídico de medidas tutelares educativas

§ 134. A Lei 4/2015, de 15 de Janeiro, consagrou no art. 8.º, n.º 4 da LTE a necessidade de realização de cúmulo jurídico de medidas tutelares educativas de internamente aplicadas ao mesmo menor "nos termos previstos na lei penal".

A norma é muito simplista para as questões que suscita, já que a lei penal para além de não estar "vocacionada" para medidas de índole tutelar educativo, consagra soluções que não são, pelo menos diretamente, de aplicação no processo tutelar educativo.

No que concerne ao aspeto processual, não exige a lei tutelar educativa uma "audiência de cúmulo". Impõe contudo que seja ouvido o MP, Defensor e Criança.

Relativamente às molduras abstratas não será de aplicação o limite máximo de 25 anos. Na verdade, as medidas de internamento têm uma duração mínima de seis meses e máxima de dois anos (art. 18.º da LTE), podendo a medida de internamento em regime fechado ter a duração máxima de três anos. Assim, nada impede o cúmulo jurídico de medidas de internamento em regime aberto, semiaberto ou fechado (a lei apenas exige que sejam medidas de internamento). Realizado o cúmulo caso o juiz entenda adequado uma medida de internamento em regime fechado e verificando-se o disposto no n.º 3 do art. 18.º da LTE poderá aplicá-la com uma duração até três anos, se o menor tiver praticado pelo menos um facto que se subsuma nessa norma.

Por outro lado, a avaliação global dos factos praticados pelo menor e a sua personalidade deverão ser analisadas ao abrigo do art. 2.º da LTE. Ou seja, será o comportamento global do menor que revelará a necessidade de educação para o direito e de inserção de forma digna e responsável na vida em comunidade.

O cúmulo jurídico apenas será possível quanto às medidas que não estejam integralmente cumpridas. Uma vez que é discutível a possibilidade de desconto atento o ac. uniformizador de jurisprudência do STJ (AUJ 3/2009, de 17.2), será muito duvidoso a possibilidade de aplicação da parte final do art. 78.º, n.º 1 do CP. Contudo, caso o entendimento seja no sentido de não descontar, o tempo de internamento poderá e deverá ser sopesado na decisão do *quantum* da medida.

Por fim, o cúmulo jurídico de medidas de internamento apenas será possível no caso de todas as decisões terem transitado em julgado, e desde que o facto qualificado pela lei como crime seja anterior ao trânsito em julgado da decisão que aplicou a medida tutelar educativa que se pretende cumular. Fora estes casos estamos perante uma sucessão de medidas tutelares educativas, a executar termos do disposto no art.º 8.º, n.º 7 da LTE.

BIBLIOGRAFIA

ALBUQUERQUE, Paulo Pinto de, Comentário do Código Penal, 2.ª edição actualizada, 2010.

ANTUNES, Maria João, «Consequências Jurídicas do Crime», Coimbra Editora, 2013.

Direito Penal, Direito Processual Penal e Direito da Execução das Sanções Privativas da Liberdade e jurisprudência constitucional, págs 89 e ss, Revista Julgar n.º 21, Coimbra Editora.

Revista de Legislação e de Jurisprudência, ano 144, Maio-Junho de 2015 (anotação ao ac. da RP de 12 de Março de 2014).

Ac. STJ 19/4/95, anotado por Mª João Antunes, RPCC 6, 1996, fasc. 2.

BRANDÃO, Nuno, "Conhecimento Superveniente Do Concurso E Revogação De Penas De Substituição", RPCC, Ano 15, n.º 1.

Comentário ao Ac. do STJ de 03-07-2003, na RPCC, 2005, n.º 1.

O Regime Sancionatório das Pessoas Colectivas na Revisão do Código Penal, Jornadas sobre a Revisão do Código Penal, CEJ, n.º 8.

COSTA, Artur Rodrigues da, "O Cúmulo Jurídico Na Doutrina e na Jurisprudência do STJ", disponível em, http://www.stj.pt/documentacao/estudos/penal, e publicado na JULGAR, n.º 21.

COSTA, João, "Da Superação do Regime Actual do Conhecimento Superveniente do Concurso, Almedina 2014.

DIAS, Jorge de Figueiredo, Direito Penal Português, «Direito Penal Português – As Consequências Jurídicas do Crime», Aequitas, Lisboa, 1993.

DIAS, Jorge de Figueiredo e BRANDÃO, Nuno, Sujeitos Processuais Penais: O Tribunal, Coimbra 2015, que pode ser consultado em https://apps.uc.pt/mypage/faculty/nbrandao/pt/003.

DIAS, Maria do Carmo Silva Dias, Apontamentos CEJ 2006 (não publicado).

FERREIRA, Cavaleiro de, Lições de Direito Penal, II, 2010.

GONÇALVES, Jorge Baptista, A revisão do Código Penal: alterações ao sistema sancionatório relativo às pessoas singulares, Revista do CEJ, n.º 8.

GONÇALVES, Maia, Código Penal Português, Anotado e Comentado, Almedina, 15ª ed. e 18ª edição.

JESCHECK, Tratado de Derecho Penal Parte General (4ª edição).

LEAL, Henriques e SANTOS, Simas Santos, Código Penal, 1º Vol., Rei dos Livros.

LEITE, André, "A Suspensão da Execução da Pena Privativa de Liberdade sob Pretexto da Revisão de 2007 do Código Penal", Estudos em Homenagem ao Prof. Jorge Figueiredo Dias, vol. II.

LOPES, José Mouraz Lopes, A Fundamentação da Sentença no Sistema Penal Português, Almedina, Coimbra, 2011.

MONTEIRO, Cristina Líbano Monteiro, "A Pena "Unitária" Do Concurso De Crimes", RPCC, Ano 16, n.º 1.

MOTA, Carmona, comunicação proferida a 03.06.2009 em colóquio do STJ sobre A coerência na aplicação das penas: A Jurispridência dos Supremos Tribunais no Estabelecimento de critérios de Sentencing, acessível em www.stj.pt/ficheiros/coloquios.

MOUTINHO, Lobo, Da Unidade à Pluralidade dos Crimes no Direito Penal Português, ed. Da Faculdade de Direito da UC, 2005.

PUIG, Santiago Mir, Derecho Penal, Parte General, 10.ª edição, Editorial Reppertor, Barcelona 2015.

RAPOSO, Vera Lúcia, Revista Portuguesa de Ciência Criminal, ano 13, n.º 4, Outubro/Dezembro de 2003.

SANTOS, Cláudia, RPDC, ano 16.

SANTOS, Simas, conferência proferida no CEJ em 3 de Fevereiro de 2010 e 6 de Maio de 2010, no âmbito do Curso de Especialização (formação contínua), Temas de Direito Penal e Processo Penal

SILVA, Germano Marques da, Direito Penal Português, Parte Geral II, Editorial Verbo, 1998.

Crimes Rodoviários/Penas Acessórias e Medidas de Segurança, Universidade Católica Editora, Lisboa 1996.

Direito Penal Tributário, Universidade Católica Editora, Lisboa 2009.

VEIGA, António Miguel, "Concurso" de crimes por inimputáveis em virtude de anomalia psíquica: "cúmulo" de medidas de segurança?, JULGAR, n.º 23.

ÍNDICE GERAL

Abreviaturas	5
I. Cúmulo jurídico por *conhecimento superveniente de um concurso de crimes*. Intróito	7
II. O sistema de cúmulo jurídico e a acumulação material de penas	8
III. Concurso e sucessão de crimes	10
IV. Pressupostos para aplicação de uma pena única no caso de conhecimento superveniente de crimes	11
V. Cúmulo por arrastamento	17
VI. Execução sucessiva de penas singulares e únicas. Crimes exauridos, permanentes e continuados	20
VII. Tribunal competente para a realização do cúmulo jurídico	32
VIII. Audiência de julgamento do cúmulo jurídico	40
IX. Instrução do processo para determinação da pena conjunta	43
X. Determinação da medida da pena única	46
XI. Moldura abstrata da pena única	55
XII. Fundamentação da decisão cumulatória	58
XIII. Critérios jurisprudenciais no cálculo da pena única	74
XIV. Dever de comunicar as decisões de cúmulo	77
XV. Nulidades da decisão cumulatória	78
XVI. Cúmulo jurídico por força de lei mais favorável e ao abrigo do art. 371.º-A do CPP	86
XVII. Reformulação do cúmulo jurídico e o caso julgado. Desconto e *reformatio in pejus*	87

XVIII. Aplicação do regime especial de jovens	96
XIX. Cúmulo entre penas de prisão e penas de multa	97
XX. Realização de cúmulo jurídico de/com penas substitutivas da pena de prisão e da pena de multa	106
XXI. Cúmulo jurídico de penas de prisão com penas de prisão suspensas na sua execução	112
XXII. A extinção das penas de prisão suspensas e de outras penas substitutivas	121
XXIII. Cúmulo jurídico com penas cumpridas e o desconto. As penas prescritas, amnistiadas, perdoadas e o indulto	129
XXIV. Concurso de penas de multa	137
XXV. Concurso de penas e pena relativamente indeterminada	139
XXVI. Cúmulo jurídico das penas acessórias	141
XXVII. Cúmulo jurídico superveniente de penas aplicadas às pessoas coletivas	144
XXVIII. Concurso de medidas de segurança	146
XXIX. Concurso entre crimes e contra-ordenações e concurso de coimas	148
XXX. Início da contagem dos prazos de prescrição	149
XXXI. Cúmulo jurídico com penas aplicadas no estrangeiro	151
XXXII. Cúmulo jurídico de medidas tutelares educativas	152
Bibliografia	155